走過兩遍的路

走過兩遍的路

我的中國歷史學家之旅

柯文（Paul A. Cohen）著

劉楠楠 譯

香港中文大學出版社

《走過兩遍的路：我的中國歷史學家之旅》

柯文　著
劉楠楠　譯

© 香港中文大學 2021

國際統一書號 (ISBN)：978-988-237-211-5

出版：香港中文大學出版社
　　　香港 新界 沙田・香港中文大學
　　　傳真：+852 2603 7355
　　　電郵：cup@cuhk.edu.hk
　　　網址：cup.cuhk.edu.hk

A Path Twice Traveled:
My Journey as a Historian of China (in Chinese)
　　By Paul A. Cohen
　　Translated by Nannan Liu

Chinese edition © The Chinese University of Hong Kong 2021
All Rights Reserved.

First published in English by the Fairbank Center for Chinese Studies
at Harvard University in 2019 under the title *A Path Twice Traveled:*
My Journey as a Historian of China by Paul A. Cohen. Translated
with the kind permission of the Center.

ISBN: 978-988-237-211-5

Published by The Chinese University of Hong Kong Press
　　　The Chinese University of Hong Kong
　　　Sha Tin, N.T., Hong Kong
　　　Fax: +852 2603 7355
　　　Email: cup@cuhk.edu.hk
　　　Website: cup.cuhk.edu.hk

Printed in Hong Kong

獻給玉儀

目錄

圖片目錄

中文版前言

正如序言所指，好幾本我的舊作早已經翻譯成中文版，而在中國的學術界裡，我亦有不少的讀者，因此，我覺得他們都會對這本有關我研究中國歷史的歷程的書感興趣。序言交代了我決定寫回憶錄的緣起。主意既定了，跟著就是安排中文版的工作。出版回憶錄英文版的哈佛大學費正清中國研究中心的同事鼓勵我跟香港中文大學出版社接觸。這個提議，友人徐國琦也十分支持。最後，費正清中心和中大出版社便簽了合同。

感謝香港中文大學出版社同人的努力，尤其是本書的編輯葉敏磊一直的鼓勵和支持，感激不已。下一步，就是物色一個最好的翻譯者。經過一番張羅，我最終選定了劉楠楠博士；她在北京外國語大學的翻譯課程取得碩士學位，最近還取得了香港大學的翻譯和傳譯博士學位。她的香港大學博士導師宋耕大力推薦，令我對她更有信心。

多年來，我的華人同行都說我寫的東西很難翻譯。「你寫的句子太長了，綿綿不絕的，翻譯起來，難度很

高。」劉楠楠竟無畏無懼地處理我的長句子，方法是把句子分析了，然後再重構內容，更往往用婉麗的文字演繹出來；無論如何，總是能夠保存原意。她工作時，經常向我請教，把翻譯好的文字一章一章的寄來，聽取我的評語。這過程令我想起林同奇，他為 *Discovering History in China: American Historical Writing on the Recent Chinese Past* 翻譯成《在中國發現歷史：中國中心觀在美國的興起》，是我第一本翻譯成中文的書。很巧的，林曾多年任教的北外，正是劉楠楠的母校。當時他每翻譯好一章，便拿來讓我檢閱。在那未有電腦的時代，他的翻譯稿都是在舊式的原稿紙上，一字一字用手寫的。我看了他的譯稿，就列出我的意見，和他商量，我們一達到共識，便開始處理下一章。

我和林同奇、劉楠楠合作具體的成果，同樣是一本出色的譯本。不過，更重要的是兩本書的翻譯過程都令我能更深入地了解語言和跨文化溝通及交流的本質。我非常感激劉楠楠和我分享這個珍貴的學習經驗，特此致意。

項目負責人余敏聰對後期出版工作的貢獻，同樣地功不可沒。在封面設計方面，有賴他耐心地聆聽我的意見，不介意我囉囉嗦嗦，將設計改了又改，直至達到最完美的效果為止。更重要的是，他一直和劉楠楠緊密合作，對整份書稿做了細緻的文字編輯工作。對他下的工夫，我非常感謝和非常欣賞。

柯文

2020 年 8 月於美國麻薩諸塞州坎布里奇

致謝

回憶錄是我從未涉足的體裁。這本回憶錄能付梓,多蒙親友、同儕的建議、鼓勵。說服我寫這本回憶錄的,是我多年的伴侶冼玉儀(Elizabeth Sinn)。這本書謹獻給她。這本書的第二位讀者是艾倫·利博維茨(Alan Lebowitz)。他作為讀者有兩個特別之處:一是他的研究領域是英美文學,與我天差地別;二是我們認識超過65年了,作為多年好友,艾倫對第一稿及後續修訂稿的反饋充滿真知灼見,大有裨益。其他審讀這本書、提出意見的,是中國和日本研究領域專家:易社強(John Israel)、華志堅(Jeffrey Wasserstrom)、向納(Irwin Scheiner)、羅斯·特里爾(Ross Terrill)、托馬斯·黑文思(Thomas Havens)、文基賢(Christopher Munn)和宋怡明(Michael Szonyi)。在此一併感謝他們提出的修改建議。

　　哈佛大學費正清中國研究中心不常出版書籍,為這本書特地成立委員會,商議出版事宜。委員會成員除了我,還有費正清中心主任宋怡明、執行主任慕浩然(Daniel

Murphy），以及哈佛大學亞洲中心出版項目主任鮑勃·格雷厄姆（Bob Graham）。籌備本書整個過程中，鮑勃給予良多可靠的建議，還安排許多專業人才協助發行。還要感謝麗薩·柯恩（Lisa Cohen）幫忙收集處理插圖，黃學勤（Justin Wong）搜集費正清中心名下的相片資料。霍莉·費爾班克（Holly Fairbank）指導了如何獲取她父親費正清（John Fairbank）的照片，勞拉·普爾（Laura Poole）為手稿做了非常專業的編輯，傑夫·科斯洛伊（Jeff Cosloy）對封面耐心做了大膽的設計。

最後，我想感謝過去半個多世紀我的精神家園——費正清中國研究中心，和香港大學香港人文社會研究所及其前身香港大學亞洲研究中心。二十多年來每每到訪香港之際，香港人文社會研究所慷慨提供了辦公場所、行政幫助，以及溫馨、創新的學術環境。在此一併致謝。

序言

我並非生來是歷史學家的料。後來怎樣成了歷史學家，是
個一波三折的故事。我生於1934年，在紐約州長島北岸
的大頸（Great Neck）地區長大。高中時數學最好。職業測
試說，我大概會成為工程師那類人。我父親威爾弗雷德
（Wilfred）及他的幾個兄弟，還有我祖父約瑟夫（Joseph）都
從事男裝製造業。父親以為我也許會對工廠生產感興趣，
所以在我大概16歲時，有天和他坐螺旋槳飛機從拉瓜迪亞
（La Guardia）機場到費城，父親公司的工廠設在那裡，業
務和銷售辦事處則在紐約市。我們花了一天時間檢查男士
正裝、休閒西裝、西褲的生產機器，跟工廠工人、經理聊
天，然後返回機場，坐上飛機，到家正趕上吃晚飯。孩提
時代以來，我對商業整體抱著消極的態度——似乎全是
掙錢而已。1954年初，父親寫給我的一封信中說：「人生
的前17年，你一直輕視金錢，視金錢如糞土，富裕如同犯
罪。」費城之行後不久，我就告訴父母不想從事製衣行業，
他們一向了解我的喜好，因此對這個決定並不感到奇怪。

20世紀40年代末、50年代初，我上高中時，有些女性在家庭之外還有工作，偶爾也聽聞一些事業相當出色。但現在與當時截然不同。比如，今天美國法學院、醫學院男女新生平分秋色。我的一位姑姑曾是紐約市公立學校的西班牙語老師，還有一位是頗有名氣的舞蹈家、編舞家。但就像她那個時代的許多女性，我母親羅斯（Rose）並沒有自己的職業。除了一些志願活動，婚後大部分時候她是家庭主婦。作為她唯一的兒子，我自然要有遠大宏圖，既然選擇不做男士成衣，那麼未來做什麼就全憑自己選擇了。

多年以後，我才完全明白自己有多幸運，能自由自在選擇人生想做什麼，不用承受外界的壓力。父親雖然對我沒有繼承家族衣缽稍感不快，但依然明確告訴我，想做什麼，就做什麼，他支持我的一切決定，需要的話也會在金錢上伸出援手。他年輕時並沒有這樣的機會，能給予我這些，他喜不自勝。大學第二年春季學期，他寫信給我：「一定要做**你**自己想做的事情，能做到這點的人，太少了……若是你能對一件事產生興趣，用一年時間完成一個使命，只為滿足自己當下的意願和好奇心，只因為做這件事情，你自己會感到滿足，我會由衷為你高興的。不要做別人眼中正確的事。」另一封信中，父親講述了自己在我這個年紀時的經歷。他高中畢業時，祖父並沒有善待他去上紐約市立學院（City College of New York）的想法，祖父「秉持著那種老觀念，男孩子高中畢業就得馬上就業」。所以父親在信中寫到：「孩子，相信我，那一年白天去市立學院的時光對我來說是件奢侈品。每晚晚飯時，我不能提任

圖0.1　少年時代的作者無憂無慮，但似乎已經著迷於更遠的地方。

何有關大學的事情，因為父親不想聽。所以第一年結束後我決定還是工作。於是改上了三年的市立學院夜校，每天工作，一週才掙8美元，其中辛苦自然不必多言。」

　　父親憶起，一戰結束後，他從海軍退役還沒48個小時，軍裝還在身上，就去祖父公司的紐約市辦事處跟他報到。父親坐在樣品間，只是想著過來看看。祖父當時日夜加班拼命工作，向旁人嘲諷父親：「瞧，他坐在那兒跟國王似的。」當即叫父親週一早上來報到。父親常對我說，

4

當時從海軍退役後，他的夢想是去讀醫學院，做外科醫生。但他說，從事服裝業，他無怨無悔。他和兄弟中尤其能幹的伊瑟多爾(Isidore)最終成為男裝業佼佼者。但他也諄諄告誡我：「我並沒有為自己作主的機會。」

父親多財善賈，後來以各種各樣的形式彌補了青年時的遺憾。他是紐約州曼哈塞特(Manhasset)長島北岸大學醫院(North Shore University Hospital)的創辦人、理事，曾任主席；紐約州新海德公園鎮(New Hyde Park)長島猶太醫院(Long Island Jewish Hospital)創辦人、理事；紐約市布朗克斯縣(Bronx)阿爾伯特·愛因斯坦醫學院(Albert Einstein College of Medicine)附屬醫院創辦人、董事會成員。他雖然沒有對我這樣說，但我相信他參與三家大醫院的事務，一定是希望感同身受，滿足自己未竟的醫生夢。他也是大頸地區猶太教改革派主要會堂伯特利會堂(Temple Beth-El)的主席，為許多猶太慈善組織捐款。除了這些社會活動外，他還是一位頗有成就的業餘畫家，多次成功舉辦個人畫展。他用繪畫收入成立了威爾弗雷德·P·柯恩基金會，資助青年藝術家和藝術生。

能夠給予我他自己年輕時沒有的自由，讓我塑造自己的人生，是父親最心滿意足的事。他對女兒們也一視同仁。我最小的妹妹愛麗絲(Alice)開了一家古董店，一開始在曼哈塞特，後來在紐約州綠港(Greenport)；大姐芭芭拉(Barbara)獲得哥倫比亞大學社會工作學院碩士學位後，在紐約開了一家私人診所，擔任心理社工，還是紐約州新羅謝爾市(New Rochelle)一所學校的註冊家庭治療師。1992

年父親去世時，我已年近六十，研究中國歷史已數十載。為他致悼詞時，我特地感謝了他的慷慨大方。如今我垂垂九十矣，了解許多同輩與父親關係的故事後更加深刻懂得：像他一樣慷慨支持子女的父親實在少見。

1952年秋天，我進入康奈爾大學，讀工程系。入學之後，視野馬上開闊了。第一學期末就轉到了文學科學院。大學後兩年我在芝加哥大學。芝大前幾年在前校長羅伯特·M·哈欽斯（Robert M. Hutchins）的影響下，引入新型課程設置，我得以接觸人文學科、社會科學、自然科學多種多樣的課程，以及數門學科融合課，不用選擇某個專業領域。本科接近尾聲時，沒有專業卻成了大問題。20世紀50年代中期，一般認為健康男性要服兩年兵役，我卻一點都不想服兵役。在芝大的第一年（1953–1954年）對我來說是關鍵的一年。我熱愛芝加哥的學術環境，人生中第一次愛上了讀書。雖然仍不知曉未來要做什麼，但我清晰認識到，一定是能給予我智識樂趣的事。這意味著我要繼續讀研究生，當時如果申請兵役延期，這也是最簡單的辦法。但有一個問題：本科沒有專業，能接收我的研究生項目有限。

我憂心忡忡，於是在芝大的最後一年，探索了許多需要繼續讀書的職業路徑。我喜歡藝術，數學也很好，似乎可以做建築師。但跟芝加哥的一位年輕建築師約了一頓午飯之後，他告訴我，初出茅廬的建築師往往前十年都在設計樓梯間，於是我在清單上劃掉了建築。我也嚮往心理學，掂量了一下要不要做心理治療師，但想到讀醫學院要

很多年，也打消了這個想法。找份合適的職業一再失敗，我越來越心灰意冷，想著不如就舉白旗，畢業去部隊待幾年算了。我寫信給當時在哈佛大學讀大三的兩位好朋友艾倫·利博維茨和丹尼爾·斯特恩（Daniel Stern），講述了自己的沮喪心情。他們馬上打電報給我，大意是：「別從軍，春假來哈佛一趟吧。」

於是我去了。當時丹尼爾正在修一門東亞文明入門課，他十分看好這門課，尤其是這門課開啟的嶄新學術大門。看過課程大綱後，我也心馳神往。毫無準備的情況下，我找到這門課的兩位教授之一、日本歷史專家埃德溫·O·賴肖爾（Edwin O. Reischauer），跟他解釋了自己的情況，問他既然哈佛東亞研究文學碩士項目是跨學科項目，沒有特定專業要求，我這樣背景的學生有沒有機會申請到。他叫我申請。雖然我當時還沒拿到芝大本科學位，暑期仍需修一門課，但最終獲得了試錄取資格，1955年秋季進入哈佛。

那時我對歷史依然知之甚少，但有意思的是，最令我著迷的不是歷史，而是亞洲，尤其是中國。我第一次走出北美短期旅行是在1954年夏天，去歐洲待了幾個月，此後文化之間的差異就深深吸引著我。這個興趣牽引著我，走向一個自己幾乎完全陌生的國度和文化。這之前我唯一了解到中國的機會是賽珍珠（Pearl Buck）的《大地》（*The Good Earth*）。我們通常以地域理解文化差異，因此，本尼迪克特·安德森（Benedict Anderson）在自傳中這樣評價田野調查的特殊性：「陌生的經歷讓你所有感官比平素更加敏感

起來，對比較的喜愛更加深刻。」[1] 我當時並沒有意識到還可以從時間的角度理解文化差異。英國歷史學家大衛‧羅溫索 (David Lowenthal) 在他的一本書中，借用了 L‧P‧哈特利 (L. P. Hartley) 小說《送信人》(*The Go-Between*) 的開篇首句，過往即「他鄉」，[2] 他的想法亦是文化差異與歷史密不可分。入學哈佛不久，我拜倒著名中國歷史學家費正清門下，他是賴肖爾之外東亞文明入門課的另一位老師——同學們戲稱上這門課是「下水田」。我很快了解到，在哈佛不僅會專修中國研究，更會研習費正清所長的中國**歷史**。

　　這是半個多世紀前的故事了。我與歷史不是一見鍾情，而是日久生情。我日益意識到對歷史的理解，包括我與費先生的理解可以非常不同。歷史這門激動人心、充滿智識挑戰的學術領域與我情愫漸生。起初歷史於我是中國史；1984年，我出版了《在中國發現歷史：中國中心觀在美國的興起》(哥倫比亞大學出版社)。書中我批判了美國主流中國史研究中的西方中心偏見，大力推崇更以中國為中心的理解方式。思索那本書提出的問題時，我日益關注更廣闊的歷史本質問題。以至於下一本書《歷史三調：作為事件、經歷和神話的義和團》(哥倫比亞大學出版社，1997) 中，我開宗明義，直言關注的具體例子是中國20世紀之交的義和團運動，但希望探索的議題可以擴展到中國和義和團之外。

　　2015年10月，我經人介紹，認識了中國頗具影響力的文化月刊《讀書》的編輯饒淑榮博士。她邀請我為《讀書》撰寫一篇文章。2016年1月，我向她提議了文章大致的想

法。研究中國歷史已有60個春秋，我對中國歷史和歷史本身的思考經歷了一系列演變；中國的歷史學家熟悉我的作品，上述兩本著作已多次出版中文版。我想，也許《讀書》的讀者，會對我作為研究中國歷史的外國學者心路歷程的轉變感興趣。饒博士肯定了我的想法，但甫一動筆，我便發現這項計劃比我預想的龐大得多，《讀書》給的字數遠遠不夠。我現在認為，我真切需要的不是一篇短文，而是一本有分量的小書。

計劃有變，此間我獲得了伴侶冼玉儀的莫大鼓舞。她建議，短文擴展成小書的話，我可以藉此深入職業生涯的幽微之處，譬如訴說出書過程中艱難險阻、鮮有人知的故事；或是作為學者，我之前沒有想到，卻必須和讀者分享的抉擇。我接受了她的建議（詳見本書第四、七章），發現書寫這些的話可以以少見的方式闡明寫作、出書的過程。這些年與出版社打交道的經歷，不僅豐富了我自己的故事，也會對出版伊始，對此幾乎一無所知的學界新秀大有裨益。出版專著是學術生涯中一段緊張脆弱的時期，學者需要知道，出版社也是人經營的，人有時會判斷失誤，出版社也一樣會犯錯。

這倒不是這本回憶錄的重點。本書是為了與讀者分享那份逐漸理解歷史這門學科過程中迸發的興奮與深切的愉悅，尤其是隨著我對歷史本身的思考逐漸透徹，那個與我的祖國十分不同的國家，她的歷史，竟沒有我以為的那樣迥異於世。

一本回憶錄自然是一段歷史。歷史學家寫下學術生涯

回憶錄,與當時打下學術生涯大不相同,需要兩種大相徑庭的思維方式——我選擇《走過兩遍的路》這個題目本意即為如此。這個題目象徵著一個關鍵分別:當初親身經歷的歷史與後來重構的歷史十分不同。經歷時是無法預知結果的,我們都不知道最終會如何,然而重構歷史時,我們已然知曉結果,歷史學家會把精力放在理解上,解釋為何出現這樣的結果。最後一章我會就這點詳細說明。

我也想就此說明這本回憶錄的參考資料和預期讀者。這本書主要取材自我的著作、講座,一些已然付梓,一些未然,還有珍藏的眾多書信、筆記。完成初稿後,我想到讀些其他歷史學家的回憶錄,應該有所啟發,所以找出了傑里米·D·波普金 (Jeremy D. Popkin) 的傑作《歷史、歷史學家與自傳》(*History, Historians, and Autobiography*,芝加哥大學出版社,2005) 作為參考。

回憶錄中,我不時講到個人生活明顯影響職業生涯的地方,但個人際遇並非本書重點。這本書關注的是我作為中國歷史學家的思想演變,大多已見諸報章。我的一些著作在歐美、東亞中國史學界頗具反響,這本回憶錄應該會引起中國史學者、讀者的興趣。部分內容希望也對所有歷史學家有所啟迪,尤其是關於以下著作的章節:《在中國發現歷史》(1984)、《歷史三調》(1997)、《與歷史對話:二十世紀中國對越王勾踐的敘述》(2009),和最新出版的《歷史與大眾記憶:故事在危機時刻的力量》(*History and Popular Memory: The Power of Story in Moments of Crisis*,哥倫比亞大學出版社,2014)。

最後，我給幾位朋友看過初稿後，他們指出我沒有把當時的世界局勢、個人生活納入敘述的語境。一位說道：「讀起來好像你端坐雲端，動動手指，從一本書翻到另一本，讀者卻不知柯文何許人也，身處何方，生活境況如何，世界如何變幻。」這點醒了我，於是在後續幾稿中盡力加入了語境。這本回憶錄依然主要講學術生涯而非個人生活，但更加重視了個人生活、國際風雲在各種時刻的關鍵作用。希望這些能讓不是中國歷史學家、甚至不研究歷史的人，也覺得饒有興致。

第一章

開端

中國人視六十年一甲子為一個重要的循環。我從治學中國歷史至今,正好六十年出頭。此時回望我走過的路,似乎正當其時。事業在何處開啟?在一些節點我的觀點如何轉變,為何轉變?現在如何思考?我的學術著作關注19、20世紀,在不同程度幾乎都與中國和西方交流,及中國和西方影響下的日本交流有關,但生涯中長久縈繞於心的,是我志於深入中國,像中國人自己親歷歷史一樣,最大程度重構中國歷史,而不是關心西方人自以為富有價值、自然而然、符合常規的歷史。簡言之,我想脫離中國歷史研究中歐洲中心觀、西方中心觀先入為主、受其荼毒的觀念。

較早的例子是我的第一本書:《中國與基督教》(*China and Christianity*,1963),書中我與中國傳教史研究的傳統範式明確割席。過去的研究關注「傳教史,而不是中國史」。戰後中國研究羽翼漸豐,「舊的西方中心觀弊病」愈發明顯,學界因此提出新的範式,其中首屈一指的學者是我在哈佛的導師之一費正清先生。新的範式「更關心如何理

解、評價基督教傳教在中國歷史上發揮的作用」。[1]我在《中國與基督教》中就採取了這種範式。

　　稍微變換一下措辭，我在這裡「無恥剽竊」唐日安（Ryan Dunch）的精彩評論，我在《中國與基督教》中做的，「不是將在中國傳教作為美國經歷的一部分，而是從中國的角度，分析傳教士與中國的互動」。「那麼，」唐日安寫道，

> 他前往巴黎、倫敦，去了關鍵的一站台北，在那裡，他是第一位深入參閱總理衙門檔案的美國人。他用林林總總的資料，圍繞四類關鍵人物——本地仕紳、清朝官員、西方領事及政府、傳教士，編織成複雜多面的立論。這樣他挑起了同輩學人未曾洞見的疑問：如何把傳教士同其影響納入中國歷史？同輩以為西方**就**中國採取對策的時候，他已經「在中國發現歷史」了。[2]

尚在學堂：費正清的指導

此時講這本書為時尚早。走向第一本書前，發生了許多奠基的故事。我在研究生期間的兩位主要導師是費正清和史華慈（Benjamin Schwartz）。兩人性格迥異。費先生（圖1.1）對中國心醉神迷。有時給人感覺他只想聊關於中國的話題。教學以外，他還特別優待我們研究生。每週四下午，他和夫人費慰梅（Wilma Fairbank）在坎布里奇家中邀請來訪的學者飲茶，主要是做中國研究的法國、日本等世界各地的學者，我們學生也可以去跟他們聊天。費先生

還會每週五晚上舉辦非正式的聚會，招待在中國生活過的人。他有很多學術圈之外的朋友，像埃德加‧斯諾（Edgar Snow）、歐文‧拉鐵摩爾（Owen Lattimore）和范宣德（John Carter Vincent），主要是范宣德這樣做過外交官的人，拉鐵摩爾這樣的學者，或斯諾這樣的記者。費先生與他們安排好晚上去某個人家，經常是范宣德家，因為他也住在坎布里奇。這樣我們研究生也能花幾個小時跟這些人聊天，討論他們在中國的經歷。我開始感覺到：「哎，這樣真好，真好，太好了！」[3]

圖1.1　費正清在坎布里奇多年的家門前。來源：柯文、戈德曼編：《費正清的中國世界：同時代人的回憶》（*Fairbank Remembered*，麻省坎布里奇：哈佛大學費正清東亞研究中心，1992）一書封面。

當時是20世紀50年代後期，美國的中國研究剛剛起步，出版物少之又少，中國、日本相關的學科，讀完所有書輕而易舉。《美國歷史評論》（*American Historical Review*）等主流期刊不刊登東亞歷史的論文，專攻亞洲事務的英文期刊屈指可數，最著名的莫過於《遠東季刊》（*Far Eastern Quarterly*），1956年9月更名為《亞洲研究期刊》（*Journal of Asian Studies*）；以及《哈佛亞洲研究學刊》（*Harvard Journal of Asiatic Studies*）。費先生於是決定稍微填補這個空白，創辦了每年出版一次的研究生非正式期刊《中國研究論文集》（*Papers on China*），選登五、六篇當年哈佛中國領域研究生的優秀討論課論文，向世界各地圖書館發行。討論課論文獲選的話，自然感到自己是真正的專家學者了。

　　史華慈先生（圖1.2）跟費先生一點不像。許多研究中、日歷史的學者午餐常聚集在一張桌子，史先生每逢午餐必出席，賴肖爾也常來，費先生有時去。史先生是午餐常客。他不像費先生，他什麼都談，不僅限於中國，只要覺得有意思都行。兩位先生都對我影響深遠，但影響不同。費先生有幾點比較特別，比方說教研生涯開始之後，我每次發表了文章，都會寄給費先生，一週之內他就會回信，寫下自己的看法和鼓勵。若是寄給史先生，可能半年都收不到回覆。去史先生辦公室找他的話，則可坐下傾談一個小時。但費先生門外總有長龍，每人僅限五分鐘，說話得直截了當。費先生和史先生學生數目應該相當，但費先生行政職務更多。史先生生性不喜行政，只做了一年東亞研究中心代理主任。費先生則是直到1973年退休一直擔任主任。

圖1.2　史華慈。簡·里德（Jane Reed）攝。

圖1.3　費正清在懷特納（Widener）圖書館
自己的書房講學。

學術上史先生對我的歷史觀、提出問題的方法影響頗深，但作為中國歷史學家，職業生涯初期我確實受費先生影響更大。研究生時我上的兩門討論課都是費先生帶的。第一門是在1957年春季。1955年秋季，我21歲時才在哈佛開始學中文這門難學的語言。上第一門課時中文水平不足以做研究，所以選了一個可以完全依賴英文材料的論文題目，比較19世紀末最重要的兩位新教傳教士——李提摩太（Timothy Richard）和戴德生（Hudson Taylor）的傳教理念。我原來沒上過研究生討論課，輪到我做口頭報告、給全班講論文進展時，結果一塌糊塗。我沒有意識到報告時間，一直講啊講，最後費先生起身，大聲拉上拉下教室的百葉窗，意思是說，時間到了，快點收尾。他當時的行為十分粗魯，當晚回家後一位同學還給我打電話，向我道歉，表示同情。開頭這麼差，其後只能越來越好。1957年底，我的討論課論文入選《中國研究論文集》。[4] 隨著時間的流逝，我與費先生的關係慢慢改善。

費先生帶的第二門討論課是研習清朝文書。這門課介紹了清朝文書體，即朝廷與地方之間溝通最常用的詔令、奏本等專用文體。每位學生要參閱文書資料寫一篇論文。我寫的是1862年湖南、江西的「教案」，一系列襲擊傳教士的事件。開始研究時，我費很多時間才能看一頁文書。但讀得越多，速度越快。費先生自己當時剛發表了一篇關於教案的開拓性文章，[5] 欣賞我取得的進步，鼓勵了我。我也得到了劉廣京（Kwang-Ching Liu）的慷慨幫助。劉廣京也是費先生的學生，那一年在哈佛旁聽了清朝文書課（圖1.3）。

16

大家都叫廣京 K.C.，一節討論課下課後，K.C.花了三個小時，幫我解讀一篇尤為艱澀、對我論文至關重要的文章。我的論文再次獲選《中國研究論文集》，[6] 關鍵論點也成為博士論文的重要部分，最終博士論文出書時，也佔據了其中一章。[7]

研究生後幾年我仍在上課，但主要精力花在做研究、寫博士論文上。一開始我想既跟費先生又跟史先生，結果主要還是跟費先生。一部分原因是他對我的博士論文選題——傳教士——很感興趣，史先生另有所好。另一部分是他是東亞研究中心主任，我需要定期與他討論課程相關的行政事宜，以及未來的規劃。論文接近尾聲時，我申請並獲得了獎學金，得到資助去台北由福特基金會出資、康奈爾大學主辦的漢語培訓項目。(由於政治原因，美國人當時無法前往中華人民共和國。美國當時承認台灣的國民黨政府為中國唯一合法政權。1969–1970 年，理查德·尼克松總統開始與毛澤東主席秘密接觸，情況才發生轉變。)康奈爾項目主要強化漢語口語水平，說漢語固然重要，但跟項目提供的去中國文化環境生活近一年半的機會相比，自然相形見絀。

台北生活

1960 年夏天，在耶魯大學上完漢語強化課後，[8] 9 月份我和妻子安德烈婭 (Andrea)、尚在襁褓的女兒喬安娜 (Joanna) 抵達台北，康奈爾項目 10 月初開始上課。喬安娜 1959 年 5 月出生，當時我和安德烈婭還住在坎布里奇。安德烈婭

是我高中低一級的師妹，當時我們互相不太了解，巧合的是，1954年夏天我們都報名去巴黎上法語課。那個夏天我們熟悉起來，兩年後結婚。

突然提到我妻子，21世紀的讀者可能會想，她從事什麼職業，為何決定跟我一起去台北呢？那個年代與現在十分不同。安德烈婭生於德國，德語流利。我剛開始讀研究生時，她在巴納德學院（Barnard College）本科即將畢業，寫威瑪共和國（Weimar Republic）政治局勢的畢業論文獲得榮譽嘉獎。隨我來哈佛後，她給哈佛商學院做了一些編輯工作，並開始學漢語，準備最終一起去台灣。現在回想，哈佛中文專業的博士生中，除非我記憶有誤，沒有一位男同學的妻子有自己的工作。我們抵達台北後，與哈佛之外做中國研究的美國學者成為朋友，情況依然如故。男學者的妻子一般上一些中文口語導修課。她們都有自己的興趣，安德烈婭幫台灣著名精神醫學家林宗義做編輯，修改他即將出版的英文著作。但無論她們曾有什麼職業追求，都得暫停，跟著丈夫進入他的領域。[9]

兩性職業發展不平等的情況，60年代以來大有改觀，主要歸功於民權運動。但60年代初期人人接受的規矩是，妻子不僅要隨我去台北，隨著我教學生涯開始，還要隨教職的變動，遷居美國不同的地方。這方面安德烈婭並非個例。後來擔任美國歷史學會主席的娜塔莉‧澤蒙‧戴維斯（Natalie Zemon Davis）在史密斯學院（Smith College）讀本科時癡迷歷史，但那裡的教授認為她已經結婚，不可能工作。雖然丈夫支持她，認同職業平等的理念，但夫妻二人

仍覺得理所當然：丈夫在哪兒工作，她就得去哪兒。[10]

　　這種不平等現象絕不僅限於學界。簡‧克萊默（Jane Kramer）最近寫了保羅‧弗里德曼（Paul Freedman）《改變美國的十家餐廳》（*Ten Restaurants That Changed America*）一書的書評，她說不得不提醒自己，20世紀50年代艾森豪威爾當政時，「在大多數紐約的餐館，必須有男性點餐買單，女性才能就餐」。[11] 還有許多其他方面，美國社會男女地位遠不平等。正如麻薩諸塞州參議員伊麗莎白‧沃倫（Elizabeth Warren）所言，過去幾十年間，女性「被關在許多事情之外」。[12]

　　想起半個多世紀前在台北的時光，我心心念念的不是學中文的點點滴滴，而是真正生活在中文文化環境的經歷。我們跟很多外國人、一些中國人一樣，住在一所日式住宅。台灣從1895年到1945年被日本殖民統治幾十年，因此留下許多日式住宅。偶爾思鄉之時，我們央求廚娘早餐做法國烤麵包，別去家附近路邊小攤買便宜的芝麻燒餅夾油條。大多數時候我們跟中國鄰居一樣，過中式生活，家家戶戶四面圍著高牆，牆頭上有碎玻璃，別人說，這是防止做非法狗肉生意的人爬進來，捉走家裡的狼狗。

　　我們吃的飯基本是家裡廚娘謝素芳做的，她是四川人，廚藝高超。我們就是要吃中國菜。我記憶猶新，素芳來家做的第一頓飯，主菜蝦仁炒蛋，一點調料都沒有，食之無味。我知道川菜並非如此，就去問她。她說：「哎，川菜太辣，美國人怕吃。」我們問她為什麼要做蝦仁炒蛋，她說在美國電影裡看到有人吃。我們講鍾意吃辣，讓她只

圖1.4　兩位哈佛博士期間的同學易社強（John Israel，圖左）和易勞逸
（Lloyd Eastman）在台北一家餐館吃飯，1961年。作者攝。

做正宗中國菜。所以大部分時候，她吃什麼，我們就吃什
麼，這麼安排她特別高興。

　　當時台北黑市猖獗，人人有份。確實，抵達台北之後
我首先做的事，就有跟博士同學、比我先到台北的易社強
（圖1.4）騎車到商業區，他介紹自己的「銀行家」給我。「銀
行家」這裡必須加引號，因為他就是珠寶店後門立一張桌
子，坐著的一個人。一開始看起來確實偷偷摸摸的。社強

已經跟他打過交道，介紹了我，我們握手，約定從此以後要是我台幣花光了，隨時給老家麻薩諸塞州的銀行寫張支票，說明需要多少美元，「銀行家」會根據當天黑市匯率，給我等值的台幣。在台北期間，這套系統從未失效。一旦需要錢，我就騎車到商業區找「銀行家」。他總記得我是誰，拿走支票，給我正確數額的台幣，從未要過護照或身份證明。這件事最能給我「這兒不是美國」的感受。整套體系只需有人介紹，握手約定即可，中國至極。

另外一個中國特色是我們在台北居住環境總有市聲。那時台北有許多走街串巷的小販，磨刀、按摩，服務街坊、賣點小東西，新鮮雞蛋、小兔子、饅頭、甘蔗，數不勝數。小販不上門按門鈴，大部分只用特別的腔調唱出來，或用樂器說明他們賣什麼，高牆後面的人就知道了。外國小孩有時會不幸搞混。有一次我們給女兒買了幾隻小兔子做寵物，沒過幾天，有天早上，喬安娜覺得兔子一定喜歡吃點她早餐的饅頭。兔子不習慣吃饅頭，很快就全死了。常聽到的市聲還有路過的人力三輪車、自行車叮鈴鈴鈴，鄰居家的狗汪汪叫，人們聊天、打招呼的聲音，車騎得太快，就快接近人來人往的街道、叫人讓道的喊聲。

住了一段時間之後很快能意識到，當時的台北不像現在，很多方面還是個第三世界城市。小孩在路邊露天的下水道蹲著便溺，卡車定期行遍市區，收集家裡、樓裡的「夜土」（糞便），人們戲稱它為「蜜車」。「夜土」交給農民施肥。很多店主住在自家店後，建築結構之差，被颱風摧毀了，幾天就能重新蓋好，跟沒事一樣。窮人健康狀況相

當原始，街上玩耍的小孩皮膚病看起來都很嚴重，父母大多有沙眼，若是不治，很容易有失明的危險。小女孩不到六七歲，就得幫助照顧年幼的弟弟妹妹，背著他們，看著他們不要亂跑。我們覺得屬於室內的活動：做飯、補衣、洗衣、賣新鮮水果蔬菜，這裡理所當然的討價還價，都在室外進行，誰都可以看到、聽到，做飯的味道也能聞到。

美國來的客人，光是在台北的街道走走或騎車，就會覺得很有意思。總會碰到盛大的葬禮行進隊伍，許多哭喪女全身縞素，在隊伍中為逝者哭號。哭喪女一般不是逝者家人，甚至都不認識逝者，她們這部分結束之後，會馬上止住哀嚎，摘下白帽子，回頭跟其他哭喪女有說有笑地離開。當地人叫宗教節日「拜拜」，節日到來之前，總會看到路過的卡車塞滿新宰的豬，用於祭祀。我自己覺得最難得一見的，是離我們家幾條街之隔的蛇肉店。走過、騎車經過時，很可能看到一條、甚至幾條蛇，在蛇頭下一點的位置釘住，釘在木桿或牆上，店主在頸部劃開，剝下蛇皮，小心分開能吃的蛇肉和要丟棄的內臟。

從語言學習的角度，我們融入當地生活最重要的方式自然是每天聽、說中文。60 年代初，台北人還不是至少都能講一些英文。有些會，大部分不會。告訴廚娘做什麼菜，請人調自行車、洗膠卷、兌支票，跟三輪車夫講價（圖 1.5），或者跟託兒所管事的交流，都得說好中文，聽懂別人的中文也一樣重要。

在台北的十幾個月裡，政治環境也是新的體驗。1960 年秋天我剛到時，國共內戰（1945–1949 年）只過去 11 年。

22

內戰期間約有二百萬大陸難民逃往台灣。1949年末至1950年初，共產黨海上入侵台灣似乎迫在眉睫，蔣介石政權一直秣馬厲兵，1950年6月韓戰爆發，國民黨才有喘息之機。共產黨在東南集結、準備內戰最後一戰的部隊調往北方，美國決定台灣是東亞防線的重要組成部分，調遣第七艦隊進入台灣海峽。

圖1.5　我女兒喬安娜坐人力三輪車往返託兒所，
1961年台北。作者攝。

蔣介石政權獲得之前沒有的喘息空間，如有神助，50年代採取了一系列方針政策，為台灣接下來三十年定下基調。國民黨整頓部隊，50年代末在役士兵達60萬人，與1949年逃離大陸、士氣低落的殘兵敗將形成鮮明對比。平民教育幾乎普及，50年代末90%以上的學齡兒童入學。1949年實行的土地改革備受讚譽，大大削弱了農村地主權力，台灣農業變革為耕者有其田制度。日據時代留下的基礎設施，加上1950年以後美國大量經濟援助，以及大批受過西方教育的中國技術官僚移居台灣，他們實行的政策為50年代及以後台灣經濟騰飛增添助力。

這些發展背後的大計，在1950年後幾十年被喋喋不休反覆重複，就是重返大陸。許多簡潔明瞭的口號體現了這一目標：反攻復國、反攻大陸。這些口號公共場所牆面、書籍雜誌、學校小冊子、政治講話、電台電視、報刊上隨處可見。為反攻大陸這一政治目標在意識形態方面添翼的是儒家價值觀灌輸，在學校和其他地方強調儒家信仰。一部分原因是為了打造「中華民國」作為中國傳統文化真正繼承人的形象。國民黨認為當時共產黨異化偽造、消滅了中國傳統。當然也是針對島上大部分台灣人，他們剛剛脫離日本長達半世紀的殖民統治，許多大陸人認為他們戰時通敵，急需重新學習儒家「忠」、「義」等經久不衰的道德準則。

1949年起國民黨實施軍法戒嚴令，直到1987年，蔣介石的兒子、繼承人蔣經國逝世前不久才解除。對於研究中國的美國學生來說，住在一黨制威權政治體系下的警察

圖1.6　與朋友在一家台灣餐館唱歌，1961年。

國度，這是全新的體驗。我們的生活受到了怎樣的影響
呢？其實大多數情況下，影響並不嚴重（圖1.6），但如影隨
形，無法避免。之前已經提到，我們接觸到的國民黨書面
宣傳無孔不入。有人說美國學生的廚師、傭人每週向當局
匯報我們的動向，是真是假我也難說。研究20世紀中國文
學的美國學生可能難以拿到研究需要的閱讀材料，許多像
魯迅這樣現代文壇巨擘的著作書店買不到，即便有特殊許
可，也只能從中央研究院等特殊館藏借閱。這種限制主要
針對的不是美國博士生，而是台灣當地人。比如與我成為
朋友的年輕士兵總是向我抱怨，20世紀中國最優秀的作品
大部分都看不到。

修改博士論文、尋找教職

1960年春天，我和費先生一直保持頻繁聯繫。他在世界各地的中國研究中心講學，雖然身處海外，依然盡職盡責閱讀我博士論文的每一章，給予評價。他告訴我日本等地中國傳教史學者的名字，日後可以聯繫他們。在台北安頓下來之後，我得馬上決定是盡快出版修改後的博士論文，還是海外之行結束後去東京、倫敦、巴黎的檔案館，多做一些研究再出版。夏天在紐黑文（New Haven）讀中文項目時，我請耶魯的芮瑪麗（Mary C. Wright）教授讀了論文，想聽她的意見。她強烈建議我馬上修改付梓，不用等到再做補充研究。

11月中旬我收到費先生的長信，是他對論文的詳細評點。他認為，這本論文「是出書很好的開始，但需要大量編輯修訂哈佛出版社才會通過，我們希望出版社審核越快越好」。他的意見是，文稿最主要的問題是結構過於思辨，沒有給讀者渲染19世紀60年代不斷累積的緊張氣氛，最終導致的那場「攝人心弦、震驚中外的天津屠殺，正可以把所有分析角度收尾到最強音。若是你能用傑出的編輯技巧搞定這點，寫成暢銷書幾乎不在話下。因為這個故事正是不斷積累，直到高潮。」[13]

鼓勵中帶著壓力，這點無人能出費先生其右。1961年2月，我的文章〈中國的反基督教傳統〉（"The Anti-Christian Tradition in China"）發表在《亞洲研究期刊》，寄給他一篇單行本。他回覆道，「這篇文章寫得真的非常出色，你可以由此開闢一片嶄新的領域。再接再厲，盡快修改手稿，

修改有沒有時間表？最近有沒有新的洞見？9月能交稿嗎？」[14] 這就是費先生的行事風格。

亞洲之行後，我想馬上開始教學，所以與費先生來往的無數信件中，美國就業市場成為另一個話題。20世紀60年代初，中國研究界即將進入60年代中後期大舉擴張階段，但當時依然小得可憐。費先生在哈佛辦公室以一己之力為學生提供就業服務，告知新的招聘職位，給建議、寫推薦信，讚賞這位、那位學生的長處、技能等等。我的情況有些複雜。主要因為我當時身在亞洲，面試成本太高，去不了我感興趣和對我感興趣的大學面試。另外一點是我再也不想做學生了，急切想走到職業生涯下一步，開始教學。最終，我的決定是接受密歇根大學一年的聘用，代替休假的經濟史學家費維愷（Albert Feuerwerker）。不利之處是這個職位不可能長久聘用。不過密大是一所頂尖大學，中國研究各個領域已有建樹。因為工作時間只有一年，費維愷和我本就相識，所以不用著急去安娜堡（Ann Arbor）面試。

接受密大聘用之前，情況又複雜起來，別的選項來了又去。西北大學在招一位東亞研究學者，填補要去密大的日本史學者羅傑·哈克特（Roger Hackett）的空缺。費先生向西北大學極力推薦我，這是份實打實的工作，以後有晉升的希望。我明白這點，但沒有同意。12月中，費維愷告訴了我如果去密大要教的課程的大致情況。他說雖然歷史系還沒有百分之百同意，但他個人擔保只要我想來，這份工作就是我的。[15] 這之前我收到西北兩封語氣迫切的信，

讓我如果有意馬上告知他們。我回信說還需要時間掂量手中的選項。不久之後，西北告訴我職位已有人選，再之後我收到了密大的正式入職通知。

　　1962年1月11日，我收到費先生電報，「尚無更好選擇建議接受密大」。等了幾天之後，我寫信向密大表示接受。然而1月15日吃早飯時，又收到費先生一封電報，説芝加哥大學有一個新職位，希望推遲接受密大。我跑到郵局，問能不能拿回給密大的信。工作人員説當天沒有飛機前往美國，若能找到信，確實可以取回。我翻了好幾摞信件，終於找到、截獲了信。1月22日我收到費先生的信，主要是聽説芝大的工作需要歷史系和東亞研究委員會雙重審核，通過雙柵欄要很久。他最近剛好去了密大，為新成立的中國研究中心揭牌，感受到那裡學者年輕、向上的熱情，印象深刻。他讓我不再推遲，而是接受費維愷的工作。我言聽計從，也給芝大寫信解釋自己的決定，説如果下一年還招聘的話，希望可以考慮我。

　　在台北期間，我和費先生信中也談了工作、論文修改成書之外的話題。1960年秋，正值美國總統選舉競選活動如火如荼，我常給費先生寄國民黨《中央日報》的剪報。《中央日報》強烈支持尼克松，攻擊費先生是美國左派即約翰·F·肯尼迪（John F. Kennedy）的走狗。共產黨的報紙原來也給費先生潑過髒水，費先生幽默裡夾雜著譏諷，得知海峽兩岸都有樹敵，覺得有些好笑。有次去中央研究院近代史研究所，我發現他們有反基督教低俗色情小冊子《辟邪實錄》的原本，傳教士翻譯了這本冊子，出版時題目改為

《腐爛教義的致命一擊》(*Death Blow to Corrupt Doctrines*)。我用微型膠卷拷貝一份，應費先生要求寄給了他。[16] 獲悉書籍重印版情況，我也告知他，比如馬士(Hosea Ballou Morse)的三卷《中華帝國對外關係史》(*The International Relations of the Chinese Empire*)，初印於1910至1918年間，早已失傳。他買了三套自用，還寫道：「(哈佛)庫普書店(the Coop)買了大概50套……新學年開學的時候，我們會讓所有研究生都買。」他叫我推薦英文書籍，說他「可以寄給台北優秀的(亞洲)學者，如果對他們研究有益的話」。[17] 費先生生性喜愛交際，6月份寫信說讓包德甫(Fox Butterfield)夏末到台灣學語言時找我。包德甫當時剛從哈佛歷史系以最優等榮譽畢業，日後成為《紐約時報》著名記者。「相信你的建議和榜樣無論如何能使他受益良多，希望你們惺惺相惜，」他說。[18]

8月份，我寫給費先生：

康奈爾項目今年成功結束了。大多數拿獎學金的學生為了展示我們口語的進步，7月初在美國新聞處(United States Information Service)大會堂演了一齣中文獨幕劇。我們排練六週，請了一位專業中文導演，扮上古裝，化妝、貼鬍子、戴假髮、做了舞台背景，總之該做的都做了(圖1.7)。全場爆滿，本地報紙盛情稱讚。估計是新聞處在台北成立以來最受歡迎的活動。新聞處意識到機會，試圖勸說我們到台中、台南循環演出。我們非常沒有愛國熱情，說一夜劇就夠了。[19]

圖1.7　與梅兆贊 (Jonathan Mirsky，圖右)
一起表演中文劇，1961年台北。

康奈爾項目1961年初夏結束，但我1962年1月才離開
台灣。在島上最後六個月，我做了不少事，常去南港區的
中央研究院近代史研究所查閱寫書相關的檔案。近史所館
藏有清朝總理衙門檔案，總理衙門1861年3月創立，是外
交部的雛形。總理衙門檔案中有許多教案材料。這些檔案
當時正籌備出版，我碰到晦澀難懂的中文材料，就去諮詢
負責檔案工作的兩位主要專任研究人員王爾敏和呂實強，
受益匪淺。康奈爾項目還運行時，我也繼續上之前的一
對一輔導課。其中一門是馬靜恆教的研讀課，討論《儒林

外史》、《紅樓夢》兩本著名小說。另一門討論課老師是梁
寶碩（音譯），我們讀了全本《論語》和《孟子》，我的作業
是把文言文翻譯成現代白話文，跟梁老師討論兩本書的
內涵。兩門課都強化了我的口語水平，與參演中文劇一
起，為這次精彩紛呈的全面語言學習畫上了最恰如其分的
句號。

學術生涯拉開序幕

台灣之行結束得一波三折，困難重重。1962年1月中旬，
工作快有著落時，我女兒喬安娜染上水痘，續發嚴重的葡
萄球菌感染。幾天後安德烈婭就要帶著兩個孩子，包括8
月剛出生的兒子納撒尼爾（Nathaniel）啟程飛往倫敦，去她
姐姐家。我則要去東京一陣子。原計劃是我去東京一個
月，然後去倫敦團聚，之後幾個月倫敦做我們的大本營，
我在倫敦、巴黎查閱檔案。然而喬安娜病情之外又飛來橫
禍，納撒尼爾感染阿米巴痢疾，吃什麼拉什麼，被迫住院
幾日靜脈輸液。安德烈婭改簽了機票，孩子身體狀況有起
色後，她們才一起在1月22日離開。我第二天飛到東京。
我曾想倒是可以在日本多待一段時間，學習日語，但因為
家庭的緣故，也因為我很想早日開始教學，幾個月前學日
語的想法遭到腰斬。

　　撰寫回憶錄的好處之一，是可以回望人生前事，希望
經過歲月的歷練自己能更加明智。五十多年後，我回想起
上面講述的經歷，內心的愧疚不是一星半點。前文講到性
別不平等在60年代初依然存在，當時我的職責就是好好

工作，妻子的主要任務是照顧小孩。這種安排不可避免的後果，就是男性會理所當然誇大自己的作用。他努力工作是應該的，家裡其他人卻要處處配合。帶著兩個小孩長途飛行，兩個都大病初癒，安德烈婭一定壓力重重。我卻一點都沒看到這些，完全沒有想到我可以跟她們一起飛到倫敦，確保她們安頓得當，**然後**再飛到東京。現在與當時相比，我的想法發生了巨大轉變。

在東京我遇到了志同道合的日本研究學者，結識了日後的終生好友向納（Irwin Scheiner）。他也研究東亞基督教史，著重明治維新時期的日本。[20] 2月底我飛往倫敦與家人團聚。2月餘下的時間和整個3月，我都在倫敦公共檔案館（Public Record Office）、巴黎奧賽堤岸（Quai d'Orsay）的法國外交部檔案館做研究。4月初我們回到美國，在長島我父母家住了幾個月，之後去安娜堡，已與費維愷一家安排好，他們出國的一年住在他們家。

下面幾年是我職業生涯中精彩、重要的幾年。在密大開始教學後不久，我寫信給費老師，稱呼已改為更親切的正清，講述自己多麼享受教學的過程。這一點也不意外，不過既然打算以後幾十年以此為生，這個發現倒令人驚喜。[21] 教學之外，安娜堡一年，我與亞歷山大·艾克斯坦（Alexander Eckstein）成為好友，他是中國經濟學家，曾在哈佛待過。密大正飛速提高在中國研究各領域的地位，費維愷不在，亞歷山大就積極奔走。我剛在台灣待了16個月，認識那裡一些跟我一樣剛剛進入就業市場，但不像我有費正清這位導師的優秀人才，因此恰好可以協助亞歷山

大。[22] 密大需要中文教學好手，我正有合適的人選 —— 我的老師、好朋友馬靜恆。亞歷山大接觸了密大語言學系，他們很感興趣，於是跟靜恆來來往往許多信件，安排家人、簽證等等。最後一切順利，1963年夏天靜恆和家人搬到安娜堡，秋天開始在密大教中文。當時我已經去了安默斯特學院（Amherst College）。

另外一位在台北結識的好朋友是中國哲學學者孟旦（Donald J. Munro）。我在安娜堡時他在底特律地區暫居。他即將從哥倫比亞大學博士畢業，還沒準備馬上開始教學。我知道他要找1964年秋季學期開始的工作，美國當時招收中國哲學領域學者的大學不多，我就跟亞歷山大提起孟旦，建議亞歷山大跟密大哲學系商量一下。哲學系面試了孟旦，給予助理教授職位，1964年秋季學期開始上班。孟旦在密大工作三十多年，成為中國哲學思想領域的頂尖教授，著作等身，1996年退休。

必須指出，積極推薦職位人選是我從費先生身上學到的另一個優點。當然這方面我與費先生的貢獻相比是小巫見大巫。還得說明60年代初我與正清、與其他人頻繁通信是在電子郵件時代來臨前，郵件立等回覆的日子尚未到來。當時是「龜速時代」，需要果斷做決定時，方顯通信速度的重要性。

一書接收，一書又起

安娜堡一年，另一個重要的進展是1962年6月，哈佛通知接收我的書稿，[23] 這意味著下一年大部分時間，出書這個我

當時一無所知的過程會佔據許多精力。但我還有時間打開另外一個新世界的大門。一些學者寫完一本書後，馬上就準確知道下面要做什麼。我向來不是這樣。1962年夏天，我有許多閒暇時光思索下一步，去密大前，以及一到安娜堡，我著手查閱密大豐富的中文館藏，收集清末一位非常有趣的知識分子的資料，他叫王韜（1828–1897年）。[24] 王韜吸引我有幾個緣由，有學術上的，也有實際考慮。首先，王韜不像19世紀後期其他與西方有廣泛接觸，或曾遊歷、旅居國外的中國人，他著述甚廣，頗有成就，關於他人生經歷的資料充裕。我第一次讀到他是博士時讀鄧嗣禹和費正清的經典著作《衝擊與回應》(*China's Response to the West*)。學術界這種現象常見，前人和前人著作中的決定會影響後人的選擇。若不是鄧先生和費先生決定把王韜寫進那本書，可能很久之後我才會聽到這個名字，更不太可能選擇花十年的光陰，讀王韜的著作，寫一本關於他的書。

《中國與基督教》也是類似的情況。1941年，兩位中國學者吳盛德、陳增輝合編了一篇基督教使團事件中文資料全面編目。1985年第一次與陳增輝通信時我告訴他，他們這篇編目為我50年代末寫博士論文省下幾個月的時間。「坦白說，」我寫道，「以我當時的中文水平，若不是你們的編目，我嚴重懷疑自己能不能就那個話題寫出一本博士論文。」[25]

誠如美國歷史學會一位前主席在《歷史學展望》(*Perspectives*) 2007年2月刊所言，實際考慮也是影響學術生涯的一大因素，這是王韜吸引我的另外一個原因。執教

安默斯特學院之後，離我最近的圖書館中哈佛的中國歷史館藏最為豐富，距我兩小時車程。王韜是高產作家，大多著作已在幾本關鍵書目收錄，我可以複印幾本，也可以從哈佛燕京圖書館長期借閱，因此寫一本書只關注他一個人更好。我在安默斯特待了兩年，之後接受了衛斯理學院（Wellesley College）聘請，離坎布里奇只有半小時車程。

　　衛斯理學院比安默斯特學院更吸引我，有幾個原因。一是給了我兼任哈佛東亞研究中心研究員的機會，我在哈佛有了辦公室，也能與其他中國研究學者頻繁往來。[26] 1965 年 3 月，我寫信給姐姐芭芭拉告訴她新工作的消息，說道：「我不會再像在這裡（安默斯特學院）一樣孤立無援了。這裡沒人讀我讀的書，想激發靈感的話，我只能對牆說話。」二是衛斯理願意引入中文教學，當時安默斯特似乎無意提高東亞研究在課程中的比重。第三當然是衛斯理離哈佛燕京圖書館更近，這裡有美國第二的中文館藏，僅次於國會圖書館。早期做王韜研究時用他的幾本關鍵著作還能對付，深入下去時，更加迫切需要獲得借閱更多中文書籍的權限。

　　衛斯理第四個吸引我的地方，是我作為教師責任更加寬廣。我在衛斯理任教約 35 年，從一開始來到這裡我就認識到，衛斯理視中國為世界的重要組成部分。1966 年 11 月我為《衛斯理校友雜誌》寫的一篇短文上說道：「美國本科學校中，衛斯理開展中國研究的決心鮮有對手。」在衛斯理的第一年（1965–1966 年），我開設了一門系外中國文明課，有 242 名學生。第二年，在林戴祝畬（Helen T. Lin）

的專家級指導下，衛斯理首次開設中文課。林戴祝畣曾在台灣台中的美國外事語言學院（Foreign Service Language Institute）、耶魯遠東語文學院（Far Eastern Language Institute）教中文。早在此之前，興致勃勃的學生就組織了中文午餐會，與像我這樣熱情參與的教職人員每週講普通話。1974年9月，執教中文九年之際，我在一篇報告中寫道，衛斯理的本科中文項目，與美國任何一所大學相比都毫不遜色。當時中文系一般每年本碩博有50到60位學生，有人用中文做研究，寫出獲得榮譽表彰的本科畢業論文；越來越多人做更高層次的研究，去了頂尖博士項目。

　　1966年到1967年，在巴內特·米勒（Barnette Miller）基金會、宋美齡基金會贊助下，中國成為衛斯理學院多場大型課外活動的焦點，其中包括羅樾（Max Loehr）組織的中國傳統藝術形式展。專門研究中國的學生，自然也從衛斯理與哈佛的鄰居關係中受益匪淺。

　　這些年來，相當一批我在衛斯理的學生繼續在美國、國外大學攻讀中國研究碩博學位。同時，我積極參與哈佛東亞研究中心（後來更名為費正清中國研究中心）的事務，有了衛斯理沒有的教學體驗，能與哈佛的博士生和其他大學的訪學博士生保持密切聯繫。我也活躍在中心的日常運作，70年代應時任中心主任傅高義（Ezra F. Vogel）要求創辦了新英格蘭中國研討會（New England China Seminar）。研討會系列每月一次，形式是黃昏時由一位受邀嘉賓講座，嘉賓一般來自新英格蘭地區，偶有來自其他地方的學者。晚飯後由第二位受邀學者講座。1980年我應邀擔任費正清中

心執行委員會委員，時常開會就中心運作參與重要決策。當時是受時任中心主任孔飛力 (Philip Kuhn) 之邀，他是我50年代末博士同學。戈德曼和我是第一批擔任委員的非哈佛教職成員。1980年至今我一直是委員。

在衛斯理這些年，即使是學期中我也能每週在哈佛兩三天。除了去東亞研究中心聽講座，或是偶爾做講座之外，我也經常受邀審讀、評判博士生的論文、同事的著作。我出書越來越多，在中國研究界越來越為人熟知，讀全國其他大學學者的書稿，偶爾也有博士生正在寫的文章，這成為我學術生活的一大特色，一向嚴肅以待。所有因素相加使我堅信，1965年秋天搬到衛斯理學院、波士頓區域，是交了好運。在美國最好的本科學院之一教書，成為中國研究界最頂尖的研究中心之一密不可分的一部分，這兩個機會的組合絕無僅有。這本回憶錄的餘下章節，我會主要試著向讀者講述，自己怎樣利用了第二個機會。

37

第二章

王韜：清末變革之法

王韜一生挑戰的核心議題是「西方衝擊—中國回應」學說。
這是他在學術上最吸引我之處。「西方衝擊—中國回應」學
說盛行於20世紀50、60年代的美國學術界，與歐美更深
厚的理論傳統有千絲萬縷的聯繫。19世紀以來，西方根
深蒂固的觀念是，中國幾乎不可能產生深刻的內生變化，
真正的變革只能由西方衝擊造成，中國必然效仿西方模
範。下一章將細數此等西方思想。我個人開始悉數審視這
種思維方式是在20世紀70年代後期。然而以今思昔，早
在十年前，治學王韜生平、著作時，我對此等思維已深感
不適。[1]

王韜（1828–1897年）生平概要

王韜（圖2.1）成長於蘇州地區。1846年郡試不第後，他往
上海傳教士創辦的墨海書館擔任編輯，參與《聖經》新譯
本翻譯，1854年受洗為基督徒。王韜在上海的冶遊時光似

圖2.1　王韜。《上海研究資料》(上海：中華書局，1936)。

乎難稱基督徒的標準，他常攜三五密友，飲酒作樂，青樓尋歡，在著作中以綿綿愛意，摹畫青樓的生活儀式。1862年，清廷上海當局以王韜上書太平天國叛軍策劃謀逆，意圖奪取上海為由索捕。王韜在英國人幫助下逃亡香港，經安排協助理雅各 (James Legge)，成就影響深遠的中國經典翻譯事工。王韜協助得力，於是1867年理雅各邀請王韜前往蘇格蘭家中，繼續翻譯工作。

　　遊歷海外、歐陸兩年多後，王韜1870年返港，始就西方著述。其中最著名的是《普法戰紀》，1873年出版，講述普法戰爭 (1870–1871年)。此書首創以中文審度歐洲近代史大事件之先，王韜因是外交專家一舉成名。此時王韜亦開啟新聞記者生涯，1874年受命新創辦的華文報紙《循環

日報》任主筆。《循環日報》乃香港第一家華資、華人主辦的報紙。《循環日報》作為商業報刊，卻以講述世界、參謀時事為己任，王韜的政論每每見諸此報。在英屬香港他言論自由，於是藉報刊宣傳變法。王韜開創的這一風氣，20世紀之交為著名政論家汪康年、梁啟超所用，對現代中國產生深遠影響。

王韜見證了香港成長為商業社會的過程，廣結呼風喚雨的華人商賈，不僅與其有金錢往來，亦結伴定期拜會香港總督，甚至與港督軒尼詩（John Pope Hennessy）成為好友。王韜透過《循環日報》呼籲清朝官員更加重視商業，改善商人在中國社會的地位。

1879年，王韜訪日四個月，受日本名士熱烈歡迎，稱讚其為中學文士、西學學者。王韜在香港二十載成果斐然，1884年回到闊別已久的上海，繼續宣揚改革主張。1894年，他幫助孫中山修改「上李鴻章書」。時任清廷北洋大臣李鴻章卻另有緊要事由——中日之戰一觸即發。孫中山上書失敗，轉而策劃革命。王韜革命主張與孫文不同，卻在同輩中國人預見的變革前夕，1897年5月七十大壽之際，愴然離世。[2]

王韜一生志於解決紛繁複雜的變革問題，為梳理他的思想，我必須直面變革議題。我在研究王韜的著作《在傳統與現代性之間：王韜與晚清改革》序曲中寫道，此書四部分講到一系列宏大的變革議題，均與王韜相關：漸進變革與革命的關係；代際變革與歷史變革的不同；以內部標準衡量社會變革的優勢；「傳統」與「現代性」之間的複雜關

係;中國歷史事實與所謂「中國傳統」的差異;技術變革與價值觀變革;19、20世紀中國改革的地理文化淵源等等。接下來幾節講述王韜思想時,我會討論上述問題,但當時的我仍無法脫離「西方衝擊─中國回應」說的窠臼,我質疑以西方影響為衡量清末中國變革核心尺度這一立論時,仍難免高估西方影響的重要性。[3]

王韜的新中國之策

「在新大陸,」費正清寫道,「現代世界是我們參與創造的;在中國,現代世界被推到中國人身上,強迫他們吞下。」[4] 19世紀西方圍堵中國,中國毫無準備,花了幾十年時間,雖仍懵懂,但也逐漸開始理解面前挑戰的本質、深度。這種情況下,應對挑戰的策略遠非家喻戶曉,下述手段亦有耳聞:

> 老、莊之旨,柔可以克剛,退可以為進,惟能善用其弱,而弱即可為強矣。過剛則必折,躁進則必蹶,惟輕用其強,而強無有不弱者矣。歷觀古今來享國久長者,莫如周代,然自平王東遷以後,萎靡不振,幾若贅旒……趙宋於諸代中為最弱,然能歷與遼、金、元三朝相抗,延至三百餘年,則以弱而能自存也。[5]

這段話出自19世紀60年代末一家香港報紙,文章作者意在說明,中國人若想易歷久彌新中國之道為西方之道,以面對西方的挑戰,不過是自欺欺人。中國的最佳防禦策略並非練兵製器,築堡建砦,而是效老莊以示弱,行

儒家傳統美德義、忠、信。日報編輯將此篇寄給遠在蘇格蘭理雅各家中的王韜，他寫下雄篇，力陳中國亟需變革的立場，以及應對西方威脅的思想框架。[6]

他首先大膽宣稱，世變已極，中國三千年以來所守之典章法度，至此而幾將播蕩澌滅。隨後比較了世界的西北與東南，即西方與中國。「東南柔而靜，西北剛而動。靜則善守，動則善變……柔能持己，剛能制人，故西北每足為東南患，東南不足為西北病。」[7]王韜承認，顧守有時足以待變，柔有時足以制剛，但這個過程緩慢易變，西方必將趁機以難中國。中國的明智之舉，莫過於師其所長，贏得西方的遊戲。因此中國需要變革。此變乃形勢所需，王韜論道，變乃天之常道，「蓋天道變於上，則人事不得不變於下，《易》曰：『窮則變，變則通。』」[8]

若中國必變而後可以為國，則將驅趕傳統的風俗政事、文物聲明，而盡西方嗎？「非也，」王韜直言，「吾所謂變者，變其外不變其內，變其所當變者，非變其不可變者。所謂變者，在我而已……彼使我變，利為彼得；我自欲變，權為我操。」王韜繼續講到，中國從前幅員狹隘，之後境土由漸廣斥，逮到清朝疆域最廣。歐洲諸邦歷史上亦如是，百十年間，洪波無阻，漸由印度而南洋，由南洋而東粵，羽集鱗萃。

此天地之變局絕非出於人意計所及，必乃天心為之也。天之道正欲福中國。王韜世界觀的一大特色，就是認為中國有天命相助：「天之聚數十西國於一中國，非欲弱中國，正欲強中國；非欲禍中國，正欲福中國。故善為用

者，可以轉禍而為福，變弱而為強。不患彼西人之日來，而但患我中國之自域。無他，在一變而已矣。」

前述王韜點明其「變」為「變其外不變其內」。這裡他又呼求「一變」，如何解釋這種前後矛盾呢？我認為這只是貌似矛盾，實則並不矛盾。如果我理解得當，王韜的「一變」不是改變一切，而是改變**可以**改變的一切。「一變」不涉及「內」，「內」近似「道」，乃精華本質，恆常不變。「內」卻包涵「外」，「外」是「內」之外一切事物，「外」可變，自然有變革的巨大潛力，「外」可變的規模如此之大，無需侵蝕固若金湯的「內」，即可

> 夫用兵以刀矛一變而為槍炮，航海以舟艦一變而為輪舶，行陸以車馬一變而為火車，工作以器具一變而為機捩。雖成功一也，然而緩速利鈍，難易勞逸，不可同日而語矣。
>
> 凡此四者，皆彼所有而我無其一。使我無彼有，而彼與我渺不相涉，則我雖無不為病，彼雖有不足誇，吾但行吾素可耳。獨奈彼之咄咄逼人，相形見絀也。且彼方欲日出其技以與我爭雄競勝，長較短，以相角而相凌，則我豈可一日無之哉？……將見不及百年，四者必並有於中國，行之若固有，視之如常技。吾固不欲吾言之驗，而有不得不驗者，勢也，亦時為之也。天蓋欲合東西兩半球聯而為一也。

這些段落的價值取決於我們怎樣看待其理論結構。越來越多學者認為，「傳統」與「現代」並非截然對立，互不重合。歷史學家高慕柯（Michael Gasster）總結該問題時道，

無論西方還是東方，大多數社會是二元的，不是**要麼**現代，**要麼**傳統，而是**混合**了現代與傳統，他們是「文化變革正在發生的體系」，之間差別在於「現代」和「傳統」成分之間的組合關係……從這個角度來看，現代化的最佳詮釋是，現代化是一個**走向**現代性某種情境的過程，但這種情境永遠無法完全實現。誠然，現代性沒有最終達成情境，只有諸多現代力、傳統力之間不斷調整的漸進過程。[9]

就此我僅補充一句，我認為必須限制在「現代」和「傳統」兩個殼子裡毫無依據。每個社會的構成中，都有無法簡單歸一到任何外殼的成分，比如人類天生對故事和講故事的渴望。[10]

如果現代性是一個相對概念，那麼所有社會，無論有多現代，都會保留一些傳統特色。接受這一立論隨之產生兩個問題：客觀考慮，19世紀的中國需要放棄多少儒家思想，才能促成深刻的變革？若想促成此類變革，必須公開挑戰儒家思想嗎？思索這兩個問題，就像打開潘多拉的魔盒，衍生更多問題。儒家不等同於傳統，那麼如何釐清二者界線？且不論如何界劃儒家思想，有意排斥儒家，就一定能保證不受其繼續干擾嗎？反其道而行之，拒絕公開貶斥儒家思想，一定能保證儒家思想不受侵蝕嗎？一言以蔽之，真正的變革與看得見的變革有何分別？看得見的變革與想見的變革又如何劃分？

提出這些問題，我是想告誡人們，不要想當然接受現成的答案。下一章會仍會回歸這些問題。這些問題堪比蜀道，一些可能終極無法作答。每一個都沒有定論，所以必須常問常思。

輕視中國改革思想的「洋槍洋炮」階段，亦反映1895
年前中國改革是以「失敗」告終的普遍想法。持這一想法的
主要是「條約口岸知識分子」，他們對中國的「無能」一向深
為不耐。近些年強調這一想法的學者，大多誤讀了日本的
情況。比較中日現代化的努力十分有價值，但比較時必須
小心翼翼。1895年，日本大勝中國，此後成為世界強國，
中國則繼續迷茫軟弱。但若是以此下結論，以為日本「對
西方的回應」迅速成功，中國則遲緩失敗，那是無視了近
代日本史的基本事實 ——日本的現代化，尤其是政治現代
化，遠在西方人到來之前就已經開始。[11] 如果要修正上述
思維方式，可以擴大比較範圍，不僅衡量中日之間的現代
化經歷，還可以將中日與世界比較，西方衝擊只是其中一
個變量。這樣比較的話可以發現，中日的現代化進程都相
對較為成功，[12] 中國可能落後日本，但同時也起步更晚。

　　比較時一定要注意，**成敗**、**快慢**這種詞只有相對價
值。比較中日現代化進程時，關鍵問題不是為何兩國回應
西方速度不同、成敗結果不同，而是為什麼只有外界刺激
大舉入侵之後，中國現代化才開始；而日本的現代化早在
外界侵犯前已經開始。[13]

　　輕視「洋槍洋炮」的想法大行其道，因此許多人不願
深究19世紀中國改革的技術層面。結果就是很多最基本的
區別沒有搞清楚，混淆了技術變革的事實與決心：決心是
主觀的，包含價值判斷。而且少有學者區分不同程度的決
心：有人推崇有限的變革，有人承諾的規模之大，不亞於
技術革命。有人對技術變革抱積極、正面態度，認為它是

「文明前進腳步」上的自然衍生品，有人則視之為不可避免的遭遇，是情勢所迫，不得已為之。最後，下決心承諾技術變革的動因也多重多樣，有所交叉。或是為改善人們生活，或是為與他國有力競爭，或是改善國家實力，或是保存傳統價值觀、體制，不一而足。

假設個人對技術變革的決心本質，或多或少反映其對變革的取向，19世紀60年代末，王韜持什麼立場呢？與當時其他力陳己見的中國人相比，王韜的改革計劃和意見有多大膽呢？雖然無法準確釐清王韜此時願意走多遠——這點很可能他自己都不知道，但可以肯定的是，他超越同輩大多數人一大截。其他改革派一致同意中國需要引入西式武器、艦船，但清廷高官全部反對建設鐵路，[14] 除了一些非常西化的「條約口岸知識分子」，據我所知，19世紀60年代末無人提倡中國經濟中大規模應用機械。

王韜贊成技術變革的原因同樣重要。19世紀末許多改革派認同西方為「物質」，中國為「精神」，認為只有採取西方物質文明，中國的精神文明才能免於毀滅，即體用說，最著名的是19世紀90年代總督張之洞的名言「中學為體，西學為用」。

若說王韜完全不接受體用說，是謬以千里。這裡等處他亦有前後矛盾，但他的核心思想指向另一個方向。王韜認為，中華文明的實質、核心思想，即中國之道堅不可摧。因此技術進步方面，理論上說他可以自由採取任何立場。即使是象徵性的小打小鬧，他也可以斥為不堪一提。按同樣的邏輯，他也可以支持大規模技術變革，前提

是變革不會作惡。如果他選擇支持變革，那麼背後的動因一定不是為保存中國之道。我發現王韜的實際想法恰如上述假設。王韜認為，實行技術變革有兩層原因，第一，只有這樣中國才可以與業已實行技術革命的西方國家抗衡。第二，天命中國實行技術改革，以求世界統一。在王韜看來，兩種情形下，保護中國的價值觀不是進行技術變革的原因，而是限制技術變革的條件。

王韜提議實施深刻的技術變革，只是因為變革不可阻擋，還是在某些程度上，用變革不可阻擋這個論點強化他的立場呢？換句話說，他認為雞生蛋，因為變革遲早來臨，所以需要變革，還是蛋生雞，因為需要變革，所以變革遲早來臨呢？表面看來，王韜以技術革命為兩害相權取其輕中的輕者。他堅稱並不希望自己的預測成真，而是由於「時勢」這些預測必然成真。這裡我們不能姑且聽信王韜之言。畢竟他的立場不是寫在給朋友的私函或自己日記裡，而是寫在報刊文章裡。王韜的目的是說服日報讀者。可以想像，19世紀60年代末的日報讀者大多反對深刻的技術變革，作為戰略，說變革遲早來臨效果更好。王韜個人對「機器時代」來臨的感受，無疑在他遊歷歐洲 (1868–1870年) 期間的旅途日記中有更準確的描述，他當時毫無保留表示欽佩。[15]

王韜對技術變革的決心大膽超前，自然也很早承認其他領域變革必不可少，此處依然少有人達到他的高度。19世紀70年代，他是變法的第一批擁躉。此時離他決意技術創新只過了幾年時間，他決心大增，開始首肯社會、經

濟、教育、政治領域的基本改革。過去支持變革的理由越來越不足，王韜不得不尋找新的理由。[16] 其中一個來自歷史，反映了王韜的歷史發展觀、線性歷史觀：

> 泰西人士嘗閱中國史籍，以為五千年來未之或變也。夫中國亦何嘗不變哉？巢、燧、羲、軒，開闢草昧，則為創制之天下；唐、虞繼統，號曰中天，則為文明之天下。三代以來，至秦而一變；漢、唐以來，至今日而又一變。[17]

面對西方批評中國停滯的聲音，王韜的辯解值得玩味。他當然可以把批評視為變相的讚美：這正說明中國之道亙古不變，光榮偉大。然而他選擇回應，堅持「中國亦嘗有變」，暗指自己在情感上認同變革理念，在當時的中國人中，這種信念罕有。

類似的積極進取精神，也可以從王韜的其他改革文章中感受到。他斷言因時制宜自有聖人之道，即孔子之道。孔子若是生乎19世紀，斷會支持行泰西之法，成變革之業。[18] 孔子若生今之世，亦為變革之人 —— 王韜的這個想法可能跨越了時代，也預見了19世紀末思想家康有為超前著述的誕生。該想法不僅為廣泛變革提供強有力的依據，也把對變革更積極的態度引入儒家思想。

王韜關於普世「道」的理念，[19] 其影響並不顯眼，但也一樣具有顛覆性。當時人們幾乎全部傾向於認為「道」屬中國，「器」屬西方。王韜堅信「道」是人類文明共有的特質，因此既是西方的，也是中國的，為討論打開嶄新的天地。這種觀點把西方帶進中國話語世界，由此給中國提供更大

動力，借用西方時可以不單借「器」。

　　王韜對孔子的動態詮釋和對道的普世解釋，是否篡改了儒家傳統，這些詮釋還符合儒家定義嗎？努力尋找中國現代化的合理依據時，王韜是不是把儒家思想詮釋至死了？面對這樣的問題，我們很容易滑入事後諸葛亮的決定主義，畢竟20世紀初五四運動時期，儒家思想被公開摒棄，由此前推幾十年間，儒家思想被不斷修正，最終無可避免走向被遺棄的命運。要遏制決定主義的想法，我們必須提醒自己，儒家信條以前也經歷過顛覆變革，但儒家傳統並沒有因此消亡。漢朝或宋朝的儒家思想，很可能孔子都認不出來，但漢儒和宋儒的門徒依然自視為聖人貨真價實的傳人。因此在王韜這個例子裡，王韜對儒家思想的發揮是不是詮釋至死，我們很可能無法客觀判斷，唯一能確定的是，王韜依然自視為儒家傳人。

19、20世紀中國變革的根源

《在傳統與現代性之間》前幾部分主要講王韜生平，最後一部分分析19、20世紀中國與變革有關更宏大的議題。此書1987年紙質版再版時，我在前言又撿起這些議題。我在此想簡要總結最後一部分的主題，講講現在的我會怎樣修改、加強這部分的論點。當初提出的詮釋框架由三個論點組成：一、顛覆性的文化變革往往需要兩個階段，第一階段主體是開拓者、創新者，第二階段主體是實施者、生效者。二、鴉片戰爭以降的中國歷史，是兩個各具特色、各

成體系文化環境互動的產物。這兩個文化環境是沿海的香港、上海等與中國內陸。三、在整個19世紀和20世紀幾十年間，中國提出變革的主要是沿海亞文化地區，內陸主要負責實施。為闡明清末沿海如何開啟變革，我在最後一部分從個人傳轉向群傳，探討了十二位改革派的人生，其中包括王韜在內的八位與沿海文化聯繫緊密，其他四位代表內陸。

　　我當時公開承認此框架仍屬早期探索，很不成熟，用了許多詞削弱觀點力度。[20] 我在深入撰寫下一本書《在中國發現歷史》(1984) 時，才得以使自己稍稍遠離《在傳統與現代性之間》，更為明晰這本關於王韜的書弱點在何處，該怎樣加強。弱點之中最緊要的，是我在此書中仍流露這樣的傾向：清末中國變革的主要衡量標尺是西方對中國體制及中國知識分子世界觀的衝擊。這樣的傾向在此書最後一部分以及前幾篇章都有所顯露。也就是說，我把西方對中國生活的影響與變革劃等號，這麼做有三重影響：一、忽視或邊緣化了中國的內生變革；二、書中稱設置機構、實施變法的過程為「合法化」，「合法化」被我過度簡化為「中國化」和「去西方化」；三、我幾乎只關注了阻礙變革的知識、文化壁壘，忽視了社會、經濟、政治壁壘。

　　如果今天重寫此書最後一部分，我會保留沿海、內陸的對立區分，以及文化變革的開拓階段和生效階段（這裡文化是廣義人類學上的文化）。但是，我會用更多的篇幅，分析19世紀後半葉中國內部促成的變革，如商業發展、[21] 越來越多地方上層人士參與政治等等。更關鍵的是，

我會討論實施這些變革時產生的特殊問題，以及這些問題與實施外國影響下的變革措施產生的問題有何不同。一個例子是晚清頗具盛名的士大夫馮桂芬（1809–1874年）。馮桂芬在1860年至1861年間首次提出中國地方政府改革方案，[22]影響深遠，靈感基本來自中國內部，可能有極少外國影響。但在19世紀60至80年代，在當時中國實施這些方案的阻力之大，不亞於王韜等人改革方案面對的阻力。王韜的改革方案大多反映西方影響，因是阻礙變革生效的力量本質是社會、文化，馮桂芬面臨的多來自政治、經濟。

我應該更加承認清末內部變革進程的重要性，這樣才能糾正過分誇大西方影響的誤區，也更不容易誤讀西方的影響。《在傳統與現代性之間》1974年首版，我幾年後重讀，注意到自己雖然不願誇大西方的影響，但仍會時不時流露傾向，以為19世紀後半葉更大膽的改革舉措一般源自「西方的挑戰」，少有例外。以今視昔，我願全盤拋棄「挑戰」說，做出更基本的判斷：西方影響下的變革，始於技術，最終擴展到其他領域，需要中國的推廣才能實施，尤其需要政府官員或社會知名人士推廣。官員仕紳的主要目的是防範更為根本，因此更具威脅的內生和半內生變革。這是他們的防禦策略。換言之，一些情況下，中國社會相對保守分子與西方影響的變革力量結盟。這樣並不是說只要是以西方為靈感的變革，就一定更「大膽超前」、「動搖根基」、「威脅國本」。

最後，與上文稍顯矛盾的是，如果今天我要重寫此書最後一部分，不會急於否認20世紀後半葉沿海創新龍頭的

53

地位。20世紀70年代鄧小平時代開啟，鄧時代的一個主要特色就是向世界打開大門，力度之大，70年代初《在傳統與現代性之間》初版問世時，我遠不能想像。鄧時代及其後的中國，絕大部分外國影響通過沿海地區流入。上海、天津、廣州等沿海港口與內陸偏遠城市獲得、接受的外國影響不同，由此導致的創新差距依然天壤之別。

　　同樣的道理，毛時代結束後，引入、接受外國影響的變革，尤其是西方影響的變革依然問題重重，積重難返。1979年西單民主牆運動遭到鎮壓，1983年開始「清除精神污染」運動，1986年到1987年冬天「資產階級自由化」被嚴厲攻擊，這些都發生在鄧小平治下，都說明一些與外國有關的想法在中國實施持續受阻。然而與王韜的時代相比，受阻的原因更複雜迴異。現在人們感到另一種外來意識形態體系——馬克思列寧主義的純潔遭到威脅，而不是中國本土文化傳統遭到衝擊。這是持續抵制民主自由主義等其他外來意識形態的主要依據。此外，中國不僅抵制西方影響的政治訴求，如示威權、擴大言論自由和司法獨立，路人皆知中國還抵制並非西方影響的訴求。關鍵是這些訴求挑戰了威權主義的政治傳統。無論在今天還是在帝王時代，威權主義傳統都一樣頑固。

　　自認中國文化獨一無二、自給自足的領地情緒，亦是一股需要思辨的潮流。儘管過去150年間，中國屢遭外國影響衝擊，也部分由於外國影響，民族中心主義尤其是危機時刻在廣袤內陸與官僚體系中依然堅挺不倒。民族中心主義建立一種區分「什麼是中國」的標準，即便這套標準並

非一成不變。外國思想可以商量，但無法輕易符合這一標準。深受外國思想和馬克思主義非主流派別思想影響的個人，被更大的中國世界放逐，不為世容、踽踽獨行，甚至可能失去正當位置，比如2017年逝世的劉曉波。1993年4月，我在衛斯理學院教討論課「作為歷史事件的天安門」時，他來到班上，雄論縱橫，講述了他在1989年天安門廣場大規模抗議運動中的作用，以及之後的政府鎮壓。[23] 2010年，劉曉波獲諾貝爾獎，但當時他正因支持中國實現更廣泛的民主活動，在監獄服11年徒刑。[24] 劉曉波等人深受西方影響，其思想實質雖與晚清改革先驅有所不同，但他們在中國社會是否具有合法性，他們的一些思想傾向是否具有合法性，這與王韜一代面臨的問題明顯有共鳴。因此，《在傳統與現代性之間》最後一部分探索的主題雖然還不成熟，但不僅適用於晚清，也適用於中國當代史。

停筆擱下王韜的話題之前，我想分享上世紀末自己有關王韜的一個個人經歷，也許能說明至少在政治領域之外，中國此時發生了多大的變革。1996年夏天，我受華東師範大學之邀擔任幾週的訪問教授，主要是指導一下，做幾次講座。我主要接觸的人是忻平，華東師範大學歷史系教授，他是當時唯二著書對王韜做了全面研究的人。[25] 我到訪期間，有天他和我僱車到江蘇蘇州東南24公里的甫里村，那是王韜出生的地方。我們去了幾個王韜住過、生活過的地方，了解他少年時代的環境。啟程回上海之前，我們去一位村幹部的辦公室，告訴他我們對王韜很感興趣。這位幹部頗有進取心，意識到村裡一位名人成為國際關注

的焦點，是甫里村打出聲名的大好時機。他提議不如舉辦一場王韜國際會議，不料1997年正是王韜逝世一百週年，幾個月後就是他的生辰。提議並沒有成真，但象徵了中國發生的變革之廣，以及文化大革命（1966–1976年）結束20年後，中國與世界的關係發生的變革之大。

第三章

下一步:《在中國發現歷史》

歷史學家之外的人以為歷史不過一堆過去的事實。歷史學家不該這麼想。事實當然存在,但事實無窮無盡,有時毫無用處,有用時也互相矛盾,宛如夢囈,令人費解。歷史學家的職責是走到混亂的事實巴別塔深處,選擇重要的事實,理解它們的意義。

這工作不簡單。雖然歷史學制定了證據規則,要求歷史學家誠實,但任何歷史研究難免有大量主觀成分。選擇什麼事實,如何詮釋其意義,取決於我們問什麼問題,用什麼理論操作框架。這些問題是什麼,理論是什麼,同樣取決於我們心頭所思。時間遷移,心頭所思移變,隨之問題與理論也發生變化。所以常有人道:每一代歷史學家都要重寫上一代歷史學家寫下的歷史。

世代也是一個模糊的概念。就集體觀之,每位歷史學家都屬於某個世代群體。史學界往往默認某個學術群體會採用某種研究方式,處於學科進化史的某個階段,比如20世紀50年代費正清指導的哈佛學者,就被稱為中國歷史

學的「哈佛學派」。就個體觀之，所有歷史學家在職業生涯中都會經歷一系列世代交替。每個人所在的世代集體力量強大，能切實限制我們轉變學術走向的能力。但這些限制是相對的，不是絕對的。一是因為每個人秉性不同。同一位老師同時教同樣年紀的學生，這些學生會有一些共性，但依然各有不同。確實，本章會清楚說明，這些學生的歷史研究方法可能千差萬別。二是隨著我們的成長，世界有時天翻地覆，我們也會受內外移變的影響，就算那些老頑固，他們死守的觀念看似從不動搖，其實也幾經離變。

《在中國發現歷史》反映了這些世代發展的角度：集體階段代表學科的發展歷程，個體階段代表歷史學家自身面對內外變革的反應、經歷。這本書評鑒、分析了二戰以來美國中國近世（recent）史著作的主要研究方法。近世指19、20世紀，一般稱現代史。我嚴重質疑中國歷史能不能稱為「現代史」，認為這個名詞並不適用，需要的話我會用「近世」、「1800年後」這兩種說法，後文會講為何如此。完全避免用「現代」這個詞是不可能的，我在這本書中寫到的大部分學者都把中國歷史分為現代史和古代史（亦稱前現代史）。

《在中國發現歷史》探索美國的中國歷史研究，也會直接分析人們常說的中美關係的學術維度，除此之外，此書也是一位歷史學家心路歷程的轉折點。四十歲伊始，我下決心寫這本書，直面、超越過去一些時間裡我反覆糾結的學術問題。這些問題有些與我本人有關，有些則是歷史導致的。我的第一本書《中國與基督教》1963年出版，當時

只是初出茅廬的大學老師，腦海關心的主要是個人職業，而非學術。當然，20世紀40年代末、50年代初，世界發生了一些關鍵事件，第二次世界大戰結束不久，冷戰拉開序幕，1949年8月蘇聯第一枚原子彈試爆成功，同年中國共產黨贏得國共內戰，1950年6月韓戰爆發。一連串事件後危機疊發，在美國人心中播下恐懼、懷疑的種子，非理性行為蔓延，導致從1950年開始，參議員約瑟夫・麥卡錫（Joseph McCarthy）等人指控費正清、歐文・拉提摩爾等中國領域專家搞共產主義顛覆。[1]

這些事件一開始對我的生活影響很小，畢竟1952年春天我才高中畢業，在芝加哥大學本科最後一年時（1954–1955年），麥卡錫主義業已衰退，但殘存勢力仍足以引發波瀾。美國政府對於共產主義的一丁點氣味都如同驚弓之鳥，一度同情馬克思主義的外國科學家，甚至別人以為他們同情過的，美國均不願發放短期簽證。許多才智過人的科學家因此無法前往美國參與學術會議，分享自己的成果。諷刺的是，這個政策並沒有促進美國國家利益，人盡皆知，它反而阻礙了國家利益。我本科最後一年就這個話題寫了一篇討論課論文，獲得政治體制論文比賽一等獎。[2]1954年春季，宿舍同學們每晚飯後聚集在公共休息室，觀看最新一場「陸軍對峙麥卡錫聽證會」，聽證會經媒體大幅報導，導致麥卡錫的支持者大幅減少，最終招致1954年12月參議院的譴責。

接下來幾年相對平靜，1957年到1958年我博士第三年的討論課論文裡，《中國與基督教》萌芽迸發，1963年

此書出版。這之間廣大的世界裡並沒有驚天動地的事情，至少我所在的地球這個角落並沒有大事發生。沒有外界的刺激，我寫書伊始時抱的想法成書時基本原封未變。我家裡基本沒有學者，唯一一位對學術有濃厚興趣的是大家族中的堂親阿瑟·A·柯恩（Arthur A. Cohen），小說家、出版家，猶太神學研究學者。我那時不太相信寫書的人也是肉體凡胎，一心想向自己證明我也可以成為一名歷史學家，意思就是寫出的學術著作能符合史學界的功力標準。[3]

59　　　　我的第二本書《在傳統與現代性之間》1974年出版，此時作為歷史學家自信漸增，自感這是本好書，與第一本相比筆力見長。但我擔心這本書的學術設計是否內部連貫，背後的理論是否行之有效——一言以蔽之，這本書行不行。前文講到1957至1963年，我寫第二本書是在1964年到1973年，那是美國愁雲密佈、動盪不安的時期。正如大蕭條改變了美國上一代人，越南戰爭、美國入侵柬埔寨、羅馬俱樂部《增長的極限》報告、水門醜聞改變了我這一代人。兩者之間有所差別。大蕭條年代引發人們對財富分配、社會結構的深切關注，60年代、70年代初接二連三的危機，凸顯美國技術的摧毀力，和控制技術最終使用權的美國人道德感的模糊，二者互相矛盾，人們開始質疑「現代」歷史發展進程的本質。

　　　　美國出兵越南時期，我在衛斯理學院教中日歷史，和許多亞洲研究學者一樣強烈反對越戰。我頻繁參與校園自由討論（teach-ins），有年7月4日獨立日，和另一位中國研究學者梁思文（Steven Levine），受邀在麻薩諸塞州一座市

政廳台階上演講。1969年11月15日，我南下華盛頓特區參加大型反戰遊行，當時估計有50萬人參與。我認為越戰之後，不能再斷言美國力量都是好的，不能再把「現代」與「啟蒙」輕易劃等號。持這種態度的不只我一個。1968年12月29日，我的導師費正清即將卸任美國歷史學會主席，演講時他問道，如果更全面理解歷史的話，美國人還會挑起越戰這個爛攤子嗎？「這客觀地教育我們，」他用了這樣的措辭，「什麼是歷史的無知。」他問道，如果更了解中國與北越複雜的歷史關係，「我們還會在1965年隨隨便便就出兵越南嗎？如果理解佛教徒捨身飼虎的能力，儒家對領袖個人聲譽、道德榜樣的關注，甚至共產主義者愛國的能力，我們在決定轟炸河內直到其屈服之前，就會有所猶豫。」[4]

《在傳統與現代性之間》的主角是王韜，一位生活在20世紀後半葉中西文化邊界線上的中國改革家，他深思、詳述了中西之間的交流。試圖理解王韜時，我面臨的問題是書寫伊始我對「中國」、「西方」、「現代性」、「傳統」這幾個詞的假設在成書的十年間支離破碎。我意識到這些困難，在文本許多地方討論了這些假設中的問題，尤其是傳統—現代性二元對立的問題。我甚至想過給書定名《在傳統與現代性之外》，而不是之間。但最後，可能王韜曾經到達「之外」，我決定「之間」。我的主要思想推向一個方向，思想框架的組成概念卻拉往另外一個方向，結果就是此書深層學術框架裡蘊藏一定衝突。

《在傳統與現代性之間》一書完成，得以與之拉開一

定距離之後，我的不適演變成危機，意識到唯一的化解之道是直面戰後美國19、20世紀中國史著作的主流思想框架、範式。下文會講到，1970年我已在這個方向做了初步批判。雖然對峙這一議題，我的動機中一定有強烈的個人成分，但也希望對峙結果成書可供大學生使用。20世紀60年代末，中國近世史學界剛出現批判總結該領域的著作。大約此時，更批判的視角逐漸浮現在《關心亞洲學者簡報》（*Bulletin of Concerned Asian Scholars*）上，以及在1975年開始發行的季刊《近代中國》（*Modern China*）。我歡迎這種視角，對於這個思考逐漸萎靡的領域，這種批評宛如良藥苦口。一些特定的批評我並不全盤接受，甚至有時想接受，但支撐批判的實證數據不足，批判本身過於絕對、簡單、極端，無法使人信服。一部分新視角令我不安，大部分被批判的視角一樣令我不安，兩難之間，我立志寫一本史學概述，可能沒有如今提出的一些批評標新立異，但至少能闡明其中心議題。[5]

「中國對西方之回應」癥結何在？

《在中國發現歷史》第一章，我批判了費正清代表的西方衝擊—中國回應學說。戰後幾十年間，該學說在美國19世紀中國研究中佔據重要地位。我在《中國與基督教》最後一章已經間接分析了這一學說的問題。「當代研究中國歷史的學者，」我寫道，

　　精力往往全放在西方衝擊、中國回應的過程，忽視中國衝

擊、西方回應的過程。傳教士來到中國，迎接他的是沮喪、惡意，這是出發前幾乎不可能預見的，沮喪與惡意潛移默化，真真切切地改變了他，他變成了一位**外國**傳教士。他意識到這種轉變，甚至憎恨這種轉變，加之對中國當時情況的強烈不滿⋯⋯極大影響了傳教士對中國情境的回應。[6]

西方衝擊—中國回應説預設19世紀的中西互動是一條單行道，車全部由西方開往東方，是一種過度簡化。[7]

1970年《中國與基督教》問世數年後，我發表了一篇文章，更系統地審視衝擊—回應學説，希望找出該學説背後隱藏的一些前提。除了剛才講到的西方影響東方這一單行道預判之外，我指出該學説有許多根深蒂固的癥結。一是「講到『西方衝擊』時，往往忽視西方這個概念本身就難以捉摸，自相矛盾」。這一點是我的另一位導師史華慈曾深刻指出的。史華慈説，大多數西方歷史學家對「西方之外」的社會理解膚淺，因此他們理當謙虛謹慎，卻以為西方是大本營，熟門熟路。他告誡道：

我們把注意力轉回現代西方本身時，這種自以為是的清晰了解不見了。我們知道19、20世紀的賢哲為理解現代西方發展的內涵，做了艱難的努力，卻依然莫衷一是⋯⋯（與任何西方之外的社會相比，）無疑我們對西方的了解更多，但對西方的理解仍然問題重重。[8]

我們對西方認識模糊的另一個原因是西方，即使是現代西方，歷時變化良多。鴉片戰爭（1839–1842年）中國遭遇的

西方，和19世紀末以來深刻影響中國學術、政治生活的西方，同屬「現代西方」。然而二者迥然不同，這種差別往往被西方中國歷史學家忽視。

衝擊—回應說的其他問題還包括：忽略19世紀中國與西方衝擊無關或關係甚遠的方面；往往不假思索接受，這一時期中國歷史與西方有關的領域是中國對西方衝擊之回應造成的，這些領域有一定西方影響，但大體是中國內部因素造成的；最後，可能因為這一學說強調「有意回應」，所以更強調學術、文化、心理等歷史原因，犧牲了社會、政治、經濟原因。[9] 結果就是衝擊—回應框架雖然大幅糾正了前人完全忽視中國思想、行動的研究，卻助長了對19世紀中國片面、扭曲、偏頗的理解方式。[10]

最能說明這種扭曲、偏頗的，是鄧嗣禹、費正清影響甚廣的《衝擊與回應》(1954) 一書導論：

中國是人類最大的統一集合體，擁有最悠久、延續至今的歷史，上世紀遭到西方踐躪，必然造成持續、流血的思想革命，這場革命仍在進行……「不平等條約」一百年間，中國的古老社會被迫與西歐、美國等擴張霸主越來越近距離接觸。西方的影響得到工業革命襄助，對古老的中國社會產生災難性影響。社會活動的方方面面，舊秩序被挑戰、攻擊、削弱，被一系列政治、經濟、社會、意識形態、文化進程衝擊。由於一個異域強權社會刺入，中國內部進程啟動，中國的巨大傳統結構分崩離析……僅用了三代人的時間，舊秩序就顛覆了。[11]

63

超越「傳統與現代性」

與衝擊—回應說如影隨形的是現代化理論。現代化是另
一個深刻影響了20世紀50、60年代學者的理論。《在中國
發現歷史》第二章主要批判了這一理論。現代化理論綜合
了一系列社會分析學說。這些學說二戰後明確成型，冷戰
背景下滿足了美國等西方社會科學家的意識形態需求，用
以反擊馬克思列寧主義對全球「落後」、「欠發達」現象的詮
釋。這一理論最吸引美國中國史學者的是，它把中國的悠
久歷史清晰劃分為進化的傳統階段和現代階段，現代階段
一般指與現代西方有廣泛接觸的時期。現代化理論也提供
了連貫的學術框架，解釋「傳統」社會演進為「現代」社會
的進程，用一位「傳統社會的現代化」叢書編輯的話說，
「安靜的地方怎樣活潑起來的」。[12]

現代化理論脫胎於戰後的世界狀況，但思考西方之外
社會和「安靜的地方」變化的本質時，其根本預設源自19
世紀西方知識分子中大行其道的理念。這類評論中必不可
少的調料是中國社會靜止不變的形象。19世紀的大門還沒
有打開前幾年，法國數學家、哲學家孔多塞侯爵（Marquis
de Condorcet）寫道：「那些巨大的帝國，存在從未中斷，
蒙羞亞洲如此之久，人的頭腦⋯⋯被迫處於無恥的停滯之
中。」幾年後，德國哲學家黑格爾（Georg Hegel）斷言：「我
們面前最古老的國度沒有過去⋯⋯這個國度過去如此，現
在依然如此。因此中國沒有歷史。」[13]

把中國視為一成不變的觀點並不新鮮，19世紀前就

廣受追捧。新鮮的是以為中國停滯不前的想法獲得負面評價。法國大革命前，許多作家讚譽中國社會根基穩固、恆常不變，值得西方欽羨。然而18世紀末以來，隨著工業革命興起，歐洲與中國物質水平差距似乎擴大，歐洲人開始認為「文明」需要物質文化發達，中國技術工藝高超、物產豐饒，曾為西方景仰，如今卻被認為是落後社會。

歐洲當時發生的重要思想轉向也強化了中國的新形象：經濟層面反對商業發展限制，越來越提倡自由貿易、自由放任主義；政治層面對暴君統治越發不滿；整個社會層面重視進步、多元發展、變革等價值觀。這種新世界觀越來越等同於「啟蒙」精神，中國的貿易限制令人惱火，政府專制，似乎抵制深刻變革，自然被許多西方人視為守舊社會，如同一潭死水注定停滯不前，需要多元現代的西方帶來轉變生機和現代化。

19世紀西方對中國看法背後的假設，深刻影響了二戰到60年代末的美國歷史學界。這種回溯效應理論最具代表性的人物是天才歷史學家約瑟夫·列文森（Joseph Levenson）。列文森認為，西方文化承載了現代社會，西方文化對中國文化有兩種並行的影響。第一，西方文化是一種溶解劑，古老的文化對它手無寸鐵之力。第二，西方文化代表一種中國新興文化愈加效仿的模式。這種角度下，從始至終中國的轉變是現代西方引發的問題造成的，用列文森的話說，中國的轉變是一場通過反對西方（象徵帝國主義）從而加入西方（象徵現代性）的革命。這種圖景下，

革命很大程度不被視作回應長期、內生問題的方式，這些問題雖然可能因西方加劇，但西方不是這些問題產生的唯一因素，甚至不是長久以來的主因。列文森學說中難以看到中國傳統文化可能包含的核心特色。這些特色遠非中國現代化轉型的障礙，而是促進轉型，為轉型指明方向的生機。[14]

列文森認為儒家思想與現代性源頭上互不兼容，中國的舊秩序必須打碎，才能建立現代秩序。20世紀50、60年代，恪守這一思想的學者還有很多，其中最著名的是芮瑪麗和費維愷。[15]60年代末，越來越多學者開始質疑這種學說，挑戰「現代」、「傳統」互相排斥的二分法。本書上一章已經引用了高慕柯的觀點。尤其就中國歷史而言，史華慈批評了列文森的有機統一文化觀，堅持認為「過去的種種經歷，是福是禍都會繼續影響現在的存在」，而且「『中國的過去』和『現代性』各自並非固若金湯、互相對立的整體」。[16] 勞埃德‧魯道夫（Lloyd Rudolph）和蘇珊‧魯道夫（Susanne Rudolph）夫婦研究印度政治進程，其名作《傳統的現代性》(The Modernity of Tradition) 發人啟迪，他們在其中釐清，問題的根源在於觀察者的視角，實有見地的一點是：只研究現代社會時，學者往往傾向於強調仍有傳統存在；比較現代與傳統社會時，現代社會的傳統特質往往從視野消失。也就是說，學者的視角對觀察到的圖景有重大影響。[17]

帝國主義：是現實還是神話？

《在中國發現歷史》第三章探究美國歷史學的另一學說，該學說初衷就是明確反對衝擊—回應和現代化兩大取向。60年代末正值越戰，美國激進的中國研究學者受毛澤東歷史觀影響，出發點有時並非理解中國，而是批判美國和西方帝國主義。確實對於這些學者來說，帝國主義往往是中國19世紀歷史進程的根源。該取向的擁躉立論前提不一，但均與衝擊—回應和現代化兩種取向有模糊的關聯。這一傾向在詹姆斯·佩克 (James Peck) 和倪志偉 (Victor Nee) 兩位激進學者身上彰顯得淋漓盡致。60年代末以來，兩位學者的著述大出風頭，佩克大力鞭笞費正清為首的衝擊—回應學說和與該學說並行的現代化理論，但諷刺的是，佩克的觀點也難逃窠臼。他跟其他兩派學者一樣，篤信19世紀初西方帝國主義全面衝擊之前，中國社會一成不變，似乎無法自成變革大業。[18] 毋庸置疑，19世紀西方入侵之後，中國才有真正的變革之機。西方因是創造了中國社會大規模革命的先決條件，之後卻有效阻礙了所有不符合西方利益的變革。中國人逃脫生天的唯一法門就是變革。佩克和倪志偉明確將革命歸納為「19世紀中期，中國回應西方擴張主義衝擊，從而導致的曠日持久、從未間斷的歷史進程」。[19]

走向以中國為中心的中國史

《在中國發現歷史》最後一章，我提出美國中國學的新取向，與其說它是單一、清晰的取向，不如說是林林總總

研究方法的集合。我稱之為「中國中心觀」。「中國中心觀」
1970年左右出現，我認為該取向著力克服了前人西方中
心的偏見。史華慈、魯道夫夫婦，以及越來越多學人質疑
「傳統」與「現代性」之間所謂壁壘分明、互不兼容的體系，
這對西方理解中國近世史有重大意義。學界繼承的19世紀
立論結構——中國野蠻，西方文明；中國無力自成線性變
革，需要「外來之力」才能變革；只有西方才是外來之力的
載體；西方入侵之後，「傳統」中國社會會讓步於新的「現
代」中國，現代中國必然效仿西方——被全面動搖，現代
化語境中過去與現在關係的研究，產生前所未有的複雜
模型。

圖3.1　孔飛力（Philip Kuhn）。

　　該取向最具影響力之一的是孔飛力的里程碑著作《中華帝國晚期的叛亂及其敵人：1796–1864年的軍事化與社會結構》（*Rebellion and Its Enemies in Late Imperial China: Militarization and Social Structure, 1796–1864*，1970）。開篇探討「現代歷史的邊界」時，孔飛力（圖3.1）注意到學界對中國現代歷史時期轉變的研究，至少背後隱含對「現代」的定義是「歷史進程的取決因素主要來自中國社會之外、傳統之外的時期」。他對此定義深感不適，提出一個重要觀點：摒棄此定義之前，必須要先從中國一成不變、循環往復的舊思維模式中解放出來。他在序言中關注的中心問題是西方大舉入侵前，中國社會變革的本質。孔飛力提到「18世紀中國人口從1.5億到3億現象級增長；通貨膨脹嚴重，與18世紀同期相比通脹率可能高達300%；經濟越發貨幣化，農業社會經濟競爭加劇」，此等變化規模之大，他因此質疑，這樣的變革是否僅是傳統的循環變化。[20]

　　孔飛力首創的角度顛覆了中國近世史研究中對過去作用的理解，因此重新定義了19世紀中國不同變化孰輕孰重的認知。這一新取向的優勢是過去一個半世紀的中國歷史又有了自己的主體性，他開闢的新路徑中，西方在這段歷史的作用不再那麼自我膨脹，而更腳踏實地。「傳統」和「現代性」關係的嶄新理解正在成型之時，即大約20世紀60年代中後期，反映這種想法的學術研究開始出現，這絕不是巧合。

　　這些研究有許多共性。最與眾不同的是他們著手解決中國語境下的中國問題。這些問題可能是西方影響，甚至

西方直接造成的，也可能與西方完全沒有關係。但無論如何，這些是中國的問題，有兩重含義：一、這是中國人在中國經歷過的；二、需要以中國為標尺衡量這些問題的歷史意義，不用西方來衡量。利用傳統範式研究過去時全以西方為歷史的開端，以西方來衡量歷史事件的意義，這些範式被明確或暗言摒棄。中國近世史敘事的開端不是歐洲航海家恩里克王子（Prince Henry the Navigator），不是西方擴張主義的一星半點苗頭，而是中國。隨著越來越多學者找尋中國的故事線，他們如有神助，確實找到了一個，中國的故事遠沒有在1840年陷入停頓，遭到西方阻攔、取代，而是在19世紀甚至未來都一直佔據中央核心地位。

魏斐德（Frederic Wakeman Jr.）對這一變化趨勢的論述最為經典。他寫道，「漸漸，」

> 社會歷史學家開始意識到整個16世紀50年代到20世紀30年代是一個連續的整體。學界不再認為清朝只是重蹈覆轍，1644年、1911年不再是關鍵節點，而是找到了走向共和的這四個世紀中國史中綿延不絕的進程：長江下游城市化，僱用勞役代替力役，一些形式的地區貿易出現，大眾識字率上升，仕紳階層擴大，地方治理商品化——這些現象始於明末，生發的行政、政治變革在清朝繼續演變，某種意義上，在20世紀初成為社會史進程的最強音。[21]

中國中心觀的第二個特點是把複雜廣袤的中華分解為更小、更好操作的空間個體。採取這一策略主要是因為中國幅員遼闊，地區之間天壤之別，若想更細緻、清晰理

解這個整體，我們需要劃分這些區別是什麼，有多大，理解整體不能只是索然無味地反映不同區域的最小公約數。這一學術進路下，西方歷史學家對省級乃至縣級的研究如雨後春筍，我們對中國的多元理解更加豐富。[22] 施堅雅（G. William Skinner）的地區系統模式也以關注多元中國見長，激發了對中國廣闊內陸地區內部差異這一重要問題的思考。[23]

中國中心觀的第三個方面在20世紀70、80年代愈發廣為流傳，即中國社會的縱向多層級安排。上一段講了空間或「橫向」劃分，這裡加上縱軸。70年代前美國的中國研究往往關注上層視角：中央政府的政策措施，手握重權的封疆大吏，鴉片戰爭、義和團運動、其他中外戰爭等重要國家事件，康有為、梁啟超這類盛名遠揚的知識分子、文化人物等等。新的中國中心觀則聚焦中國社會下層：商人、宗教領袖、信眾、下層仕紳、地方武裝，甚至地痞流氓。因此該取向的長處之一就是打開了大門，從更多層次分析了19世紀中國大眾歷史這一前人忽略的領域。[24]

中國中心觀的第四個層面是，該流派的學者高度接納社會科學等其他學科的研究方法、策略，並在歷史研究中大力引入這些方法。這本身並非以中國為中心，但在中國歷史研究中應用社會科學分析方法的優勢一直為人所知。之前的方法卻有意無意間勾連現代化理論，負載著眾多西方中心的假設。前文已經講到，現代化理論指導的研究在理解中國方面有重大缺陷。20世紀60年代，學界的兩個進展深刻改變了社會科學和中國歷史文獻資料之間嫁接融合

的語境。一是對社會史價值的覺醒，催生了一大批前人未曾預見的歷史、社會科學合作機遇與成果。[25] 二是西方，尤其是美國社會科學家更加明辨社會科學理論中深藏著的一些狹隘地方主義，即使這種批判性思維依然有限、微弱，但狹隘地方主義必須根除。這方面開拓新路的自然是人類學。人類學的研究主體往往是西方之外的社會，因此比大多數社會科學學科都更敏銳地看到種族中心偏見的危險之處。[26]

此處簡要介紹的「中國中心觀」顛覆了對19世紀中國歷史的理解。美國學界此前一致認為，中國近代史和古代史的分水嶺是鴉片戰爭，近代史多有變革事件，前人印象中古代史在幾乎一成不變，或者沒有真正意義上的變革。近些年越來越多學者達成共識：19世紀中國史的真正分水嶺是太平天國叛亂（1850–1864年）。孔飛力將太平天國比做「很多層面上中國古代史通往近代史大門的鉸鏈」。羅威廉（William Rowe）總結太平天國造成的物質、人口損失後，斷言太平天國與其後爆發的捻軍叛亂、西北穆斯林叛亂，「對清朝人口而言，毋庸置疑更符合分水嶺的定義」，而非鴉片戰爭。[27]

中國中心觀更廣闊的視角

中國史中國中心觀的興起，是美國歷史學界更廣闊轉變的一部分，非洲、中東穆斯林和西方之外其他地區的研究，近些年也有類似的轉變。每個領域轉變的節點、情況不同，但轉變方向大致類似，都是偏離外部殖民史視角，轉

向內部視角，積極正視任何西方之外社會的歷史，以其自身條件、內部眼光觀之，不將其視作西方歷史理論或實際的附庸。[28]

　　如前所述，中國史領域的轉變始於 1970 年前後，正是當時，一些史家心存嚴重的西方中心偏見，復辟舊的帝國主義範式，攻擊現代化理論對美國史學界的影響。一些人看來，越戰是美國帝國主義的至暗時刻——用巨大的武力，摧毀一個遠比自己弱小貧窮的國家。許多美國歷史學家痛恨自己國家戰爭期間的行為，深以為恥，因此以新的眼光看待帝國主義，以為帝國主義是中國等亞洲國家上個世紀困境的根源，這種認識情有可原。

　　越戰對美國的意義，卻超越了帝國主義。越戰與 1973 年阿拉伯國家石油禁運事件，1979 年到 1981 年的伊朗人質危機一道，迫使美國人認識到強權的局限性，我們讓世界彎腰為美國服務的能力是有實實在在的限制的。越戰的第二層意義也深深影響了美國中國史學家。越戰揭露了美國全球霸權背後的政治、道德、文化神話，因此也許是第一次解放了美國史學家，使他們放棄西方規範、度量標準，走向更真誠以他人為中心的歷史研究，不以西方歷史經歷，而以中國經歷為根本的歷史研究。[29]

第四章

《在中國發現歷史》：幕後故事

前一章中，我簡要總結了《在中國發現歷史》的內容，概述了20世紀50、60年代以及70年代初，我從醞釀此書到瓜熟蒂落背後的政治、學術緣由。本章我想講講此書從書稿到印行千難萬險的幕後故事。若非我這樣的寫作者，讀者恐怕會對出版業的這一面一無所知。

　　無論採用怎樣的標準，《在中國發現歷史》甫一出版即大獲成功，好評如潮，兩度譯入中文，兼有日文、韓文本，北美、歐洲、東亞中國歷史系學生人手一本。美國圖書館協會書評期刊《選擇》(*Choice*) 將其評為 1984–1985 年度「傑出學術書籍」。教學價值廣受讚譽，康奈爾大學高家龍 (Sherman Cochran) 評價該書為「優美的教材」。1986 年秋天，高家龍寫信給我，說他用《在中國發現歷史》做研究生史學研究課的最後大作業，「要求學生根據本學期的閱讀材料寫這本書的書評，然後最後一節課前互讀書評，課上討論。我教討論課以來，那次是最好的收尾——多虧了你的書。」[1]

最能彰顯《在中國發現歷史》在北美中國研究界特殊地位的是，2014年亞洲研究協會（Association for Asian Studies，簡稱AAS）年會組織了一場特別圓桌論壇，紀念此書出版三十週年。亞洲研究協會歷史上，這樣的活動據我所知絕無僅有。[2] 近些年來，這本書在中國史學家中影響力也非比尋常。2014年圓桌討論嘉賓李懷印說，中國知網數據庫顯示，1986年到1999年《在中國發現歷史》被中文期刊論文引用了116次，平均每年8次；2000年至2013年間，引用次數達到774次，每年大約55次。引用數量井噴部分原因是中國互聯網數字化興起，但李懷印同時指出，21世紀之交，中國大陸歷史學界曾佔霸主地位的革命範式式微，年輕一代大陸歷史學家愈加對地方、區域社會文化史展現濃厚興趣，此轉向與《在中國發現歷史》終章倡導的中國中心觀有深切共鳴，引用數量爆發絕不僅僅是巧合。[3]

盧漢超對《在中國發現歷史》的精彩點評中，也提及此書對中國歷史學家的影響。但若不是三十多年前我與林同奇（圖4.1）的神奇相遇，這份影響可能根本不會出現，至少不會那麼快出現。1985年初，林同奇剛從中國來到哈佛，踏進費正清中心我辦公室時，我並不認識他。他說自己讀過《在中國發現歷史》，認為中國的歷史學家應該看到這本書。他在中國人脈深厚，已與著名出版社、有意出版翻譯版的中華書局書信往來。林同奇英語精湛，來美之前在北京外國語學院（今天的北京外國語大學）任教數十載，說他願意親自翻譯。一開始我對這個提議並沒有嚴肅對待，

圖4.1 與林同奇。

因為80年代中期鮮有美國的中國歷史研究學術著作譯入中文。但林同奇志在必得，於是我們拍馬上陣。

　　當時電腦遠沒有現在普遍。以今天的眼光看，我們工作流程相當原始。林同奇用老式中文四方原稿紙手寫好翻譯，每譯一章交給我，我對照原文檢查。我列一份清單，標明修改意見、問題、建議措辭等，然後我們見面長談幾小時，討論清單上每一項問題，他再提供那一章的修改

稿。對我來説，這真是個長見識的經歷！這本書出版後，無數中國同事告訴我，有林同奇這位翻譯，我是三生有幸。我想説的是，這份神兵天降的經歷，例證了後文「無法預知結果」（outcome-blindness）的説法，對於這本原意是寫給西方人，尤其是美國讀者的書來説，更大大改變了其歷史進程。1989年7月，中文譯本出版，距6月天安門民主抗議者慘遭屠殺僅數週時間。[4]

待到此時，中美歷史關係研究學者之間互通有無勢頭良好，我的好朋友，復旦大學汪熙（見本書第七章）説，《在中國發現歷史》翻譯版尚未發行已備受矚目。1986年5月，汪熙寫信給我，説看到已有書評見刊，戲稱自己覺得中國史學界是通過我在中國「發現」歷史的書「發現」了我。林同奇當時正在翻譯《在中國發現歷史》，寫了一篇這本書的英文書評，特地取名「在美國發現歷史學」。我給林同奇看了汪熙信中不謀而合的部分，他覺得十分好笑。

付梓前傳

如果世界是完美的話，剛才描述的這本書，出版社一定樂意發行。但當時此書大獲全勝的結果遠無人預見，世界也遠非完美。早在1981年初書稿已經完成。我的前兩本書均由哈佛大學出版社發行，頗受好評，我就把書稿給了哈佛。這個決定結果十分慘痛，留下的創傷不小。1981年3月，我見了哈佛出版社執行編輯艾達·唐納德（Aida Donald）。哈佛把書稿寄給兩位外審，6月初收到外審報告後，我寫信給唐納德回覆外審意見，大致如下：[5]

出版社收到書稿的兩份意見，一份激烈負面，並無裨益，另一份大加讚賞，不少建設性建議可供提升。僅就行文來說，假如兩份報告說的是同一本書、同一位作者，我不得不承認，我感到蘧蘧然若莊周。莊周是中國哲學家，夢為蝴蝶，醒來不知自己是周之夢為蝴蝶，還是蝴蝶之夢為周。

客觀冷靜看待那份負面意見不易。那份意見中滿是情緒用詞，完全不符學術評價嚴格的實證標準，讓人心生疑竇。考慮到其觀點極為負面，用詞奇異、主觀片面或許也屬正常。報告作者對自己的論辯力度自視甚低，抑或過分高看了我，不信的話無需走遠，只需看報告的意見信，裡面說雖然「意見非常負面」，堅決反對出版，但「我相信柯文教授的書會出版，可能經哈佛大學出版社」。……

我認為關鍵是負面意見的作者一直沒有理解這本書講的是什麼。若是另一位出版社外審以及受我邀請看過書稿的六七位學者同事，都不懂這本書內容的話，我自然提心吊膽。此書不是全面研究中國歷史學這門學科，而是書稿裡寫得明明白白，「釐清、分析、批判美國歷史學研究普遍存在的假設」。……

說我的分析「薄弱」、「有氣無力」的攻擊，我不知如何應答，因為作者又一次沒從文中找出任何支撐自己言論的實質證據。他認為第二章是「書中最薄弱的」，論證「模糊、令人面赤」，另一位審稿人卻評價為「歷史學研究的優秀入門介紹」。另一位甚至不吝讚美，說我對約瑟夫·列文森的分析「力透紙背」。對列文森的分析，約佔第二章一半內容。

負面意見的作者認為具體指出書中的「偏漏錯誤」純屬浪費他的時間，因為如果我有能力改正的話，絕不會寫

出這種書。對此我唯一能説的就是，現在我能理解50年代，被抓到眾議院非美活動委員會的人的心情了。

寫到這裡，我的幽默感所剩無幾。這位作者扣的另一頂帽子倒值得簡評。他説這本書充滿了「哈佛中心、小團體中心、美國中心」的狹隘偏見。不知道他説的「哈佛中心」是什麼意思。如果是説我博士是在哈佛念的，是費正清中心的研究員，有兩本書是哈佛大學出版社發行的，我認罪。如果是説書中一半以上的學者，職業生涯一些階段與哈佛緊密相關，我再次認罪。但我要馬上反駁，一、截至1981年我提交書稿時，哈佛……尤其是在費正清（的指導下），戰後培養的現代中國歷史學家數目遠超美國其他任何一所大學。評價這些年美國的中國歷史學，不可能不深刻反映哈佛的影響。二、書中分析的哈佛學者意識形態、治學路徑千差萬別。三、書中深刻、尖鋭批評了不少哈佛人，如費正清、芮瑪麗，尤其是列文森。這本書可能簡言之是以哈佛中心的，但絕對不是要為並不存在的「哈佛學派」向人們道歉。

至於「小團體中心」，應該是指作者説的「一小撮狐朋狗友」，作者説我只討論了這些人，尤其是只讚賞了這些人。恐怕這裡這位作者是在扮唐吉訶德，大戰風車。我一向敬重費正清、芮瑪麗、列文森，一向視費正清為朋友、同事、導師。但是如前所述，這三位的研究書稿中都有批判，另一方面，我並無相與的柏克萊畢業生周錫瑞（Joseph Esherick），和耶魯出身、我幾乎聞所未聞的高家龍，都對此書深表讚賞。

狹隘偏見中的美國中心，我猜是指偏重了美國的歷史學（為什麼這樣側重前面已經講過）……

現在簡要説説第二份報告，感覺像是宇航員環繞太空許多天後，終於回到了地球。不是因為這份報告裡有一些溢美之詞，當然看到也心滿意足，而是因為它代表了每位學者都希望看到的嚴肅、負責、明辨、建設性的審讀。我這裡不就每點建議都做評析，只想説每個點都深刻異常，我會在終稿中多加完善，大量採納……

這封信中我花了大量筆墨反駁第一份報告的意見，沒有細緻回應第二份的建議。這深屬遺憾，但恐怕也不可避免。我最想做的是向你説明這次的負面意見是個意外。這份意見都算不上意見，完全誤解了整本書，其中的攻擊全盤負面，卻沒有任何實證支持，無法分析其效力。六月雪上加霜的是，（這份意見的）作者寫完這些還自鳴得意，説這本書出版之時，他會把這份意見「幾乎一字不改」，發做書評。我只能説，我的理由有千萬條，但也希望他得償所願，越快越好！

我獲悉，哈佛大學出版社治理委員會收到我對外審意見的回覆後左右為難，決定讓其中一位委員讀完書稿，下次開會給出意見。那是一位社會科學學者。小道消息聽説委員意見負面後，我聽從艾達·唐納德的建議撤回了書稿。

下一站是耶魯。我之前認識耶魯大學出版社的查爾斯·格倫奇（Charles Grench）。查爾斯知道我當時與哈佛大學出版社商討進展不順，鼓勵我如果哈佛不成，不如轉投耶魯。我沒有正式投稿，而是問他能不能先看一下書稿，聽聽他的意見。電話初步談了之後，我在1981年7月10日寫信給他，説已經另外寄了兩份書稿，信中我試著説明此書的特別之處：

這並不是一本傳統意義上的專著，而是戰後至今美國現代中國研究領域的批判史，因此不可避免地反映了一位歷史學家看待這個領域過去和未來的觀點，肯定不是所有人都同意我的觀點。但我確實說明了自己的學術傾向，也努力客觀看待與我路子不同的研究範式。這樣的書該領域前所未有。我認為大多數中國歷史學家和其他研究西方之外歷史的學者，會認同這份付出有益、有用。

信中提到了看過書稿人士的正面反應，沒有人認為結構上需要大改，但也提出了一些改善的建議，大多我已經採納。「至於本書的潛在讀者，」我在信中或許太過樂觀地說，「我想應該是中國研究領域所有初出茅廬的學者、本科主修生、低年級研究生的必讀書目。」

查爾斯瀏覽了一遍書稿，說很喜歡。「關鍵是，」他諮詢幾位同事後寫信給我，「最終成品能不能達到出版的水準。」他的同事說我探討的這些議題，面向主要讀者的最好方式是寫成期刊論文。他補充的一句話尤其發人深思：「歷史學的問題很難回答，主要人物還健在，還有一些傷疤隱隱作痛。你扮演了法官的角色，但我們擔憂，表層下湧動的暗流其實還有很多，現在解決可能價值有限，會觸及私人關係。」我回信查爾斯說沒能由耶魯出版很遺憾，感謝他非比尋常的迅速回覆和坦率態度。

此時是1981年夏天，我面前的攔路虎愈加分明。一是哈佛暗示、耶魯明示的，這本書關於歷史學，許多出版社一向不願觸碰這個話題。二是尤其鑒於這本書中分析的歷史學家，除了列文森仍都健在，還活躍在學界。學術期

刊書評裡可以對當世學者進行批判，即便如此，一般也建議沒拿到終身教職的年輕同事謹慎行事（當然我已經獲得終身教職），寫書不一樣。另一隻攔路虎是，至少對於哈佛出版社來說，我在第一章大費筆墨，指出費正清為首的西方衝擊—中國回應學說的弱點。有人可能會說，這是否說明了表面下暗藏的玄機呢？此外，費先生一向與哈佛大學出版社關係甚好，互相成就，發行我這本書的話，出版社很可能會難堪。

我必須馬上指出，這種想法根本不符合費先生所作所為。多年前，費先生讀過我在詹姆斯·克勞利（James Crowley）編輯的一本論文集中對西方衝擊—中國回應學說的初步批判，[6] 發給我手寫的便條，沒有日期，用費式簡寫寫就的：「你克勞利集章非常好，洞見高超，中國重心向內，外國影響接觸遠屬邊緣偶發因素，外國人不可想。李約瑟[7] 實證數據，說明『西學中源』。世界史角度日新月異。」

師與生：無法超越的費正清

此處最適合按下出書不表，轉而說說費正清先生最大的特點：他的為師之道。前文已經提及，無論何時我把自己的文章寄給費先生，永遠能很快收到他的詳細點評，一般是令人如沐春風的鼓勵。幾週、幾個月，甚至數年後，我往往會收到他給別人信函的複印件，他在信中不吝溢美之詞，盛讚我的文章，提醒別人去讀。這些信是鼓舞人心、彰顯巧思的寫作範本，反映了一位真心以學生成就為榮、

慷慨大度的老師精神。所以對我來說，費先生作為導師，最重要的一點是他包容所有異於自己的觀點和學說。他也是個固執的人，不會輕易改弦易轍，覺得愚蠢無知的學術想法，他能在紙上批得體無完膚。費先生明白，就算在學術殿堂，也一定會有前浪後浪。「不站在前人肩膀上，踩在前人臉上，」他有次用費式簡明扼要的風格寫道，「人類怎能進步？」[8] 但是學生不理解的話，他從來不會停止傾聽，放棄這位學生，不與他講話，或者在信件時代不再去函。即使是臨終之際，費先生都與嚴厲批評他長達數年的人保持頻繁交流。

另外一個說明費先生慷慨大度的例子是，我的書在耶魯遭到冷遇之後，內心掙扎很久，決定找下一家出版社時，不如完全避開大學出版社。馬上映入腦海的是自由出版社（Free Press）。自由出版社長於嚴肅非虛構作品，正由西北大學中國歷史教授薛立敦（James Sheridan）主編一套「轉型中的現代中國」叢書。我致信薛立敦大概介紹了我書稿的內容，另外寄給他前言、序言和目錄。11月初，他打電話說欣賞已經收到的部分，希望讀全文。我隨即寄給了他。12月初，薛立敦打電話，說這本書「十分精彩」，論證清晰有力，紙質版一旦出版，一定大賣，適合作為課程書目之一。他還說不覺得我對書中涉及的學者有狹隘偏見。他已與自由出版社商討，提供了外審推薦名單，出版社會把書稿交給其中一位。

此時是1981年底，很久之前我已把書稿給費先生看過，跟他講過出版路上的艱難險阻。費先生主動在聖誕節

84

前給薛立敦寫信，把信的複印件也寄給了我。「我現在才看完柯文的『美國現代中國研究歷史學』書稿，」他寫道，

> 我認為這本書極為精湛——分析脈絡清晰，風格審慎中立。研究中國史的學者應把提及的書目悉數研讀，學生也會對大部分內容感興趣。關鍵是柯文把所有書納入一個框架，除去自陳觀點之時，其餘不含任何偏見，讀者能迅速入門歷史分析的三大學說。詳實程度無人能比。這本書說的是史學實質，是現代中國史領域的歷史，是其中每位成員都需要的自我認同。
>
> 換言之，這部書稿展現了幾大學說之間的互相補充，提升了我們歷史學家的成熟度。對於老一輩，這是個看待這些學說問題更清晰、堅定的機會。對於年輕一輩，這本書彌補了近世史研究的盲點。近世史太近，難以以歷史手法紀錄，又離年輕人個人經歷太遠，難以回憶。新老幾代都能受益良多，深受啟發，從而找到自己的定位。

信末，費先生說希望自由出版社將這本書作為叢書中的一本出版，還說到，當時他正和費維愷合編《劍橋中國史》第13卷的導論，他們「希望引用這本書」。

《劍橋中國史》第13卷即《劍橋中華民國史（1912–1949年）（下卷）》，1986年出版。費先生提到的導論是「導論：近代中國歷史的透視」，由費先生、費維愷、獨立學者冉枚煉（Mary B. Rankin）合著。費先生一諾千金，1984年3月，《在中國發現歷史》終於出版後，費先生寫信給我，說最終太多人參與寫作上述導論，他們很難寫就所有人同意的文本。「很明顯我們需要求助一位『史學大師』，」他信中

説，「所以我們希望你能幫忙。請幫我們看一下。我們感激不盡。」仔細審讀了這篇導論後，我寫信給費先生説，這篇文章「有所有類似超級導論的共性……超出了導論的範圍，加入的新材料、新觀點太多，侵佔了該卷的後續內容。寫得確實非常好，問題是怎樣連貫起來。」他對我的這一封長長的建議信表示真摯感謝。

費先生還有兩次求助於我。1981年12月費先生致信薛立敦幾天後，邀請我吃午飯。他和賴肖爾這兩位著名兩卷教科書《東亞文明史》(霍頓·米夫林出版公司，1958、1960) 的作者，感到這本書大體基於20世紀50年代的研究，需要更新重寫。他想知道我願不願意參與他負責的明朝以來這部分章節的寫作。初步計劃是，哈佛大學歷史系教授阿爾伯特·克雷格 (Albert Craig) 重寫原書日本部分，當時在耶魯執教的余英時重寫遠古到明朝部分，余英時是我1962年到1963年在密大的同事。我對此有所保留，自覺不擅長寫教科書，70年代大部分精力用在了《在中國發現歷史》以及和石約翰 (John Schrecker) 合編的19世紀改革工作坊叢書，[9] 因此急切想回歸基礎科研。同時對重寫他人著作的想法我也十分抗拒。我表達自己的矛盾心情之後，費先生説不用馬上做決定，可以多花時間掂量一下。深深糾結近三個月後，我最終決定不參與，3月20日寫信給費先生。一週後收到他的便條：「我能理解。我們會想念你，但你做得對。」我不清楚後來發生了什麼，只知道重寫《東亞文明史》教科書的計劃最終沒有實現，費先生最後自己寫了一本 (見下文)。

　　說到第二次，那是1991年5月20日清晨，費先生84歲大壽來臨之際，他往我家中打電話，說正在坎布里奇的奧本山醫院（Mount Auburn Hospital）治療，心悸越來越嚴重，自己「一向持重」，如果病情惡化，希望有人接管自己《中國新史》（*China: A New History*）成書、出版工作。我已經受他邀請審閱過書稿兩次，上次是那次打電話前幾個月信件回覆的，[10] 也一向很支持他的工作。他問我願不願意接管這件事，我們聊了一會兒，我提到自己也年近六十，當時是馬上57歲，因此也有些焦慮，現在記不起是為什麼焦慮了。費先生嘆氣，感慨地反駁多願自己也是60歲。這聲長嘆起了作用，過去我幾次回絕，這次我帶著惶惶不安的心情，對他說「好」。

　　這次的惶惶不安不是出於背後需要負擔的工作。雖然我一向秉承他在六十大壽時對承恩蒙澤的學生立下的規矩：「不用回饋我，傳遞給別人」，但這次有更加直接表示感激的機會，我很高興。我不安的是，自己之前公開表示對他的一些立場有所保留，結果卻要在書中披上他的外衣，採取與自己大相徑庭的立場。結果我的煩惱是杞人憂天。費先生又堅持數月，即使住院在床，依然繼續修改、草擬書稿尾聲，填補文中空缺，還指揮在我看來是一支小型正規軍的學者團隊，或多或少參與此書撰寫。1991年9月12日，他和妻子費慰梅去哈佛出版社遞交《中國新史》完整打印本，幾小時後心臟病發作，兩天後離世。他逝世第二天，慰梅打電話給我，說費先生的死於他是幸事，指他在心力衰竭前努力寫完書稿，壓力過大，但「於我們是

壞事」，感嘆他時間卡得正好。

　　從5月電話到9月他逝世之間的幾個月，費先生和我一直就此書頻繁聯繫。有時他會打電話談最近讀的書，想聽聽我的看法，他讀書比我快得多，一般我都無從發言，他也分享自己的想法。有時我會告訴他自己在讀什麼，推薦他也看。下次聊天時，他不僅已經解剖了這本書，如果作者觀點有力，他還會努力把這本書塞進自己的書稿。

　　費先生最後一次心臟病發作前幾天，我午飯後到辦公室拜訪他，想告訴他自己關於書稿最新一版問題突出的一章的想法。結果他已經又擬一版，問題有效解決了，無需我的點評。他著急的時候，一定要快點看才能跟上。他辦公室門半掩，我敲門時一開始無人應答，然後聽到他的聲音：「進來。」原來是我打攪了費先生無人不知的飯後午睡時間。他馬上坐起身開始討論書稿，好像剛才一直躺著在思考這本書，抑或是在夢中思考？他說幾週後書稿就要交付清樣了，他擔心不能加入「17本新書」的成果，這17本書是遞交清樣和書出版之間一定會問世的。我的思緒回到這麼多年，聽聞費先生耍各種把戲，從不情不願的作者手中奪來他們書稿的故事。我自己都沒意識到，就開始按費先生的風格教育費先生，苦口婆心說新書永遠都會有，學者著作裡納入尚未出版的書不現實，要知道何時收手停止修改，接受業已完成的事實等等。他笑了，笑容一如往常諱莫如深。他知道我說得對，但他也知道，歸根結底，他說的也對，這是他最後一本書，書問世時，他很可能就不在了。他真的很想確保一切無虞，才能放心離去。[11]

費先生生命最後幾個月，除了與他頻繁交流之外，我還應哈佛大學出版社時任助理社長、總編輯艾達‧唐納德邀請，擔任書稿外審。[12] 費先生去世後，我積極參與了此書發行需要的編輯工作，就著作裡的插圖材料諮詢了慰梅，仔細審閱了清樣，盡力讓成書錯誤降到最低。我甚至重寫了關於晚清農業經濟人多地少問題影響的一段。最後能參與成書我很高興，這是對這位自己虧欠良多的人明確表達我的深深感激。

仍須努力

結果書在自由出版社也是功敗垂成。大概是費先生給薛立敦寫信的時候，1981 年 12 月，薛立敦給我寫了一封思慮縝密的批評長信，指出一些他認為需要加強的薄弱之處。他的一些觀點我認同，回信說一定修改。我不知道外審的意見是什麼，也不知道到底有沒有外審。2 月我接到自由出版社歷史編輯喬伊斯‧塞爾澤 (Joyce Seltzer) 的電話，告知出版社將謝絕此書，理由是這本書不符合「大規模作為教材」使用的設想。她說我的文筆很好，但是，似曾相識的說法再次出現！歷史學著作一般只有其他歷史學家感興趣，由大學出版社接手更好。她在隨後的簡短信件中重申，對於自由出版社來說，這本書「讀者應該不多，商業價值低」。幾天後，薛立敦打來電話，表示自己對出版社的決定憤懣不已，稱依然堅持這是本好書，極力出言支持出版。

書稿交給出版社已經一整年，結果離接收還長路漫漫。我依然堅信這本書的價值，認為它對北美中國歷史學

88

第四章　《在中國發現歷史》：幕後故事‧89

界是有益的貢獻。但讓我費解的是，即使有許多支持這本書價值的聲音，兩家大學出版社和一家以出版學術作品見長的商業出版社都潑了冷水。這是我出版前兩本書時完全沒有經歷的，那兩本都是提交哈佛幾個月後就接收了。

若說就此絕望跳下布魯克林大橋倒還不至於，但我確實很受傷。

另外還有一家商業出版社我覺得可能值得聯繫：萬神殿出版社（Pantheon Books）。這家一直對亞洲相關的圖書青睞有加，尤其是批判思考美國對亞洲看法的類型。我的書雖然只關注亞洲的一個區域，也明顯符合批判思考的類型。我跟萬神殿亞洲書籍主編湯姆·恩格爾哈特（Tom Engelhardt）打過交道，於是 1982 年 8 月給他寫了封信，附上書稿前言、序言和目錄。我收到他的簡短回覆，說只憑序言無法決定，需要看完全書。當時他明確說從序言來看，「感覺這本書更適合大學出版社，不太適合萬神殿這種商業出版社」。此時萬神殿明顯離我很遠。我回信說感謝他願意瀏覽全稿，希望這座大門以後還能敞開，但我感覺如他所言，找大學出版社前景更加光明一些，我先試試這條路。

這時是 1982 年 9 月末，沒有更努力去敲開萬神殿大門的原因是意料之外發生了不相干的事情，最終解決了問題。關鍵人物是多蘿西·博格（Dorothy Borg），她著有多本美國東亞關係研究重要書籍，包括《美國和遠東危機，1933–1938 年》（*The United States and the Far Eastern Crisis, 1933–1938*，哈佛大學出版社，1964），並憑此書獲得 1965

年哥倫比亞大學美國歷史研究班克羅夫特獎（Bancroft Prize in American History）。[13] 博格博士40年代是太平洋國際學會（Institute of Pacific Relations）美國分會會員，在中國生活過兩年。幾年後，太平洋國際學會被約瑟夫·麥卡錫參議員組織的人士攻擊，稱要為「把中國輸給了」共產黨負責，她暫停學術生涯幾年，幫助為備受攻擊的歐文·拉提摩爾等同事辯護。[14]

我結識博格是1982年夏天，當時她是哥倫比亞大學東亞研究所高級研究員。我的朋友、中國政治學者沙樂思（Lawrence Sullivan）剛搬到紐約附近，他熟悉我這本書，知道還在找出版社，向博格提及了書稿。她此前正在整理思路，籌備一本講美國的中國史、東亞史研究的短論文集，於是7月給我打了電話。之後的長談我覺得有一個多小時，可以想像，我很緊張，又有防備，但感到這其實是一次面試，聽到她記錄的鉛筆沙沙作響，想到自己在接受面試，我有些受寵若驚。博格之後很快要北上波士頓開會，我們8月6日共進了長午餐，當天晚些時候我把書稿給她，加了一封便條，說可以給她在哥大的同事、中國政治研究學者黎安友（Andrew Nathan）看看，他應該感興趣。

8月末我收到多蘿西（午餐後我們就互稱名字了）的信，筆道清瘦，如同打印字體，她的朋友們應該都很熟悉。她寫道這份書稿令她「非常不安」，因為她想寫的這裡很多都寫了，若是第一次看到是從出版的書籍上，「一定是平地驚雷」。她深深感謝了我處理這種情況「非常友善、大度的方式」，說這對她「意味深重」。我當然馬上回信，

讓她放心，雖然我和她或許大致觀點相近，我一定寫不出她那種作品。她的目標讀者是美國研究學者，我的不是，她關注的是美國東亞關係史，我在書稿中並沒有觸及。

回到紐約後，多蘿西把書稿給了黎安友，他9月末給我寄來長信評點。黎安友幾年前受託寫過20世紀中國政治研究綜述，對這方面的挑戰心知肚明。「所有這些問題，」他有些自嘲地說，「你做出了超凡回答，行文如此優雅，只有我這樣真正努力、失敗過的人，才能理解這份成就的巨大意義。」他對書稿有兩個主要擔心，一是現在耳熟能詳的讀者問題。有多少人會買、會讀？他說自己也不知道答案，但是「任何考慮出版這本書的公司一定會就此輾轉反側，請求外審決斷」。他然後就如何全書既不改變主旨，又提升吸引力給出許多真知灼見。他第二個擔心的是公允問題。我為支撐自己的論點，是不是對費正清、列文森的分析過於浮皮潦草呢？這裡他的觀點尤為深刻，也十分有說服力，促使我重寫了前言公允部分的內容。這部分現在是這樣的：

> 公允問題對我而言至關重要，撰寫這本書時，我一直憂心忡忡。做出判斷時，我力求不偏不倚；指出一位學者著作、一個大的學術取向不足時，我盡量說清批評的前提依據。但用別人著作印證自己分析角度時，難免有一定程度的歪曲。人們觀點隨時間起伏變化，勢必有所流失；學者著作總是紛繁複雜，其中融洽對位的主題、主題的限定條件，甚至亦有可取之處的些許矛盾，都會消失在視野之外。因此，我把費正清、列文森當作50、60年代美國歷

史學主要取向的代表人物時，很容易忽視費先生學術生涯悠悠五十餘載，治學中國有多個角度，任何情況下都從來沒有忽略過異於自己學說的學術論文，反而是張開雙臂。列文森雖然1969年不幸去世，無法回應當時漸次出現的新學說，但他目光如炬、思路精細，從來沒有把自己束縛在任何學說框架之中。[15]

意想不到

説回黎安友的信之前，我想在此補充幾句關於約瑟夫・列文森的話。1969年4月6日，列文森在加州俄羅斯河（Russian River）划艇事故溺亡。我大約在他逝世六七年前認識他，十分敬服他為學、為人的風度。他去世時，我深受打擊。在我的腦海中，他的死也與當時發生的另一件事緊密相連。1969年4月初，我收到著名歷史學家阿諾德・湯恩比（Arnold Toynbee）當年3月29日發出的信，邀請我為他編輯的東亞論文集寫一篇文章。文集最終定名《世界的一半：中日歷史文化》（*Half the World: The History and Culture of China and Japan*, London: Thames and Hudson, 1973）。格拉斯哥大學的伊懋可（Mark Elvin）推薦了我。我深感榮耀，寫信給湯恩比博士説撰寫此章是我的榮幸，章節題為〈歐遊東方：西方對中國、日本的第一次衝擊〉（"Europe Goes East: The First Impact of the West on China and Japan"）。我4月8日的信中陳述了一些自己傾向於如何著手的細節，湯恩比5月14日覆信説收到回信很高興，我怎樣詮釋都可以。他認為我提到的觀點對那一章來說，可以「大大增加

其價值、意義」。他隨信附上了文集的作者名單。還提到列文森英年早逝的消息，問我除了負責那章之外，能不能考慮寫本來由列文森撰寫的〈西方的第二次衝擊〉那章。我5月21日回信說當時忙於完成《在傳統與現代性之間：王韜與晚清改革》，亦有其他事由，恕難從命。我冒昧推薦了幾位自信能寫好列文森那章的學者。6月2日，湯恩比覆信說完全理解，並感謝我推薦人選。

哥大喜訊

1982年9月底，黎安友的信中還指出了一些小的缺點，建議我多加考慮，之後表示樂意與多蘿西・博格一起向哥倫比亞大學出版社推薦此書，希望他們能「審慎、惜才」。他也表示出版社做決定前應該會請一位外審。我回信感謝安友對書稿的評價，也感謝他幫忙與出版社疏通。同時，多蘿西已經把書稿寄給哥大出版社執行編輯伯納德・格羅納特（Bernard Gronert），10月6日格羅納特打電話，說剛花了一個小時瀏覽書稿，欣賞我的文筆，和直接介紹此書、融入個人立場的方式。他提到哥大即將出一本致敬多蘿西・博格的歷史學文集，由孔華潤（Warren Cohen）主編，他認為跟我這本書很適合作為一套。[16] 他問我既然前兩本書都是哈佛出版的，為何這本書遭到冷遇。我坦誠相見，猜測說外審報告觀點極為相左，哈佛又與費先生伴生，管理層可能因此決定放棄。格羅納特說會馬上把書稿交給外審。

此時多蘿西・博格已然放下之前任何個人利益，願意為我書稿出版貢獻所有力量。除了書稿交到出版社時寫的

讚揚信之外，11月初她寫給我便條，說一旦知道消息馬上告訴她。「我感覺一定一切順利，」她的語氣一如既往充滿鼓勵，「也希望一切盡快。」

感恩節週末，多蘿西有心在家給我打電話，興奮地讀給我她已經收到、我還沒有的外審報告片段。一兩天後，我也收到了報告全文和格羅納特的手寫便條，他說這本書「如若有光」。「有了外審的報告和安友、多蘿西的支持信，」他說道，「12月15日我把這個項目在院系出版會上提出，一定一呼百應。」

外審報告開篇就解決了各家出版社最關心的問題：這本書誰會看？報告作者（後來我發現是易社強）說：

94

> 有人會問，這本書「對中國研究學者來說是必讀書嗎？」我的答案只有一個字：是！這本書會是專業設置、歷史學課程、高級學者中國「近世史」研究綜述的起點，柯文之後，誰人敢言「現代中國」？「現代中國歷史」課第一節講座的題目會是「『現代中國』概念問題所在」，只需總結柯文此書觀點即可。研究生資格口試這本書一定是必讀書目，就算整場資格考不是「柯文式」的，教授們也一定會問學生許多「柯文式」的問題。

報告隨後點出書稿需要修改的地方，尤其是題目，前幾年已經改過十幾次：

> 柯文行文流暢明晰，是分析的絕佳助力。題目卻以己之矛，攻己之盾。已經駁斥了「現代中國」這個術語不能深刻描述背後的現實，他就不能把書名定作「美國歷史學家與現代中國」了。《美國近世中國史歷史著作》這個題目（當

時發給外審的題目）像躺在碗裡的麥片，被動吸收牛奶，一點不出彩、響亮、悅耳。不過確實說明了此書內容，應該作為副標題保留。正標題應按照第四章「走向以中國為中心的中國史」來擬。

我採納了外審意見的前一部分，沒採納後一部分。修改後成書的正標題，當時就覺得恰到好處，三十年後的今天依然如此 ——《在中國發現歷史》。這是對黑格爾觀點最機智的反駁：「我們面前最古老的國度沒有過去……這個國度過去如此，現在依然如此。因此中國沒有歷史。」

書稿很快接收。多蘿西下一封跟這本書有關的便條是在1984年4月，書剛出版之後。她祝一切順利：「祝願這本書一帆風順，書評佳，銷量佳，心想事成。」她然後感謝我在前言對她的致謝，「我總覺得，自己最喜歡讀的，」她寫道，「是人們在致謝中表達的，那最真摯、純粹的感情。」回望當時我感謝多蘿西的用詞，真的不過是尋常語句。但有時，深刻的感情藏在普通語句之下。我從多蘿西的回應中明白，她知道我有多感激，同樣重要的是，她知道我懂得自己一開始支持此書時的內心況味。

回首與多蘿西·博格非比尋常的友誼，我總會想起她為這本書做的一切。別人面對類似的情況，會遮遮掩掩，有所保留，她找到我時，我也是如此。多蘿西下意識的反應是放下個人情感，擁抱自己認同的觀點，沒有停留在小我的自矜、自尊上。這不是說她完全無私，她風趣幽默，不屑於自私無私。但她是少有的心胸開闊的人，過人之處不止這一點，能做她的朋友，我三生有幸。

第五章

中國中心觀的局限

前兩章我探討了《在中國發現歷史》的內容、出版故事，此
書前三章檢視了50、60年代美國中國歷史學三大理論範式
中的西方中心偏見：衝擊—回應範式、現代化（或傳統—
現代性）範式，和帝國主義範式（或者更準確地說，帝國主
義—革命範式）。《在中國發現歷史》最後一章，我提出了
美國學界的新取向，稱之為中國中心觀。新學說的核心特
點是更加努力理解中國歷史本身，關注中國歷史進程的細
節、中國人對自身問題的看法，而不以脫胎於西方歷史的
期待看待中國。[1]這並不是說中國中心觀忽視了外部影響，
也不是說中國中心觀拒絕把中國之外、歷史學科之外的理
論成果、研究方法用來研究中國現實，相反，中國中心觀
熱烈歡迎這樣的應用。

　　直到今天，這部分的分析我依然一字不改。中國近世
史研究中無數問題，中國中心觀都可用、適用。這裡簡要
列舉一下1984年《在中國發現歷史》初版問世前後，相繼
出版的一些應用中國中心角度的著作：曾小萍（Madeleine

Zelin）1984年關注18世紀中國國家內部變革，尤其是財政改革的著作；羅威廉1984年關於19世紀漢口商業發展的傑作；本傑明·艾爾曼（Benjamin Elman）1984年講18世紀長江下游學術話語重大演變的著作；黃宗智（Philip Huang）1985年關注清末民國華北農業長期變遷模式的著作；冉枚鑠1986年以浙江省為例，分析清末社會精英日益組織、參政趨勢的著作；杜贊奇（Prasenjit Duara）1988年深入20世紀上半葉，國家形成對華北農村社會史影響的著作；詹姆斯·普拉契克（James Polachek）1992年從當時中國內部政治狀況入手，重構鴉片戰爭的著作；白凱（Kathryn Bernhardt）1992年的著作，分析了清末民國中國商品社會日益發展，政府權力干涉愈甚，長江下游地主階級不斷衰落的過程。[2]

　　然而其他問題上，使用中國中心範式明顯不太合適。映入眼簾的有一系列學者最近關注的領域，這些領域毋庸置疑與中國歷史有關，但最好應用其他研究方法。這些領域要麼研究問題本質是廣義比較史，比如為解決世界史問題，將中國作為東亞或亞洲區域體系的一部分審視，甚至是即使處理中國歷史這一話題，主要研究對象範圍也超越了中國歷史。再比如關注的是中國疆域內漢族之外少數民族的活動、思維、自我認知，或是中國向世界其他區域的移民。這些問題中每一個，肯定還有許多其他，都質疑所謂「中國歷史」的邊界，甚至在一些情況下，**中國**這個詞的根本含義。不可避免，每個問題都挑戰了中國中心觀的適用性。

　　對於研究中國史及歷史其他領域的學者來說，近些

年比較史研究中最有意思、正當盛名的是王國斌和彭慕然（Kenneth Pomeranz）的著作。我指的是王國斌的《轉變的中國》（*China Transformed*，1997）和彭慕然的《大分流》（*The Great Divergence*，2000）。兩書都論述了兩個多世紀以來，西方為什麼會統治世界這一棘手問題。[3] 但兩位學者各具特色。彭慕然的興趣集中於經濟發展問題，王國斌更關心國家形成和大眾抗議問題。[4] 彭慕然自述更重視「全球重大事件、雙向影響，討論時除中歐外還會引入其他地區」，[5] 王國斌一以貫之僅關心中歐比較。兩位學者的共同點則遠大於不同點。最關鍵的是二人一致認為，過去比較歐洲與世界其他地區的西方人問錯了問題：他們受19世紀歐洲中心觀的社會理論束縛，以為歐洲變革的軌跡是規律，既然工業革命在歐洲發生，沒在中國發生，要問的問題就是中國哪裡出錯了。

　　駁斥這一路徑時，王國斌和彭慕然堅持要進行雙向比較，王國斌的說法是「對稱角度」（symmetric perspectives），彭慕然是「雙向比較」（reciprocal comparisons）。[6] 兩位從以歐洲變革軌跡為準繩的歐洲中心觀中脫離出來，分析了18世紀後半葉中歐經濟形勢，彭慕然還論述了歐洲、中國、印度、日本一些區域，找到非常相似的並行軌跡。「以重要的方式，」王國斌論道，「18世紀歐洲與18世紀中國的共同點，大於18世紀歐洲與19、20世紀歐洲的共同點。」彭慕然分析的地理區域更加具體，但觀點類似。他觀察到18世紀中期「散佈在舊世界的許多核心區域 ── 長江三角洲、關東平原、英國、荷蘭、古加拉特 ── 之間有許多

重要的共通點，比如市場相對自由、手工業發達、農業高度商品化，所在大陸或次大陸附近的其他國家卻沒有這些共通點。」[7] 既然當時歐亞部分地區盛行的經濟模式十分類似，王國斌和彭慕然面前的關鍵問題，就從亞洲哪裡出錯了，轉向1800年後歐洲為何發生短期急遽的經濟變革。變革最早出現在英格蘭，隨後流向歐洲其他核心區域，而亞洲大陸即使最發達的地區也無聲無息。應對這些問題時兩位同意英格蘭的技術創新，以及向煤這一新能源的轉變至關重要。王國斌同時也強調，歐洲政治經濟變革中的一些結構特點起到了解放作用，比如國家之間的互相競爭。彭慕然的論證更側重歐洲以外的因素，尤其是參與新的貿易體系，以及在新世界發的橫財和新世界的資源。[8]

　　雖然王國斌堅稱《轉變的中國》「主要寫中國歷史，其次是歐洲歷史」，[9] 雖然他深刻洞察到治學中國史不能有歐洲史帶來的盲目偏見，但我個人的觀點是「中國」不是《轉變的中國》主要內容。於我而言，《轉變的中國》最大的價值是王國斌縝密構建、闡明了治學比較歷史耳目一新、不偏不倚的角度，不以世界某個地區的歷史路徑為尊、其他地區路徑為卑，因此提出任何地區歷史問題時不用再做預設，因為本來就沒有預設。彭慕然的研究雖然比較空間大於王國斌，但整體取向不只關注比較。彭慕然一挖到底，關注18世紀中葉後歐洲、東亞經濟發展大分流的問題。雖然彭慕然剖析了「如果不把中國的經濟預判為歐洲的對立面，中國的發展竟有如此不同的面貌……而我們一旦看到歐洲經濟與最常比較對手之間的相似點，歐洲歷史亦有不

同的面貌」，[10] 但他最重要的目的，還是釐清現代世界經濟如何形成這一實質問題。因此彭慕然和王國斌一樣，雖然為中國大費筆墨，關心中國的故事有沒有講對，但是最終感興趣的話題超越了中國歷史。

王國斌和彭慕然無論是比較歷史，還是側重大事、影響的學術研究，顯然不宜貼上應用「中國中心觀」的標籤，同樣的道理還適用於分析中國作為亞洲更廣闊區域系統組成部分的研究。區域作為國家個體和世界之間的過渡類型，有內在歷史張力，區域歷史學家認為必須從區域中心視角審視這些張力。例如濱下武志[11] 著力「將東亞理解為歷史塑造的區域，內部自成等級霸權體系」，該區域「現代歷史的開始，不是歐洲列強的到來，而是來自傳統、以中國為中心朝貢體系的內生動力」。[12] 朝貢體系數千年前由中國創立，形成包含東亞、東南亞的鬆散政治融合體系。中國與朝貢國之間不僅是兩個國家之間的關係，一些時期還包含次級朝貢關係，如越南要求老撾進貢，朝鮮不僅向中國進貢還向日本遣送進貢使節，琉球國王與清廷和江戶幕府均有朝貢關係，因此形成了整個區域複雜的關係網。

濱下認為，亞洲區域系統另一個重要特點在於經濟。東亞、東南亞形成了多邊商業關係網絡，與朝貢體系共生運行，和中國商人下南洋開展貿易、華南勞動力移民緊密相連。「朝貢商品與『賞賜』之間主要是買賣關係。」商品價格「大體由清朝市場價格決定」。濱下論道，事實上從明末開始，「證據表明，整個複雜朝貢貿易體系的形成基礎是中國的價格結構，朝貢貿易區域形成統一的『銀幣區』，銀

幣成為貿易結算工具。朝貢貿易體系運作的關鍵，是中國之外對商品的巨大『需求』，以及中國內外的價格差異。」[13] 需要注意的是，濱下對區域經濟融合重要性的論述，與費正清等人關於「朝貢體系」的早期觀點有顯著差異。[14]

雖然在濱下的地區中心視角中，中國發揮絕對基礎作用，他亦頻繁使用中國中心一詞描述該視角，但中國中心觀明顯不適合他闡明的亞洲區域系統。[15] 這一點在他論述的另一部分更加清晰。他提出，海洋與陸地一樣，是亞洲歷史活動的中心及決定因素。雖然我們習慣將亞洲區域看作土地疆域集合體，但亦可將其視為一系列互通互連的「海洋區域」，從東北亞一路延伸到大洋洲。濱下洞見到，一旦採取以海洋為中心的地理視角，就更能理解過去幾世紀以來亞洲內部政治關係演變的原因，「每個海洋區間邊緣的國家、地區、城市……彼此相近，互有影響，但間隔太遠，無法融入更大的實體。這樣的自主發展，是朝貢體系這種鬆散政治融合體系建立的重要基礎。」[16]

漢族之外少數民族[17]的歷史研究，是另一個不適用中國中心觀的領域。這類研究形式不一。一群人數不多、才華橫溢的歷史學家，為清帝國滿族性（Manchuness）問題的研究注入了新生機，他們關注滿族文化、民族身份的演變、清朝邊疆的特性、滿族統治者的多元本質及其對清帝國運作的貢獻、滿族重要制度，如最著名的八旗組織，及滿族對20世紀民族主義的影響等等。[18]這些學者往往同時使用滿語、漢語資料，尖銳質疑了過去滿族被「中國世界秩序」大體吸收、同化的論調。他們觀點的公約數可以用

一位學者的措辭總結：「滿族不同的概念在清朝從始至終都很重要。」[19] 確實，幾位史家都用了類似「清朝中心」、「滿族中心」的表述凸顯這種不同。[20] 他們並不否認滿族在中國歷史上發揮過不可磨滅的作用，但更關注的是中國帝制時期最後幾百年在滿族眼中非常不同。以中國漢族的角度察觀滿族在這段歷史中的作用，無論是傳統的同化還是漢化說，跟用歐洲中心觀描繪中國歷史一樣，會導致一樣的歪曲。

如果滿族不同的概念在清朝從始至終都很重要，那麼主要原因之一是清朝是征服者建立的朝代，同時期中國乃至中亞最終都臣服滿族。[21] 漢族之外其他族群情況不同，比如學界較常研究的中國穆斯林。中國穆斯林研究也質疑了中國中心觀的適用性，但他們幾百年間的歷史與滿族截然不同，因此質疑的問題也不同。穆斯林與滿族的不同在於，穆斯林尤其在元朝等時期擔任高官，但從未如滿族、蒙古族一般統治過中國。還有，穆斯林過去、現在都以不同程度、非常不同的方式與外來世界性宗教伊斯蘭教有關。

杜磊（Dru Gladney）和喬納森・李普曼（Jonathan Lipman）的持續著述表明，[22] 中國不同地區，甚至有時同一省份的穆斯林彼此也大有不同。比如現在新疆的維吾爾族，新疆18世紀臣服清朝之前，都處於中國版圖之外，這些穆斯林雖然生活的空間政治上屬於中國，文化、宗教上卻與其北部中亞國家的民眾更親近，而不是中國漢族。其他穆斯林遍佈中國疆土，祖先世世代代生活在中國，講各種中國方言，生活許多方面與中國人沒有分別。最近幾百年間，一

言以蔽之，中國人可以以各種方式既是中國人，又是穆斯林。雖然50年代中國試圖統一，但中國穆斯林「統一『民族自我意識』」實在很難。[23]

中國穆斯林人口本質多元，至少理論上可以說，應用中國中心觀研究新疆講突厥族語的維吾爾族當然謬以千里，[24]那總該契合更加歸化中國文化的穆斯林群體。畢竟中國中心觀的重要特點是志於應對巨大、複雜、多元的中華世界，將其分解為更小、更好處理的空間單位，從而便於仔細審視當地宗教、民族、社會差異等多重變化。[25]但即使對於講漢語的穆斯林來說，以中國為中心的分析也會招致問題。李普曼討論甘肅19、20世紀生活在市州一級的穆斯林時講到一個十分有趣的例子，足以說明中國中心觀此處的弊病。這兩個世紀中，甘肅政治中心、中式經濟生活中心是省會蘭州，但蘭州夾在兩大穆斯林生活圈的核心寧夏和河州（今天甘肅臨夏回族自治州首府臨夏市）之間，在穆斯林看來，蘭州地處邊緣。反而是地處蘭州西南100公里左右的河州，19世紀一半人口是穆斯林，是穆斯林重要的商業、宗教中心，卻「在任何中國中心的地圖上，都是邊緣得不能再邊緣的地方」。換句話說，中國中心的地理劃分，不能有效折射甘肅穆斯林心目中重要的社會、經濟和宗教生活。除此之外，很可能還會帶來對該省穆斯林群體一概而論的缺陷，沖散穆斯林之間的多元性。李普曼的分析清晰表明，事實上甘肅不同地區的穆斯林有十分不同的社會、職業分工，扮演政府之外許多其他角色，有時甚至暴力內鬥，宗教信仰本質、程度遠非一成不變。[26]

滿族、穆斯林研究的新成果，在更廣闊的層面也與近年學界對中國整個「民族」問題的興趣有關。中國邊疆的漢族少數民族矛盾抬頭，全球對多文化、多種族問題愈發重視、敏感，這些原因都激發對民族問題的關注，對維吾爾族、蒙古族、藏族、彝族等群體的研究中也有展現。[27] 由於這類研究挑戰了一維、簡易的「中國性」(Chineseness) 概念，使「中國性」分類更為複雜，迫使我們繼續反思其含義，可以想像，這類研究不太適合用中國中心觀。

　　如果中國中心觀不太適用於研究中國內部、漢族之外群體的特有角度、經歷，那麼它對於研究移民中國之外地區的漢族人來說也成問題。中國移民問題近來吸引了學界廣泛關注，這是一個龐大複雜的話題，學界剛開始有新的理論成果。[28] 可以確定的是，中國移民身上的特色源自更廣闊、古老的中國內部遷移模式，只要關注的還是移民過程的「推」力，即為什麼決定從中國某個地區內部遷移或移居外國，那麼中國中心分析框架對地方特性、變化的關注依然有其潛在價值。但即使在這個階段都會遇到問題。雖然19世紀和20世紀初華北華南地方貧困、社會騷動都相當普遍，但海外移民來源地多是福建、廣東等南方省市的特定地區。主要原因是這些地區與一些南方條約口岸，尤其是英國殖民地香港之間有高度發達的網絡。這些冼玉儀妙語稱為「中間地帶」(in-between places) 的地方，是中轉或聚集點，使人口、商品、匯款，甚至屍骨，在華南村落和世界各目的地間雙向流動。使用這些網絡進行移民，成為華南一些地區，甚至有時整個村子、宗族家庭的經濟上

策。[29] 移民史明顯是上文所談區域、全球體系的組成部分。

移民過程的這一部分，中國中心觀作為唯一甚至主要研究方式的價值大打折扣。最顯而易見的原因是，中國事實上與其他地區有重要關聯。華人一旦暫居或定居爪哇島、加州、利馬、比勒陀利亞，即使他們很大程度上依然植根於中國社會歷史敘事框架，也開始融入印度尼西亞、北美、秘魯、南非歷史。他們對各類因時、因地離變環境的適應過程，孔飛力稱之為「歷史生態」(historical ecology)，該過程幾乎不能從單個國家或文化的角度來理解。[30] 然而，中國中心觀之外加入更複雜的多重地域解讀只能解決一部分問題。除此之外，亞當‧麥基翁 (Adam McKeown) 洞中肯綮地說，若想更理解中國移民，中國、北美、印尼等為中心的國別角度之外，必須加入強調流動、離散的視角，「重視聯繫這些當地座標的國際關係、網絡、活動、意識」。[31] 換言之，移民不僅是推拉因素、輸入輸出地的問題，而必須理解為一個過程——一個不斷在業已林立、緊密相關的走廊上持續來回活動的過程。正是如此，移民深刻顛覆了傳統國家邊界。[32]

一些情形下，中國中心觀可能甚至不足以支撐直接、深入中國歷史的研究。一個很好的例子是我的著作《歷史三調：作為事件、經歷和神話的義和團》(英文版1997年出版，下兩章詳述)。我曾被公認為美國史學界擺脫50、60年代中國帝制晚期研究的西方中心觀，轉向中國中心觀的旗手，但《歷史三調》對我研究方向來說是相對劇烈的轉變。我當然在書中用很大篇幅，不斷深入1900年春夏義和團和

華北平原居民的內部世界，這方面研究取向確實以中國為中心。但我的次要關注點是當時事件中外國人的思想、感受、行為，不斷指出中外雙方的共通點，研究路徑至少在一些節點是以人為中心，而不是具體以中國為中心。

最後也是最重要的，我在《歷史三調》中始終明言，我的主要目的是探索一系列關於歷史寫作更廣闊的話題，「義和團只是這項事業的陪襯」。[33]這與歷史研究一般步驟相當不同。不僅是中國研究領域，類似著作中作者都會在總結陳詞時把成果放在更廣闊的座標系中，希望提升著作價值、意義。《歷史三調》中，我開篇即提出一系列廣闊議題並一直緊扣這些議題。雖然用義和團作長篇案例研究，但尤其在結論中，我點明義和團與我希望探索的宏大議題之間並沒有必然、必須的聯繫。世界歷史的其他事件也能起到一樣的作用。[34]《歷史三調》的主要目標不是講中國史，而是歷史寫作，並沒有以中國為中心。

本章分析的研究主題均一定程度上挑戰了中國中心觀，一些情況下需要完全摒棄這一取向，但更多時候需要把它與許多其他取向細密融合。我也要馬上指出，三十多年前首次描述中國中心觀時，當時站在我的角度不過想表達他人已經開創的一套研究方法，為這個我認為美國中國歷史研究合適、有益的未來方向定名，所以才把它與中國近世史研究掛鈎。一個例證是《在中國發現歷史》我介紹此取向的章節，題目就叫「走向以中國為中心的中國史」。只要歷史學家研究的話題，無論中心議題，還是內容或多或少在中國語境內（政治、社會、經濟、學術、文化、宗

教）——即使近年學界有新動態，大部分中國歷史研究依然關注的是這些話題——那麼我認為中國中心觀依然裨益良多。深入一些比如我前面提到的研究領域後，問題就來了。這些領域要麼剝去中國這一中心，而與跨國進程聯繫起來（如移民、現代世界經濟出現、亞洲某個地區系統演變），要麼是一般智識問題（如歷史研究的多重方式、比較歷史治學方式），要麼把中國從實體空間轉化為其他概念（現在時髦的詞是**去疆域化**，deterritorialization），³⁵ 要麼以其他方式發現中國的含義有問題（如研究中國境內少數民族、海外中國漢族移民自我認知）。³⁶

這些研究路徑雖然給視角相對狹窄的中國中心觀帶來問題，但為廣義的中國歷史研究作出至關重要的貢獻。它們的意義在於：清除了一些過去中國人、外國人在「中國」周圍人為築起的高牆；顛覆了中西史家塑造的對中國歷史的狹隘理解；加深了我們對不同地點、不同時間點對「中國人」含義的理解；確保中外比較能更加公允、開放。這些研究皆能打破「東方」、「西方」之間隨意、偏誤的藩籬，削弱西方長期視中國為「他者」的認知，從而使中國——中國人、中國人的文化——不再被視為印象中的異域，而是有血有肉的人類。

中西對比的問題：過度強調文化

最後一點我在著作中愈發關注，想就此繼續生發。我最懷疑西方講中西文化差異時誇大其詞的說法，這些說法雖然有時有所變化，但往往植根於西方中心的視角。我幾乎在

所有著作中都嚴肅對待文化，[37] 任何情況下都不否認中西文化傳統間有重大差異。但我同時認為，歷史研究過度強調此類差距會產生令人遺憾的歪曲，甚至形態各異的誇大。其中一種歪曲叫文化本質主義（cultural essentialization）——將一種文化大刀闊斧砍成認為其他文化不具有，或相對較少的某套價值觀和特性。諾貝爾經濟學獎得主阿馬蒂亞·森（Amartya Sen）對此有切中要害的論述，比如，東方威權、西方自由包容的刻板印象限制了許多可能性：印度或中國的歷史可能包含開明、自由的傳統，西方自身歷史中威權主義亦可能是一股重要潮流。而且真實的歷史記載給傳統思維打了一記耳光，「自由開明方面，」森表示，更有意義的是關注思想實質，而不是文化或地域，「一邊是亞里士多德和阿育王，另一邊是柏拉圖、奧古斯丁、考底利耶＊。」[38]

　　文化對比還會使西方歷史學家忽視中國變革的能力，滋生中國歷史亙古不變的想法。最近幾十年，美國歷史研究才開始淡化中西文化對比，我剛提出中國中心觀時注意到，與該取向伴生的重要趨勢是學者逐漸脫離文化，轉向歷史才是 19、20 世紀中國近世史結構問題的根源。20 世紀 50、60 年代，衝擊—回應、傳統—現代性範式佔據美國學界霸主地位時，無數研究用中國社會、文化「傳統」的本質——自然也用這種社會、文化與西方、日本的各種差異

＊　譯註：考底利耶（Kautilya）是公元前 4 世紀古印度政治家、哲學家，主張對居民嚴密控制，被稱為「印度的馬基雅維利」。

闡釋其觀點。研究中西衝突的著作，例如費先生的《中國沿海貿易與外交》（*Trade and Diplomacy on the China Coast*）、我的《中國與基督教》，雖然大費篇章描述了政治、經濟、社會、體制等因素，卻仍傾向於將文化差異、誤解，尤其是態度、價值觀領域的誤解，視為衝突的根本緣由。[39] 同樣，類似主題還存在於許多相關名著：費維愷講清末工業化失敗的著作；費正清、賴肖爾、克雷格講中國相對日本對西方回應無能為力的研究；芮瑪麗講儒家社會現代化了無成效的著作；列文森關於中國社會無力自行發展成為「有科學取向的社會」的斷言。簡言之，這些著作全都認為最根本原因是中國社會文化的特性。[40]

強調社會、文化因素，自然是基於社會文化對比的研究範式，解釋中國時總在中西社會、文化差距上找原因。我認為，中國中心觀能夠以歷史而非文化來解構中國歷史，是因為它比較的主體不是中西等文化差異，而是中國等一個文化不同時間點之間的差異。比較中西文化差異，側重文化更穩定的當下特性（所謂文化的「內在本質」），導致對過去的認識相對靜態，比較中國前後差異，則強調一個文化隨時間的流變，催生對過去更動態的理解，更關注變革，文化作為解釋要素退回背景，歷史以及對歷史進程更加敏感的態度走上前台。[41]

努力理解另一種文化中的人們時，歷史學家如果過度關注文化差異，除了使自己難以理解另一種文化構成中複雜、矛盾的部分，無法欣賞其歷時演變之外，還會使人們的思想、行為構成消失在視野之外，而這些思想、行為正

折射了超越文化，反映人類共性的特點，與世界其他地區人們的思想、行為有所重疊、共鳴。此乃史華慈著作的中心論點。史華慈認為，中國作為研究主體的價值，不在於它可能擁有的任何獨特異域風情，也不在於它是某些絕對意義上西方的「他者」。中國的價值在於它是人類經歷的另一個載體，是一座龐大的實驗室，有自己獨特的設施，可以用來探索人類共有的困境。[42] 我們若是要更加全面、理性、開放地理解中國歷史，必須同時看待人類這層共有的維度和文化差異。[43] 我希望在下幾章講述義和團時也說明，關注人類共有維度能有效超越中西歷史學家以不同方式、因不同原因，強加給中國、中國歷史的桎梏。

第六章

多重過去：《歷史三調》

歷史學家是做什麼的，哲學家有長篇累牘的理論分析。我的著作《歷史三調：作為事件、經歷和神話的義和團》（1997）則從一個真實歷史案例入手探索了這個問題：20世紀之交中國義和團運動。[1] 深入案例之前，我先講講此書濫觴。我對義和團的興趣始於博士論文即第一本書《中國與基督教》，書中分析了19世紀60年代外國傳教士侵入中國社會造成的政治問題。我在書最後一章提到，1900年義和團運動給清廷帶來與傳教士十分類似的政治問題：「支持仇外的義和團，要冒著與外國列強開戰的風險；鎮壓義和團，也一樣要冒著朝廷內部排外分子離心的危險。」[2] 80年代中期完成《在中國發現歷史》後，我開始認真研讀義和團歷史。求索、撰寫《歷史三調》那十年，我也開始對我稱之為「歷史認識論」的問題心醉神迷。歷史認識論指我們對過去知曉什麼、如何知曉，由此衍生了我提出的義和團研究三重框架。[3]

剛開始研究歷史時我對歷史學家「做什麼」的理解，與後來的想法大不相同。我曾以為，某種意義上過去是一堆固定的事實材料，歷史學家要做的是找到、闡明這些材料。今天，我依然以為歷史學家的主要目標是理解、闡釋過去。但今天的我對這個過程及其中問題的想法不再稚嫩。我現在看來，歷史學家的重構總是處在兩種「認知」過去方式的矛盾之間——經歷與神話。這兩種方式對人們生活的影響普遍、重大。

認知過去的三重方式

從抽象意義上說，義和團運動是清末敘事結構的重要一章。義和團是19世紀中期大起義和1911年辛亥革命之間最大規模的武力衝突，反映了清朝岌岌可危的政治地位。19世紀90年代初，華北接連遭受自然災害，許多農村青年因此一無所有，成為拳民。義和團可以視為一場社會運動，集中反映了中國更普遍的農業秩序崩壞問題。秩序崩壞的表現包括清帝國許多地方爆發大規模民眾騷亂，以及義和團宗教信仰中的降神附體、法術儀式。義和團排外性最強烈的表現形式是攻擊中國基督徒和外國傳教士，造成中外關係重大危機，最終導致外國直接軍事干涉，中國向列強宣戰。1900年8月，北京使館區解除封鎖，清廷逃亡西安，外國佔領北京，列強大獲全勝，強迫清朝簽訂外交條約、賠償巨款，這成為清廷政策的轉折點。20世紀初前幾年間，清朝即使不情不願，也採取了具有深遠意義的改革措施。綜合義和團運動各個不同層面，難怪芮瑪麗關於

辛亥革命背景的著名論文開篇振聾發聵：「中國歷史最具戲劇性的轉折點，莫過於1900年。」[4]

義和團不僅編織在中國歷史這一時期一連串事件中，還催生了中國及西方大眾想像中的一系列神話。20世紀早期，西方普遍視義和團為「黃禍的化身……一說起義和團這個詞，腦海馬上浮現危險、排外、非理性、野蠻的形象」。[5]20世紀20年代初期之前，魯迅、胡適等中國知識分子以及早期的陳獨秀，都對義和團抱有負面評價，說他們「迷信」、「落後」。及至20年代，民族主義、排外主義高漲，許多西方人把中國的民族主義視為義和團捲土重來，不值一提，中國革命分子開始把義和團往積極的神話方向重構，強調愛國主義、反帝國主義等因素。義和團成為反抗外國侵略的英勇戰士，這種美化在文化大革命期間達到頂峰，中國大陸、一些海外華裔普遍接受這種形象。[6]正在同一時期，台灣和許多西方人之間，義和團瘋狂、野蠻、排外、譁眾取寵的形象死灰復燃，認為與紅衛兵無異。[7]文革期間，在毛澤東夫人江青大力監督下，女子義和團「紅燈照」被大唱讚歌，尤其被塑造成舊社會女性附屬地位的反抗者。[8]

把義和團作為事件理解是以某種方式解讀過去，而作為神話的義和團則是讓過去為現在的某種解讀服務。無論如何，現在與過去之間建立起動態交互，人們按照現在各式各樣、不斷變化的目的，有意無意不斷重塑過去。我們大舉重新定義過去，這對過去意味著什麼？或者更準確地說，對人們生活、經歷的過去意味著什麼？歷史學家為了

釐清、闡發過去，按照「事件」的形式整理過去；神話創造者出於截然不同的動機，從過去汲取某種象徵涵義，那麼過去創造者經歷過的世界怎樣了呢？化用法國哲學家保羅·維恩（Paul Veyne）的話，事件從來不與參與者、旁觀者的認知重疊，歷史學家是從證據、文獻中雕刻出自己選擇闡釋的事件。[9]這如果是真的話，對歷史理解有什麼影響？歷史學家最終也是神話創造者嗎？最後，闡釋一個事件，把它切分為人類經歷更小、更具體的事件單位，如同忽略偉大光榮的戰爭而去關注戰壕裡乏味、惡劣的生存環境，那我們還剩下什麼？一堆雜亂無章、毫無意義的數據嗎？還是樂觀一點，更接近了真實的過去？歷史學家試圖解釋過去，以及神話創造者試圖利用過去的象徵含義時，「真實的過去」到底發生了什麼呢？

　　這些問題部分說明了我在《歷史三調》中關注的方向。《歷史三調》第一部分講述歷史學家後來敘述的義和團運動「故事」。歷史學家已然知曉故事結果，能以廣角鏡看到整個事件全景，能辨別過去不同人物經歷之間的關係，地理上分佈甚廣的眾多小型事件如何互相連結，從而組成事件更大架構的羅盤。歷史學家也已然知曉，自己的目的不僅是解釋義和團現象本身，也是如何將義和團嵌入前後歷史進程的拼圖之中。第二部分深入義和團經歷不同階段親歷者的想法、感受、行為──參與村中拳壇的農村青年，運動如火如荼時散佈在乾涸華北平原上焦灼的傳教士，1900年夏初天津之戰中被困的中外居民。這些個體在各自的苦難中不知自己能否逃脫生天，腦海中沒有印著整個「事件」

的走向，因此理解自己經歷的方式，與事後解讀、回溯的歷史學家完全不同。第三部分講20世紀中國生產的義和團和「義和團式」神話，這些象徵形象不是為了釐清義和團的過去，而是為了從中汲取能量，往往是在後義和團的當代為明顯的政治洗腦議程服務。

我辨明這三重意識的來龍去脈，是為了說明歷史研究工作本身的複雜性，闡明人類創造的永恆固定的歷史，與歷史學家書寫、神話創造者使用的永恆變化的歷史之間存在矛盾。這與廣為人知的羅生門效應大不相同。羅生門效應來自黑澤明的著名電影，講述11世紀日本一場強姦謀殺案後，四位目擊者對事件過程描述不同。[10]「羅生門」（Rashomon）一詞進入英語後，指對同一件事、同一真相的不同版本，人的視角取決於所處位置與事件之間的距離，距離可以是實際也可以是想像中的距離。我感興趣的認知過去的多重方式當然包含不同視角。但多重方式超越了視角，解決的是更有實際意義的不同。過去的經歷者無法知曉歷史學家知曉的過去，神話創造者和歷史學家都有事後諸葛亮的優勢，但他們對知曉歷史創造者經歷的過去沒有興趣。換言之，認知過去的多重方式間並不總是涇渭分明的，我們都知道歷史學家也製造神話，過去的創造者也完全可以在事實結束後變自己的經歷為歷史，然而，認知過去多重方式的分析方法卻涇渭分明。

代表性問題：義和團符合標準嗎？

我在《歷史三調》結論一章明確提出幾個問題，其中之一

是代表性。為了更加理解歷史學家是做什麼的，我檢視了20世紀之交中國一個獨一無二的篇章——義和團運動作為事件、經歷、神話的特性。我假設義和團特殊性之下掩藏著其他歷史事件也適用的共性。這一假設需要條分縷析說明。

首先，書中我不關心過去的所有層面，只關心直接與歷史學家、親歷者、神話創造者意識相關的層面。這就排除了一大類研究長期、沒有個人色彩的社會經濟進程的歷史著作。這些進程當然重要，但太過漸進，人們不易察覺，所以極少左右人們的情緒。涵蓋這些進程的著作如同所有歷史寫作一樣，採取敘事形式，[11] 表達歷史學家兼敘事者的意識。歷史學家的意識是丟不掉的。但這類著作中幾乎沒有空間反映歷史主體、創造者、經歷者的意識。18世紀中國物價飛漲，北歐封建晚期的農業變革，應該沒有人就這些話題創作神話。

過去的這些層面極為緩慢，不易察覺，無論它們經年累月對人們生活的影響有多大，我們擱下這些層面，而把注意力全部集中在人類個體有意識的經歷，留下的還有很多。事實上，人們一般思索過去時，過去是一個「事情發生過」的場域，我們關注的正是這些。我們面前真正的問題是，義和團既然特點顯明，他們還可以說明人們有意識理解的普遍過去嗎？我對這個問題的回答是非常肯定的。

我認為，若將義和團視為歷史學家按事實模樣重構的事件，它與過去任何階段一樣，可作為案例說明如何理解、闡明過去發生了什麼、為什麼發生。所有類似重構

側重的都是歷史學家的意識，而不是親歷者、神話創造者的意識，所以甚至對過去沒有個人色彩的重構，即使不是「事件」、「個體」，都可以用來說明歷史學家是做什麼的。每個歷史事件內容是獨特的。而且義和團這類事件複雜多樣，時間、地點跨度大，相對而言，百老匯戲劇首演、國家政治領袖逝世等事件雖然影響可能撲朔迷離，但更加簡單。歷史學家對這些事件的重塑，即對它們的敘事，卻按照一系列相對固定的原則。

　　最根本的原則之一是不像神話創造者，歷史學家必須按照社會規定、實施的職業準則來理解、解讀過去。雖然我們與常人一樣受情緒支配，但作為歷史學家，我們有意識地承諾理解過去的工作遵循準確、真相準則，即使實際上永遠不能完全達到。這些準則是歷史學家之所以成為歷史學家的基石。我們可能還效忠於其他準則，例如女性主義歷史學家希望為曾遭噤聲的女性發聲，因此幫助當下、未來的女性實現賦權、解放，如果女性主義歷史學家認為其他準則為先，理解、說明過去發生的事情這些約定俗成的標準為後，那麼是放棄了作為歷史學家的責任，走向了塑造神話的方向。[12]

　　另一條原則是歷史學家與參與者、親歷者相比，已經提前知曉自己重塑的事件結果。這條雖然相對不那麼引起爭議，但一樣重要。就像亞瑟王傳說中的魔法師梅林，我們知道後面會發生什麼。美國歷史學家J‧H‧赫克斯特 (J. H. Hexter) 注意到，正因為我們知道，才可以「根據歷史真實的節奏」講故事時「調整多寡」。[13] 第三條原則是

歷史學家不受空間地點限制，這條也是歷史學家和親歷者的不同。不像歷史原本的主體，歷史學家有如前所述的廣角鏡。

視義和團為經歷時，這個案例為什麼適用就沒有那麼好理解了。這裡追光不打在歷史學家作為重塑者的意識上，而在歷史當事人的意識上。雖然我們可以肯定地說歷史學家都是相似的，但是一開始創造歷史、親身經歷的人各有各的不同。打仗、競選、棒球賽、初戀、期末考試——每個本質上代表不同經歷。不同的類型無窮無盡，每位個體的經歷永遠都是獨一無二的。那麼，義和團運動既然主要經歷事件包括旱災、降神附體、法術、謠言、死亡，這樣的事件能說明普遍經歷的過去嗎？「普遍」和經歷兩個詞難道不是矛盾的嗎？

這個問題的答案，如同上面對於義和團作為事件代表性的解答，有多個層次。最具體、特別的是，捲入義和團那個夏天人們的經歷，跟過去任何階段任何親歷者的經歷一樣，獨一無二、不可複製。舉個例子，1900年初夏天津戰時流傳了兩條表達願望的謠言，其中一條與法術有關，我也分析了它們對當時中國人的影響。7月4日，義和團對天津人說，拳師隱形進了紫竹林租界，來到一座空無一人的高樓前，恢復原形，進了樓內。樓高四層，一二層空無一物，三層放滿金銀珠寶，四層有洋人老夫婦對坐，二人對拳師叩頭，行中國大禮，說兩人是夫妻，一百多歲了。老夫婦突然流淚道，他們知道拳師法術高強，今日必來，所以在此等候。他們說，洋人所賴者槍砲矣，今日洋人必

敗，天兵下凡，槍砲失靈。洋人只有束手待斃。他們請拳師去三樓，金銀珠寶隨便拿，今日便是他們的死期。他們說完抓槍向胸部射擊，自殺而亡。

時人記道，「團中人既樂道之，津中人亦頗信其有。忽傳大軍同團擊退洋兵，紫竹林為我軍所得……津城各街宣傳，久之始知其妄。」同時流傳的一條相關謠言說，紫竹林的洋人都已遁逃，官兵和義和團進駐租界，並在租界內發現40箱黃金，每箱有黃金28萬兩。官兵和拳民都沒有私納，而是轉呈總督衙門，作賑濟之用。[14]

這些謠言裡包含許多願望，都與人們心頭大事有關。其中最明顯的自然是義和團和普通百姓都希望天津之戰中方大勝、洋人大敗。當時的木版畫也表達了這一願望，常見的是遭遇戰中洋人被中國擊潰，或以某種形式遭到羞辱（見圖6.1）。第二個謠言也表達了在久旱的地區，普通百姓希望從外國租界的金銀珠寶中獲益。這點也暗示義和團和普通民眾利益取向不同。最後，可能也是最不明顯的是，第一個謠言裡也包含人們對洋人的幻想，比如那個講實話的老夫婦，他們承認義和團法力無邊，相信義和團運動的使命天命難違這一宏大敘事，因此以最有力的方式證實義和團大業有理有據。

如此具體的經歷，雖然對我們理解1900年春夏蔓延的心理氛圍很有幫助，卻於了解其他地區、歷史時期的事件無益。然而在某種普遍意義上，世界歷史充滿了類似義和團的大眾運動，其中宗教和法術發揮主力作用，排外情緒是推手，謠言、懷疑四起，戰爭、流血、死亡隨處可見。

圖6.1　天津之戰。大型愛國版畫細節，描繪中國英武之師使用炸藥等各式武器，大敗洋人。來源：C. P. Fitzgerald, *The Horizon History of China* (New York: American Heritage, 1969)。獲大英圖書館許可。

最普遍、抽象的意義上說，無論具體表達形式如何，許多現象似乎存在於所有人類經歷之間，我能想到的有不確定性、無法預知結果、感情參與、多重動機、文化建設，和與歷史意識不同的自傳意識等等。[15]

　　當然，可以用於重塑不同經歷的歷史資料因歷史環境

的差異有所不同。舉例來說，每位義和團拳民的意識只能在最表面的層次探索，無法深入。他們中識字的非常少，雖然半世紀後收集了許多原拳民的口述歷史資料，但到那時已無人詳述自己的經歷。[16] 相比較而言，關於以下方面經歷的資料汗牛充棟：持續乾旱下青少年早夭，惶惶然焦灼情緒高發，中國人、外國人都傾向於用以前認知的文化規律理解自己的經歷。[17] 雖然我們明顯不能重構整個義和團經歷，但的確可以了解其中很大一部分，以一定程度推而廣之，還可以更深入膝理，了解普遍意義上人們經歷的過去。

作為神話的義和團代表性問題不同，雖然本質上並無二致。主要區別是過去的許多部分，即人們有意識經歷的過去沒有作為神話保留下來。一個事件或任務如果作為神話傳至後世，必須呼應後來某些特定群體、政府關心的特性、主題。對於意大利裔美國人來說，哥倫布的意義在於他發現了北美大陸，象徵意大利裔對美國生活的貢獻。從另一個角度來看，對於非裔美國人和美國原住民，哥倫布同樣意義重大，他參與奴隸貿易，虐待加勒比地區的印地安人，因此被塑造成壓迫、種族剝削的重要象徵，代表歷史上這些群體在歐洲裔美國人手中的遭遇。[18]

在中國，舉個跟義和團截然不同的例子：1850年到1864年反清、受基督教影響的太平天國，被塑造成了各式各樣的神話。清末激進報紙《民報》稱讚太平天國建立者洪秀全是中國偉大的民族主義革命家之一，能與明朝開國皇帝朱元璋和孫中山相提並論。[19] 20世紀20年代初的國民黨

和整個毛澤東時代的中國共產黨，都認同太平天國革命傳統，認為自己是接班人。[20] 太平天國的領袖也被大舉塑造為神話，在中共政治鬥爭中發揮重要作用。50年代前，能征善戰的名將李秀成被史學家高唱讚歌。由於太平天國失敗後他曾在嚴刑拷打下向曾國藩自述，60年代他被斥為階級叛徒，文化大革命中頻繁用他做反面角色，批判修正主義者。[21] 70年代末、80年代初，中國歷史學家批判封建專制主義，小心翼翼地批判毛澤東「家長專制作風」時，常把1958年後越來越專制的毛澤東和洪秀全等歷史上類似政治領袖相提並論。[22]

太平天國也是地方最愛用來造神的素材，尤其是在其發源地珠江三角洲。孫中山和洪秀全都出生於廣東南部，從小就仰慕這位太平天國領袖。[23] 逃到香港的難民說，50年代中期廣東農民視洪秀全為大眾反抗政府強權的全能代表，期望他死而復生，帶領他們反抗強迫以土地為股本加入合作社的政策。[24] 最近對華南客家人的研究表明，由於太平天國建立者是接觸基督教的客家人，客家人中的基督徒因此在客家傳統中融入對太平天國運動的積極看法，這成為客家人製造群體傳統、定位自我的一部分。[25]

《歷史三調》中講到，後世中國人也為義和團創造了迥然不同的神話，這取決於神話創造者最關注現代中國文化身份的哪一部分 —— 反抗外國侵略，還是效仿外國影響的現代性模式。一個個造神案例的細節之間有天壤之別，比如，太平天國經歷與義和團不同，和現代文化身份問題沒有什麼特殊共鳴，但所有造神基本過程是相似的。無論

是義和團、哥倫布、太平天國、法國大革命還是馬丁·路德·金，神化過去時，關注的不是到底發生了什麼，而是後人如何從自己目的出發改造、重寫發生的事情。總會找到過去的一些主題，加以簡化、放大、拔高，使之成為現在的能量源泉，甚至以極端的方式，使現在與過去互相確認、支撐。這些主題可以是歷史事實的一部分，也可以不是，比如，即使文革時期造神者說有，我們也不知道歷史上紅燈照到底有沒有認為自己在反抗19世紀末束縛中國女性的儒家社會傳統。但神話若想奏效的話，就必須有一定的可信度，即使不是真的，也一定是可信的。

總而言之，義和團代表性問題上，我從《歷史三調》三種探索過去的方法中得到大致相同的結論。最具體的層面，無論被視為事件、經歷還是神話，義和團毋庸置疑是獨一無二的。然而義和團的獨特性蘊含著不斷出現的廣泛規律，這種規律存在人類有意經歷過去的所有階段，所以更廣義層面，完全可以把義和團或任何歷史事件作為案例研究。我們不能通過研究獅子來了解長頸鹿，但可以通過研究獅子或長頸鹿加深對動物王國的理解。

事件、經歷、神話三重認知過去方式的相對效用

另外一個值得深入探討的是事件、經歷、神話三重認知過去方式的相對效用。人們經歷的過去比史學重構的過去更加真實，所以經歷的過去為尊嗎？史學重構的過去好於神話的過去，因為史學重構更加真實、準確地反映了事實嗎？作為歷史學家，在職業生涯中我曾會毫不猶豫對兩個

問題都説「是」。但我越來越堅信，每一重方式之間雖然明顯互相排斥，但在各自範圍內都有堅實的合理性。

經歷的過去和史學重構的過去之間兩極分明，在此我上述想法可能最難理解。雖然我們知道兩者不同，但是一方的價值很容易影響另一方的價值，二者不是壁壘分明的。舉個例子，特定情況下，我們初次讀到歷史學家重構的一部分過去，比如我們自己直接親歷的戰爭、政治競選活動、社會運動等等，可能會欣於所遇，為其中新的信息、角度驚奇不已。但其他情況下，鑒於之後的歷史解讀，我們之前親歷者角色帶來痛苦內疚、情感矛盾，這些情緒可能遠大於經歷時感受的。換言之，閱讀自己當時經歷過的歷史，不可避免地碰觸到這段經歷，或多或少會影響自己對當時行為、想法、感受的記憶。很能説明這點的是本書第一章重構60年代初我在台北經歷時，自己對性別不平等、男性享受的特權生發的新感受。[26]

分析神話的價值，也很複雜、難解。神話與經歷之間的關係，可能比神話與歷史簡單一些。經歷不是在文化真空中發生的。人們經歷「人生」時，通過神話來「處理」，這些神話是文化預設，已經是人們社會化過程的重要部分。義和團神靈附體時，會毫不猶豫地説附體的神靈是自己孩童時學到的歷史、文學人物；戰場法術失靈時，會根據文化中根深蒂固以女子為穢物的觀念，來理解自己的失敗。基督教傳教士幾乎本能地認為，義和團運動是撒旦的惡行，自己的行為命運是上帝的旨意。在經歷的世界裡，這些神話創作無處不在，是經歷不可分割的一部分。

經歷和神話即使看似融合，可能也真的融合，但經歷初次發生，成為當下的過去時，分析中可以分清經歷和神話。我們從更遠的時間點審視個體經歷的過去時，不由自主會將其塑造成神話，至少跟其他相比，這裡分辨的尺度還更加清晰。不斷重塑個人經歷的過去，這個過程我稱之為塑造自傳神話，當然會暴力侵害當初經歷的「純潔性」，更不用提對經歷的準確記憶。「回憶時無論如何誠實，」羅伯森·戴維斯（Robertson Davies）小說《奇蹟的世界》（*World of Wonders*）裡一個角色告誡道，「也一定會根據後來的知識進行歪曲。」[27] 許多作家著力論道，自傳造神有鮮明的價值，能保存心理上的始終連貫和個體的前後一致。[28]

考慮到神話和歷史的關係，探討神話的價值亦愈加複雜。大多數職業歷史學家認為自己職責的一部分是重構過去時，應該遠離一般民眾相對粗糙、充滿神話的理解。比如我們不去接受亞伯拉罕·林肯「偉大解放者」的單一、理想化形象，而是職責所在需要指出，雖然林肯的個人信條是蓄奴在道德上是錯的，但他首先考慮的不是解放奴隸，而是拯救聯邦。[29] 同樣的道理，雖然過去史家可能有異議，但當代歷史學家質疑美國參與第二次世界大戰是「正義之戰」的簡單說法，並堅持提出，雖然許多美國人相信參戰至少是為了戰勝以種族差異為基礎的意識形態，美國政府投入戰場的軍隊不僅依然實行種族隔離，而且還以戰時緊急狀態為由有計劃地把十萬餘人監禁起來，僅僅因為他們祖先是日本人。[30] 然而，儘管我們竭力正本清源，林肯和二戰的神話力量依然歸然不動，這些力量代表對特定個

體、事件核心主義理解時投入的感情，只從複雜的詮釋中找出一簇，強調這一簇而忽略其他所有。歷史學家沒有遵守這些歷史準則時也會相信神話。我們中最自律的純粹主義者可能會不惜一切代價，用有根有據的事實代替存在已久的神話，但總體上說，歷史學家圍攻別人的理解其實是神話時最開心，被別人圍攻時不開心。

確實，過去的真相這個概念是歷史學家志在追求的，[31]也的確總是比人們希望看到的真相更有價值，但過去的真相本身可能就是一個神話。加夫列爾·加西亞·馬爾克斯（Gabriel García Márquez）把西蒙·玻利瓦爾（Simón Bolívar）塑造成出言不遜、高傲自負、生性多疑的人，「僅僅為了和一個女人同床共枕，能赤腳裸體，毫無防備，穿越安第斯山」，有奪走拉丁美洲少有大英雄之處。雖然馬爾克斯堅稱《迷宮中的將軍》（*The General in His Labyrinth*）描寫的是「真實的玻利瓦爾」，哥倫比亞前總統貝利薩里奧·貝坦庫爾（Belisario Betancur）說，讀完這本書他感到「巨大的孤獨」，「憤怒和無盡的哀傷留在腦海」，讀者不禁「在漣漣淚水中重新審視這個世界」。[32]總體來看，馬爾克斯的敘述和貝坦庫爾的反應表明，價值有道德、學術、情感、政治、審美等很多種，對過去的一種論斷相比其他可能價值很高，但按照所有價值判斷，不一定高於其他。

《歷史三調》三部分我作為作者的角色

最後一個值得檢視的問題與前面幾個相關，但性質不同。這是我作為作者在《歷史三調》三部分的角色。每個部分

探討了不同意識領域：第一部分是歷史學家的意識，第二部分是經歷參與者即歷史創造者的意識，第三部分是神話創造者的意識。然而在所有部分，我作為歷史學家、敘事者的意識也在發揮作用。這在第一部分不成問題，作者的意識和義和團事件史家、重構者的意識是一回事。但是第二、三部分，這些意識就不是一回事了，怎麼辦呢？

第二部分講經歷時，我作為史家、作者，選擇展現了一些特定主題：旱災、降神附體、法術等。我還探索了義和團拳民自己不會提出的問題：1900年春夏青年人、饑荒、對饑荒的焦慮如何影響了義和團拜壇儀式的迅速蔓延；紅燈照少女（一般12–13歲）青春期未到的年紀如何影響了對她們特殊法力的集體幻想。同樣，第三部分講神話時，我除了論述不同時期如何塑造義和團神話外，還以神話製造者可能不願接受的方式，分析了塑造神話的過程和張力。這兩部分我不僅扮演了歷史學家常見的過去重塑者角色，重構了過去的經歷和神話，還引入自己的意識。我的意識當然與研究對象的意識大不相同，甚至背道而馳。

明智地說，引入自己的意識一定會導致問題。關鍵是，這個問題有多嚴重？答案取決於兩點：歷史學家能做什麼和希望做什麼。當然，即使經歷的過去所謂本真原貌曾經存在，史家明顯不可能恢復其本真原貌，但對於人們經歷和神化的過去，歷史學家的確可以重現過去人們當時的聲音，即使那些聲音並不是我們理想條件下希望重現的，也足夠順藤摸瓜，發掘親歷者、神話創造者等研究對象的想法和感受。這是我在《歷史三調》第二、三部分頻

繁使用的研究方法。但這些只實現了我當初研究目的的一部分。著手之初我希望的是不僅展示事件、經歷、神話的事例，而且明辨慎思它們作為認知過去方式的獨特之處，所以在審視過程中引入我作為史家的智慧很重要。如此一來，我很可能一手炮製了審視者、被審視者不同意識互相對立的情況。雖然這不可避免，但我認為對於更深刻理解歷史來說，這種對立大有裨益。

歷史學家的局外人身份

追根溯源，我在這裡研究的是歷史學家的「局外人」身份。「局外人」有許多具體表現形式：無論是歐洲人、美國人、日本人、東南亞人書寫中國歷史，還是男性歷史學家重構女性的經歷，抑或白人歷史學家探尋黑人的歷史，當然也一定要包含更普遍的現象：當代人試圖闡清過去，甚至距今甚遠的經歷。所有形式中，歷史學家局外人的身份，正因為身在局外，可能導致誤解、歪曲史料，解讀得風馬牛不相及。這樣的局外人視角有明顯弊病。[33]

但歷史學家的局外人身份也可以是優勢。局外人身份正是我們與歷史親歷者、神話創造者的最大差別，使我們作為史家能以親歷者無法觸及的角度，理解歷史、書寫歷史的意義。除了冒著風險再現歷史親歷者或神話創造者的意識之外，我們還努力架起他們與我們當代人世界的橋樑，為二者實現一定程度上有益的溝通。歷史學家就像翻譯，翻譯要忠實、有效地把文章從一種語言譯入另一種語言，歷史學家也是過去和現在之間的翻譯。在調解二者複

雜關係的過程中，我們試圖理解歷史研究對象的意識時，必須抑制自己的局外人傾向；而向當代讀者有效解釋這些意識時，我們不能抑制而要利用這一傾向。總而言之，歷史學家就像翻譯，必須通曉兩種語言 —— 過去和未來的語言 —— 在兩個大相徑庭的領域輾轉遊走，帶著敏感和最大程度的誠實，這種要求，是我們治學面臨的最大矛盾。

第七章

《歷史三調》：研究、寫作、出版過程

本章有三個部分，各呈現《歷史三調》的一個側面。第一部
分講中華人民共和國向美國學者開放的過程。第二部分最
長，追溯第六章講到的一些歷史學主題，也揭開了歷史著
作一個鮮有人知的盒子：作者的暗中策略。第三部分關注
此書的出版前傳、幕後故事。

中國向美國學者開放

政治局勢決定誰能去中國做研究，能進什麼檔案館、允許
查閱多少資料；外國學者希望與中國學者接觸，互通有
無、合作互助能達到怎樣的尺度；外國學者能否受邀參與
學術會議等等。第一章講過，1961年我獲得博士學位時，
美國人可以去台灣做研究，但完全無法前往中華人民共和
國。也可以去藏有中國資料的檔案館，如珍藏了傳教士資
料的哈佛霍頓圖書館（Houghton Library），或耶魯神學院圖
書館、東京的東洋文庫，巴黎、倫敦、羅馬等地的政府、
教堂檔案等。

至少對於美國學者來說，20世紀70年代末中國閉關鎖國的政策才開始轉變。例如60年代初，山東大學歷史系師生對義和團原拳民進行了口述歷史調查，周錫瑞1979年秋起在中國待了一年，詳盡查閱了這些未刊調查，得以寫就義和團運動的扛鼎之作。[1] 我第一次去中國是1977年，作為中國研究專家由美中關係全國委員會（National Committee on United States–China Relations）資助，陪同美國青年政治領袖代表團。[2] 此時離我開始研究中國這個國家已有二十多年。接到委員會邀請函時的興奮心情，今天難以表述，好像突然有人告訴一位中世紀史學者可以時光倒轉，回13世紀參觀一次。真正身處中國的感官享受，那些景象、氣味、聲音，都令我欣喜若狂。

　　第二次去中國是1979到1980年冬天，作為美國學界中國研究各領域派遣的代表團13位成員之一，代表美國學術團體協會（American Council of Learned Societies）、社會科學研究理事會（Social Science Research Council）下屬的當代中國聯合委員會（Joint Committee on Contemporary China），及美國學術團體協會中國文明研究委員會（Committee on Studies of Chinese Civilization），主要與北京、成都、南京、上海、廣州五座城市的中國學者交流。返美後我們交流成果發表，作為代表團現代中國史領域的成員，戈德曼和我兩位當代中國聯合委員會成員寫了本領域的報告。[3] 雖然交談中明顯發現中國學者還沒有完全脫離文化大革命的政治桎梏，但他們對現代史領域發展的興奮之情溢於言表。我在上海見到一位學者，復旦大學經濟史專家汪熙，他讀

過《在傳統與現代性之間：王韜與晚清改革》一書英文版，在會上當著其他中國學者的面條分縷析批判了這本書，意識形態鮮明。代表團離滬前，我與汪熙深談，為其折服。

回美國後，時任哈佛燕京學社社長阿爾伯特·克雷格午餐時告訴我，燕京學社當時正在接收1981–1982學年哈佛燕京學者項目申請，他說這是首次邀請中國大陸學者，問我中國之旅有沒有遇到希望來哈佛一年的學者。我告訴他有一位學者我尤為欣賞，可以寫信問他是否有意。克雷格提到除了英語好之外，申請還有年齡限制，一般不超過40歲，但由於大陸情況特殊，不超過45歲也可以。我致信汪熙講了項目大致情況，告訴他如果感興趣的話可以詳問復旦校長，復旦是當時幾所校長可以推薦學校合適人選的大陸大學之一。汪熙回信說理論上自己當然感興趣，他40年代末曾留學美國，對美國有美好回憶，但深感遺憾的是，他時年已近花甲。

燕京學者機會錯失，但汪熙與我一見如故（圖7.1）。幾年後，他知道我當時單身（我與安德烈婭1968年離婚，第二段婚姻也在八年多後結束），甚至試圖撮合我和一位他戲稱的「善良猶太女孩」。最後當月老失敗，他有些不高興──他堅稱這位女孩與我應是天賜姻緣，用了中文「落花有意，流水無情」[4]的說法，即便如此，我們仍頻繁見面。2003年，我去上海做學術講座（圖7.2），既不是猶太人又不流水無情的洗玉儀陪著我。上海之行後，汪熙用電子郵件發給我此行的照片，說他「深深為玉儀的學識、優雅和坦誠折服」。[5]上海之行前，我在2001年3月初寫信給汪

圖7.1 與汪熙在上海，2003年11月。

圖7.2 在上海發表演講，2003年11月。

熙介紹玉儀，也無意間澄清了猶太人的問題：

> 她研究香港歷史，是香港大學亞洲研究中心副主任。雖然母語是廣東話，但英語宛如天成，所以我還不用學廣東話。我偶爾教她幾句意第緒語的詞彙表達，去年10月跟她一起去過香港的猶太會堂，參加贖罪日（Yom Kippur）儀式。但我應該不能說服她入教。其實我也不是事事遵守信仰的猶太人，所以也沒想過說她。生活總之還不錯。[6]

最近一次是2014年10月，我在復旦講自己的新書，講座後汪熙邀請我到他家進晚餐，他當時95歲，不時與我用上好紅酒乾杯。那是我最後一次見到這位老友。2016年12月，一生著作豐碩的汪熙與世長辭，享壽97歲。

我個人與中國學術界真正打交道是1981年8月，參與復旦大學主辦的「清末民初中國社會」學術會議。1980年11月末，汪熙私下寫信告訴我舉辦會議的計劃，希望我能參與。會議規模很大，但獲邀的外國學者極少。最終美國人中只有我和費維愷。這是我第一次參加中國的學術會議，1981年中美學者都參與的會議剛剛出現，這裡我想講一下自己的經歷。[7]

離開美國前，我真不知道該期待什麼。不知道與會學者是誰，會發生什麼，一無所知。我一如往常，擔心自己的中文關鍵時刻掉鏈子。我花了許多時間準備會議：論文刪到可以講完的長度、翻譯成中文、修改譯文，打印、影印論文，練習朗讀中文譯稿。假使主辦方要求我完成這項壯舉，最後一版論文全文有81頁，讀完也得三小時。我越

努力準備，越擔心自己是不是一開始就不該接受邀請。

　　幸運的是，這些擔心最終都化成泡影。會議非常成功，論文沒有提前郵寄，我提前幾天抵達上海，有時間過一遍會議論文，天賜佳音是只用細讀自己小組討論的論文，我所在的小組大約有12份。而且自己的論文不用整篇都講，只用做一個20分鐘的主要觀點總結。為萬無一失，我提前用中文寫好總結。最關鍵的是，我所在的思想史小組氣氛極為高漲、嚴肅，使我受益匪淺。費維愷說他所在的經濟史小組也是如此。我所在的小組有幾位觀點犀利的同事，每篇論文都討論得詳盡深刻。我另外擔心的是有外國學者在場，中國同事可能怯懦沉默，事實證明我的擔心多餘。有幾篇論文被批得體無完膚，但硝煙散去，論文作者依然身板直挺。對我們西方人來說是自我—客體關係上很有教育意義的一課。一個例子是時年74歲的復旦大學副校長、著名思想史學家蔡尚思。八月酷暑，蔡尚思僅著內衫，論文被比他年輕三十多歲的同事批得一無是處。與我這個投入自我的外人相比，無論場景有多不忍直視，批評大體是中肯的，蔡尚思自始至終不失風度。

　　總體來看，會議論文千差萬別，有的是多年前著作老調重彈，毫無新意，有的深刻剖析富有爭議的話題，如20世紀初梁啟超的革命決心問題，也有建立在詳實檔案研究基礎上的大作，如汪熙寫鄭觀應的論文，基於他主持編撰、出版的上海「盛宣懷檔案」。兩篇研究著名翻譯家嚴復、朱執信社會主義思想的論文，或是不了解西方相關研究，如史華慈關於嚴復，英國學者馬丁·貝爾納（Martin

Bernal）關於中國早期社會主義思想的論析，或是不願參引西方著作。歸因哪條我無從知曉，兩篇論文作者沒有親自參會。這種情況出現時我總是直言不諱，提請中國學者注意，因為如果他們真心希望與外國同行交流意見，應該多加了解國外多年來的研究。

　　至於我自己的貢獻，我認為有幾個方面。首先有兩位美國歷史學家參會本身就意義非凡，促使與會人員重新審視以前忽視的問題、視角。前文已經說到，中國同事並不會因此對自己觀點、立場束手束腳，我所在的小組對我與其他成員一視同仁，幾篇文章的領域是我專長所在，如顧長聲研究廣學會（前身為同文書會）1898年戊戌變法期間宣傳活動的論文，以及汪熙關於鄭觀應的論文，這幾篇我有深入點評，論文作者可能頗為感激。其他論文我也進行了一般回應，一些情況下指出國外或台灣已有的相關研究，可能論文作者並不知曉。

　　我自己的論文來自日後出版的《在中國發現歷史》第三、四章，總結、詮釋了美國清末民初歷史研究的新趨勢，點明學界對舊西方中心衝擊—回應範式、傳統—現代性範式愈發不滿，尤其是1970年以後，更加關注19、20世紀中國歷史的內生決定因素。總結時指出這些新取向的影響，特別是1840年作為中國近世史分水嶺的意義逐漸淡化這一點。

　　小組深入探討了我的論文。與會者對不同部分或支持或反對，中國同事提出許多非常有價值的評價，並與其中一位同事爭得不可開交。這位是中國社會科學院近代史研

究所的丁守和。丁守和堅稱，説1840年並非分水嶺是癡人說夢，正是鴉片戰爭導致中國失去獨立自主地位，淪為半殖民地、半封建社會。我反道，某種意義上説，中國可能早在1644年異族執掌江山時就已經失去獨立地位，若問清初黃宗羲、王夫之、顧炎武等思想家，乃至離我們更近的太平天國運動領袖，清朝時中國是不是獨立國家，他們的答案很可能與丁守和截然不同。丁守和反擊道滿族並非異族，而是居住中華更廣闊疆域的民族之一。我說這種想法很高尚，但是最近才出現，歷史上並非如此。重構過去時，應最大程度自我解放，不受現在論（presentist）先入為主的干擾，而去理解過去本身的構成。[8] 會議閉幕當天邀請與會人員上台發言，丁守和的發言明明白白表示我沒有動搖他的立場，我們的交流告一段落。

丁守和是會上少有滿口馬列主義的人——幸好少有。他做閉幕發言時，攻擊了費維愷和我，力勸中國學者認真研習馬列主義。我明顯感到無論丁守和如何賣力招攬，很多與會學者認為這不過是走走過場，左耳進右耳出。許多學者私下認同我這一方的觀點，認為中國歷史學家的確過度渲染外部因素了，尤有復旦大學沈渭濱公開表示，他認為與1840年相比，1911年是中國近世史意義更大的分水嶺。

會議最後一天我閉幕發言時讚揚了與會學者的熱情討論、大膽批評和高超學識。同時我也提到中國歷史學研究的幾個特點令我有些不安。一是，沒有充分釐清兩種對馬列主義的認識：一種視馬列主義為學說，需要用歷史數據

檢視、驗證、修訂,甚至推翻;一種視馬列主義為絕對真理、不容質疑,無論過去的實際是否適用這套理論,都必須把它強加其上。二是,中國歷史學家 —— 當時腦海中是丁守和,當然還有別人 —— 重構過去時往往過度重視現在。當然,所有歷史學家或多或少都會受現在干擾,但關鍵是屈從現在還是努力戰勝。我認為許多中國同事都太輕易屈服於現在。三是,近期美國學術界強調清末民初歷史內部因素可能走得太遠,中國學界則在一個時期過度強調外界因素。一開始我想哀嘆中國學者對外國研究無知,但這點應該由中國學者自己提出來更合適,於我也更通情達理。讓我高興的是不少講者確實提到這點,尤其是復旦大學姜義華表示,中國人若想深刻理解1911年辛亥革命以及孫中山同盟會的歷史,對日本學界的研究和明治時期歷史的無知不可原諒。

我覺得最有意思的是,我講的時候看到會場不少人頻頻點頭。當然有些與會者認為我的批評難以下嚥。但一樣可以看出,其他人至少溫和接受我的部分觀點。最能印證這個感受的是,《復旦學報》主編邀請我把會議論文刪減版發表在12月刊。[9]我受寵若驚。但目前最重要的是,如果我信號解讀準確,一些中國學者希望把他們不方便公開發表的觀點如此引入公共領域,從而得以論辯。

第一次真正在中國做研究是1987年秋天,當時為了研究義和團,我在濟南的山東大學度過了卓有成效的幾天,閱讀義和團運動相關的口述歷史資料。那次還去了天津的南開大學,複印了天津、河北義和團的未刊口述歷史

文獻，數量可觀。在濟南時，我有天幾乎跟路遙聊了一整天（圖7.3），路遙是中國研究義和團最重要的學者之一，山東義和團口述歷史調查主要推動者。我之前與他有信件聯繫，寄給他一本《在華方濟各會會志》（*Hierarchia Franciscana in Sinis*，1929），他研究需要，但在中國找不到。我們談話間他坦陳，之前山大歷史系學生做口述歷史調查時受限良多。

離開中國前，我乘火車從濟南到上海，9月中經汪熙安排，在上海社會科學院講座。1987年中國之旅表明，可以與中國學者保持定期、有益交流了。90年代情況愈發改善，1992年，中國社科院美國研究所所長資中筠在費正清中心採訪我，當時她在研究中國知識界與美國中國研究學者之間的互動。她對雙方互建「跨文化橋樑」很感興趣，視自己為「橋樑建築師之一」。幾年後資中筠寄給我她的幾篇文章，請我點評。其中一篇講她對中國民族主義的看法。我回覆長信，分享己見，提到1998年3月將去台北參加學術會議，探討民族主義和中國國家認同問題。當時也打算到訪大陸，於是她邀請我到北京她與丈夫（歐洲史專家陳樂民）家中作客。她還寫道，讀到我的新書《歷史三調》（1997），深感佩服，正在為周錫瑞和我兩本義和團的書起草書評。書評關注兩種美國視角，對比中國對義和團的傳統評價，題為〈老問題新視角〉，1998年發表在著名雜誌《讀書》上。[10]

20世紀最後幾年，美中學者個人交往快速發展，美國中國研究學者也能查閱更多中國資料了。除北京第一歷史

圖7.3 　與路遙在濟南，2011年10月。

檔案館、南京第二歷史檔案館外，我們一般還可以用各地省、縣檔案館資料。中國也開始出版檔案館藏中的大量文件，中國之外也能輕易獲取。公開資料的井噴，當然在我50年代開始治學中國歷史時無法想像，這要歸功於互聯網快速發展這一巨大助力。

　　當然問題依然存在。中國政府當局偶爾出於政治原因，因出版物、公開批評冒犯中央政府而拒絕為外國人、海外華裔發放簽證。外國華裔居民、公民前往中國開展研究，也因政治原因被政府扣留，引發法律權利爭論，這時有發生。[11]中國當局還常常限制學者查閱一些檔案，在中國研究政治敏感話題依然相對困難。但整體來說，幾十年間與學者交流、獲取文獻方面情況改善了。採訪中國近世史重要人物也更加容易，平民層面也是如此，可以了解毛

澤東時代各時間點中國社會各階層的生活狀況。這裡當然路障依舊重重，但總體隨時間推移情況有所改善。下一節會講到，我對義和團的研究也從中受益良多。

歷史書寫的無聲之處

書籍是奇怪之物，奇而又奇的是，讀者打開書籍的方式其實會暴露和隱藏一樣多的信息。[12] 作者的書寫流程尤為遵循這個道理。這些流程反映作者腦海中一系列有意、無意的力量，進進出出，左右作者的決定，作者有時與讀者分享，有時不然。例如，書呈現給讀者的往往是線性敘事：拿起書、翻開，不用從頭讀到尾，但頁碼、篇目也是作者希望讀者遵循的順序。其實出於實際材料情況，書籍**寫作**完全不是線性的。《歷史三調》這本書，我先寫的最後「神話」部分。因為我明確知道自己對神話的定義、希望提出的問題，也因為義和團神話化的資料比較容易找到、整理。第一部分大致從頭到尾講了一連串義和團的事件，是最後寫的。坦率地說，我對第一部分最不感興趣，令我沮喪的是，一位評審也看出了這點。

《歷史三調》書寫的非線性過程讀者是看不到的。他們也多多少少看不到我作為歷史學家，多年不斷求索、掙扎的問題。我在書中幾處提到歷史學家的目標。「歷史學家的目標，」我寫道，「最重要的是理解過去發生的事情，然後向讀者解釋。」我也寫道，歷史學家對過去的描述，「務必盡可能準確、真實」。但是，雖然「求真可能是絕對**目標**」，我也認識到，「歷史學家提出的問題，以及用來整

理歷史數據的理論，都受性別、階層、國籍、種族、事件等因素深刻影響，求真的**行為**因此十分相對」。[13]

一連串影響因素中缺席的明顯有個人因素——作者的個人議程。歷史學家即使自己沒有意識到，也都有個人議程。我寫作《歷史三調》時當然有。這些議程或隱而不露，或點到為止，但無須、也期望不會影響盡可能求真、解史、釋史的最終目標。然而毋庸置疑，這些議程會左右歷史學家的工作。此處我想談談《歷史三調》構思、書寫過程中兩種顧慮的影響。

一種顧慮是我做研究時相對孤立的感受。作為美國做歷史的學者，尤其是做中國歷史研究的學者，我常感到無法融入大眾討論。對醫生、律師、心理學家、小說作家來說，融入大眾討論可能輕而易舉，然而對於很多人來說，我所在學科教學、著述的歷史與他們日常生活沒有緊密聯繫。至少對於大多數美國人，中國歷史尤為神秘遙遠。職業生涯早期這個問題使我深為痛苦，我當時一心想證明自己作為歷史學家的能力，期望得到同輩學人的肯定、尊重。因此傾向於專攻自己擅長的領域，但這樣問題愈發嚴重。隨著自己越來越自信從容，我開始正視孤立問題，一部分是通過提出關注面更廣的問題，另一部分是在寫作、著手研究、構建問題時採取策略，使成品不那麼神秘遙遠，更加平易近人。

《歷史三調》中，我用多種方式解決了這個問題。首先我強調歷史是「日常生活」，即便義和團也是如此。我用了文學、體育、戲劇，甚至《紐約時報》每日新聞說明這一

142

點。我引述1990年末經濟衰退初現時加州新近失業人口恐慌情緒蔓延的例子，凸顯1900年春夏華北農民面對旱災越發焦灼的情緒。為了以更戲劇化的手法説明人們以大相徑庭的方式將過去塑造為神話這一論點，我講述了20世紀90年代初紀念哥倫布登陸北美洲500週年時，美國民眾爆發的情感衝突。[14] 歷史學家的重構工作是簡單收集、再現過去發生的事物，還是很大程度上新的構建？為了説明這個問題，我援引1989年托尼獎（Tony Awards）委員會就音樂劇《傑羅姆·羅賓斯的百老匯》（*Jerome Robbins' Broadway*）的裁決，委員會認為，該劇雖然幾乎所有元素都曾在百老匯上演，但作為完整劇目從未登台，所以應判為「新劇初演」，而非「老戲重演」。[15]

再舉一個例子，我為了闡釋尚未定義的未來決定過去的含義這一點，講了一個任何波士頓紅襪隊、紐約大都會隊棒球迷都難以忘懷的故事：1986年世界大賽總決賽第六場第十球，大都會隊穆基·威爾森（Mookie Wilson）打出滾地球，穿過紅襪隊一壘手比爾·巴克納（Bill Buckner）雙腿，巴克納沒有接住，大都會隊完成致勝一球。當時巴克納或任何人都不會知道，他的失誤是會成為棒球史上無足輕重的邊角料，迅速被球員、球迷遺忘，還是成為他的代名詞，一失足成千古恨？一切取決於決賽第七場，對於巴克納歷史地位來説不幸的是，紅襪隊黯然落敗。[16]

為了縮小研究與想像中更廣大讀者群體之間的距離感，我採取的另一策略是進行跨文化比較。書中幾處應用這一策略。1900年上半年，義和團各地張貼揭貼，説當

時華北旱災肆虐是因為洋人，尤其洋教基督教勢力擴大，神靈震怒，揭貼明示，洋人殺盡，掃平外國勢力，才會下雨疏解旱災。將旱災與人類行為不當掛鉤，建立超自然聯繫，反映了中國幾千年根深蒂固的文化行為、思維模式。義和團例子裡人類行為是外國宗教入侵，威脅本土宗教。對我來說尤為有趣的是，我發現這種規律在許多其他歷史時期、文化，尤其是農耕文化也廣為流傳。

這種規律背後的邏輯，一個經典案例是《希伯來聖經》。上帝對猶太人說，如果猶太人留意祂的誡命，愛耶和華，盡心盡性事奉祂，祂必「按時降秋雨春雨」在猶太人土地上，保證五穀豐登，牲畜口糧充足。但如果他們「心中受迷惑，就偏離正路，去事奉敬拜別神」，祂的怒氣會向猶太人發作，「使天閉塞不下雨」。[17] 其他例子不勝枚舉。1973年，尼日利亞的穆斯林將旱災視為「真主安拉的憤怒向人類發作」。16世紀90年代，伊莉莎白一世統治末年，英格蘭的基督徒認為當時旱災「說明上帝遷怒人類」。[18] 19世紀的博茨瓦納，人們普遍認為一場曠日持久的旱災由基督教入侵導致，尤其是一位著名祈雨法師接受基督教洗禮後，放棄了祈雨活動。[19]

如今學界的共識是，隨著義和團活動1900年在華北鋪開，降神附體成為他們的核心宗教儀式。降神附體指神靈下凡進入一個人體內，人隨之成為神的工具，這種改變意識的宗教經歷，中外人類學記載眾多。通過讀這些紀錄，我更加理解了義和團的降神附體，得以闡明這種儀式對義和團運動的意義、作用。例如，人類學家埃里卡·布

吉尼翁（Erika Bourguignon）分析了全球範圍內降神附體魂遊（trance）儀式，將其分為兩種，一種是西太平洋帕勞等社會，降神附體魂遊儀式主要起公眾服務作用，滿足群體需求。另一種是西印度群島聖文森特島的基督教震顫派，或是中美洲尤卡坦半島的瑪雅人使徒教會，這些群體中魂遊的作用主要是私人的，對於個體來說，「認為這種經歷能『拯救』自己……從中獲得快感和力量」。布吉尼翁認為魂遊的這些理想、典型作用介於個體與公眾之間，處在統一體的兩端，她認為在一些社會，降神附體同時承擔兩種職責。[20] 這當然適用於義和團，拳民認為降神附體後，他們能刀槍不入，戰場有神靈護佑。實際上，19世紀末年，降神附體迅速成為群體、公眾現象，主要因為義和團運動中降神附體滿足了一大批個體的私人需求，這麼說亦不為過。戰場個體自保和國家抽象層面保國相互促進。

1900年春夏，華北民眾如同驚弓之鳥，滋生許多謠言。流傳最廣的是洋人和教民往井中投毒，污染水源。時人說投毒的謠言「幾近無處不在」，平民針對教民的「暴力……多因此而起」。[21] 這裡一個有趣的問題是恐慌的內容，為什麼是大批投毒？尤其為什麼是在公共水源投毒？如果謠言帶有某種含義，大批謠言更能傳遞重要象徵意義，說明社會危機中大眾在擔心什麼，為回答上述兩個問題，可以找到謠言引起的恐慌與當時環境之間的聯繫。在中外許多社會，拐賣小孩長期引發人們恐慌，大眾關心的是小孩的安全，英語「拐賣」kidnap 一詞包含「小孩」（kid），正說明被拐賣的小孩居多。對於戰爭、自然災害、瘟疫等

威脅社會普羅大眾的危機，造謠大批投毒則是象徵意義上最合適不過的回應。

這樣的推斷完全符合事實。在羅馬，人們指責早期基督徒犯下井中投毒等類似罪行；1348年中世紀黑死病流行時期，猶太人也受到同樣指控。1832年巴黎霍亂大爆發，廣為流傳的謠言說麵包、蔬菜、牛奶、水中被人撒入毒粉。第一次世界大戰早期，所有參戰國都指責敵軍間諜大舉往水源投毒。1937年中日戰爭爆發後，新聞報道痛斥漢奸往上海飲用水中投毒。[22] 1923年9月1日關東大地震引發沖天大火，幾小時後謠言四起，說朝鮮人和社會主義分子不僅縱火，還趁機謀劃叛亂，井中投毒。[23] 20世紀60年代末尼日利亞內戰期間，東南部比亞法拉地區也盛傳大規模投毒謠言。[24]

許多案例中，謠言針對外來人或外人的內部奸細，人們指責他們在象徵意義或實質上試圖全盤摧毀謠言流傳的社會。義和團運動時期中國的形勢與此別無二致。謠言不僅把1900年初的大旱，還把投毒華北水源歸罪於洋人、教民，把外人描繪成象徵意義上剝奪中國人生命之源的罪魁禍首。大規模井中投毒的謠言，直接映射了當時百姓心頭普遍對死亡的恐懼。

為了讓內容更加平易近人，我在《歷史三調》中採取的第三個策略，人類學家保羅・拉比諾（Paul Rabinow）稱之為「人類學視角解構西方」（anthropologization of the West）。[25] 如此解構的最終目標是以最關注人類的方式，實現西方探索家和西方之外被探索對象之間平等的地位。拉比諾呼

籲，要達到這一點，人類學家需要表明西方自身對現實的理解，就植根於自身文化，充滿異域風情。我完全贊同拉比諾提出的目標，但在《歷史三調》中我將其調轉方向，強調理解義和團沒有什麼異域視角，義和團甚至普遍存在於人類之間。描畫義和團經歷多個層面時，我特地盡可能消除他們的特別之處，一部分是通過審視1900年華北非同尋常的情感環境，當時中外所有階層都神經高度緊張，憤怒、恐懼、焦慮情緒高漲；另一部分是我著力提出，義和團的回應方式跟歐美等其他文化人群面臨相似困境時，大體並無二致。

前文已經講到，世界各地都有人把旱災視為超自然的產物。可以想見，持這種觀點的人都會祈禱，舉行祈雨儀式，以求神靈息怒。我們會下意識地把這種反應跟「落後」社會、教育程度低的人群聯繫起來，比説在現代世俗美國，就不會想到碰到這種事情。美國大眾普遍相信解釋物質世界的科學理論，科技水平高超。令人驚訝的是，1988年夏天美國中西部遭遇嚴重旱災，當時競選民主黨總統提名的傑西·傑克遜（Jesse Jackson），竟在愛荷華州玉米地裡祈雨；一位俄亥俄州的花農，用飛機從達科塔州印地安人蘇族部落接來一位醫師，舉行祈雨儀式，上千人觀看。[26]

另外一個例子是法術，和法術不靈時不同文化人們的反應。無論是當時的親歷者還是後世學者，寫過義和團的中外人士一致嘲笑義和團自吹自擂的法術，尤其是拳民對外國子彈刀槍不入這點。《歷史三調》中我就此做了幾點分析。一是，拳民的對頭教民在教法護體方面觀點其實與

拳民大致類似，這點有鐵證：1899年12月至1900年7月之間，義和團數次攻打直隸省（今天的河北、北京、天津）東南部，生還的中國天主教教民認為聖母瑪利亞在教堂上方顯靈，保佑了他們。火災發生（見圖7.4）後，逃生的外國新教、天主教傳教士，往往把風向的變化歸功於上帝的力量。[27]

圖7.4　拳民火燒教堂。來源：《拳匪紀略》（上海：上陽書局，1903）。

二是，任何批評義和團法術信仰的人都抱有實證驗效的想法，一般都會得出法術無用的結論。我認為這種想法謬以千里。中世紀天主教徒的儀式沒有帶來奇蹟，可人們依然舉行如故。1900年新教徒祈禱活命沒有靈驗，活下來的教徒基督信仰反而更加堅定。禱告、祈雨等儀式有時「奏效」，有時無效，但旱災一旦經久不散，祈雨法師必然愈受歡迎，這條規律世界各地顛撲不破。所有人都用實證效果檢驗別人教法的靈驗程度，從而說明他人信仰是謬誤，但即使自視文化發達國家的民眾依然信仰如故。目光冷靜、頭腦清醒的心理學家研究迷信時會說，這些人一直「錯誤地在某種行為和某個結果之間建立因果關係」。[28] 為什麼呢？

　　這個問題非常棘手，不同宗教有不同答案。一種答案直接挑戰了上述質疑的根本前提 —— 教法儀式一定要馬上明顯見效。人類學家瑪麗·道格拉斯（Mary Douglas）研究南蘇丹遊牧民族丁卡人時指出，「丁卡人當然希望儀式能遏止自然現象，當然希望祈雨儀式能帶來雨，巫醫儀式能擊退死亡，豐年祭拜能讓五穀豐登。但這些象徵行為並不是只有有用這一種效力，還有其他效力，例如行為本身就是一種效力，行為帶來信念，造就經歷。」她補充道：「原始法術遠非毫無意義，而是給予了存在意義。」[29]

　　這個問題上19、20世紀之交基督教傳教士有不同看法。對於基督徒來說，禱告可能確實給予存在主觀意義，但事物的內部邏輯客觀來說只有上帝知道。只有上帝能「帶來**最大**的善」，人們可以肯定的是，無論發生什麼，這些事務最終一定會對上帝的王國有益。但人類生活每天的

運作中，祂的計劃往往人們無法理解，因為基督徒要做的就是即使禱告無效，也要絕對信任上帝的計劃。[30]

義和團對儀式失靈的解釋更與上述兩種不同，但依然不影響儀式背後的信仰體系。有時儀式沒有奏效，拳民說是心不誠、性靈不純、道行不深。更多時候義和團指向外界因素污穢了法術，最主要是女性，尤其是女性不潔的影響，反作用消弭了法術的效力。[31]

丁卡人、基督徒、義和團處理儀式效力問題的方式各有不同，但緊密聯繫他們以及所有宗教教眾的共性有一點：面對凶險混沌的未來時，宗教法術的首要目的是給予保護和安全感。他們希望通過儀式對未來獲得一定的掌控，我在《歷史三調》中稱之為無法預知結果（outcome-blindness），這是人類經歷的特點之一。

上述三種策略是為了縮小《歷史三調》內容與讀者之間的距離，自然也有風險。為了把義和團塑造成有血有肉的人類，說明他們的儀式、信仰、情感、對世界做出的反應跟其他地點、時間的人們並無差別，我其實冒著沒有足夠重視義和團特性的風險。另一重風險是我行文間充斥了自己正好讀過的文學作品，自己所在時間、空間發生的事件，棒球等個人愛好，這樣內容可能過於個性化，讀者反而不易接受。一位評審坦言自己「更了解義和團，不了解棒球」，覺得我不時提起棒球史顯得「突兀」。2000年《歷史三調》中文譯版問世，[32]中國讀者不熟悉我的事例及做的比較，對他們來說這些有多突兀呢？如何回答這個問題，我一無所知，只能說風險是存在的。人都會盡其所能不讓自

150

己的觀點受到攻擊，措辭盡量臻於清晰可信，使內容趣味橫生，但最終實現歷史書寫的一些目標一定會有風險，如果這些目標對於我們個人來說很重要，則一定要做好承擔風險的準備。

前面我探討的第一種顧慮主要是社會、心理，是我作為歷史學家與所處社會以及讀者所處社會之間的關係。第二種顧慮本質上是認識論的，與歷史真相的模糊本質有關。這種顧慮瀰漫在《歷史三調》書中。其實，整本書都在探索歷史知識的認識論，人們如何知曉自認為知曉的過去。這裡我想簡要談談這種顧慮在我腦海的演進過程，以及我在書寫《歷史三調》作為經歷的過去這部分時遇到的困難，經歷部分佔全書最長篇幅。

我對過去的理解曾經相對簡單、實證，現在更加複雜，這種演變從我本科對科學的新認識上有跡可循。剛上大學時，我以為科學知識集合了物質世界的事實，科學家的工作是匯聚這些事實。我一點都不知道理論在科學理解上的作用，也不知道科學知識不僅在單純累積，還在本質上不斷移變。剛了解理論的作用、科學知識移變這些觀點時，說實話我深感不安。曾以為牢不可破、少有變化的東西，突然變得難以信任、易攻難守。我被推進的科學新世界裡，難以找到支點和牽引力。

數年後，我在歷史研究中發現自己不得不直面類似問題。前一章講到，剛開始研究歷史時我以為，過去在某種意義上是一堆固定的事實材料，歷史學家要做的是找到、闡明這些材料。事過境遷，我對這個過程及其中問題的

151

想法不再稚嫩，我認識到歷史學家的重構，總與其他兩種「認知」過去的方式存在矛盾——經歷與神話。二者對人們生活有深刻影響。

就此我只講重構和經歷之間的矛盾。我認為影響歷史學家的有兩種絕對因素。一是現在能找到的經歷的過去其實非常少；二是「探索者的文化」，即歷史學家生活的世界，及這個世界如何塑造、重塑了那非常少的部分。這些問題不可避免導致實際經歷的過去和歷史重構的過去之間發生矛盾。這種矛盾會影響歷史真相問題，此乃《在中國發現歷史》重要主題之一。《在中國發現歷史》更關注的是歷史學家的主觀動機，即歷史學家腦海中的觀點如何成為研究問題的基礎，以及這些問題納入寬廣的理論路徑後，如何塑造了我們書寫的歷史。

《歷史三調》中這種矛盾愈發佔據中心地位，但我解決問題的框架與其截然相反。1985年寫第一份基金申請時，我已經知道自己要用義和團運動來探索事件、經歷、神話三重認識過去的方式。但如何著手我一無所知。神話部分怎麼寫我非常清楚，也知道該怎樣梳理歷史學家對過去一連串相關事件的重構。經歷部分則令人頭疼。經歷部分緒論中，我概述了經歷過去的幾條主要特點：經歷來源於感官感受；包含全方位情感；融入已然遺忘和未曾遺忘的遭遇；無法預知結果或不確定性；與文化、社會、空間緊密關聯；本質複雜、動機紛繁。我也區分了傳記意識和歷史意識，傳記意識是個體親歷者、歷史主體的意識，歷史意識是歷史學家的意識。

原先計劃是緒論後每章分別分析經歷過去的一個特點。比如一章講無法預知結果，收集個體經歷不確定性的事例，即人們不知道未來去向何處、結果如何，及這種不確定性對我們意識的巨大影響。這種設計我其實不太喜歡，太過思辨、抽象，用來講述人類的真實經歷，顯得乾枯無力。如果研究對象是文化大革命中的紅衛兵，或是第一次世界大戰戰壕裡的英國士兵，我肯定知道怎樣設計，因為這些親歷者留下了日記、回憶錄、信件、詩文等一手敘述，歷史學家可以直接了解他們最私人的經歷。不幸的是，義和團事件完全沒有這樣的資料，中國所有的直接參與方幾乎都不識字。外國親歷者材料豐富，我熱切想要使用。但我主要關注的是中方、義和團拳民和1900年親歷事件的其他中國人，所以外國文獻不是主要來源。

　　讀者如果面臨過嚴重寫不下去的情況，一定能馬上體會我當時多麼如臨深淵。面前的問題越如登天一般，我越欽羨同事、朋友出版過的每一本書，每一次做成一件事的完結感。我當時整個人都不好了。然後一年夏天，我開始翻閱中國親歷義和團事件精英人士的數十本年譜、日記，越讀越興奮，一本又一本史料提供了最詳實、有趣的細節，講述1900年初旱災的影響，義和團的宗教、婦女穢物敗法，華北滿天飛的謠言，無處不在的暴力、死亡恐怖景象，我當即意識到，自己挖的坑可以用這些資料填補。我不再圍繞經歷過去的一般特性來組織《歷史三調》這一部分，而是關注義和團那年夏天的旱災、謠言、死亡，中外親歷者的宗教信仰、儀式，以具體、有形的經歷為中心。

這種方式也有風險。我如今打算使用的史料，多來自當時外國、中國精英階層的敘述，他們公開對義和團抱有敵意。那麼從這些材料，尤其是關於義和團信仰、儀式的材料中多大程度上能獲得不失準確、未經歪曲的信息呢？我能調整其中的偏見嗎？可以從充斥鄙夷、嘲笑的行文中，求取一些可靠的真相嗎？我自我感覺還可以，文獻中一些中文年譜行文極為謹慎，中外雙方資料互相獨立，但中文資料許多細節外國文獻可以佐證。然而我依然心存忐忑，如果有類似證據的話，我會更加釋然。

證據出現在研究時間線上稍晚的節點，我讀到20世紀50、60年代對原義和團拳民口述歷史採訪轉寫材料。雖然這些證言由持共產主義意識形態的歷史學家提取，信息完全與這種思維方式一致，如總是繪聲繪色地描述外國傳教士、中國基督教教民暴行，價值可能存疑，但證言中講義和團教法的部分與共產主義價值觀完全相左，這部分應該更加可信。比如，一位天津地區的老拳民，1900年初夏曾是義和團首領劉呈祥（人稱劉十九）麾下快槍隊隊長，他說上戰場前劉十九向大家喊話：「打仗要往前頂，到了戰場，神一附體就上天了，鬼子是打不著的。」[33] 據説，天津義和團首領之一曹福田（見圖7.5）帶領拳民向天津火車站進發攻打俄軍時說：「凡是空手沒有武器的，每人令拿一根秫秸，繼續前進，到前線就會變成真槍。」[34] 諸如此類的例子，對我來說印證了雖然中國精英階層、外國人記述義和團時有誇大歪曲的印象，但如果仔細使用，基本故事還是適度可信的。

圖7.5　天津之戰義和團首領曹福田。來源：《京津拳匪紀略》(香港：香港書局，1901)。

　　如何分解手中的義和團史料，闡明過去經歷的一般特性，當然不是《歷史三調》這部分我面臨的所有問題。還有一個大問題是史學界廣為探討的，即歷史學家帶有歷史學家的意識，書寫任何過去經歷時扭曲是不是必然，也就是說，過去的經歷甚至是否可知。書中多處直面了這個問題。我這裡不再贅述，只是直言，我堅信純粹實證主義者認為的可知過去，和極端後現代主義者認為的不可知過去之間存在中間地帶。這個中間地帶允許真實、一定程度上存在可知的過去，也能敏銳感知重構過去的問題所在。這個中間地帶是我自己最游刃有餘的地方。

我再提出一個問題，是歷史重構的「無聲之處」。無聲之處中，一些是歷史學家沒有明言的顧慮、議程。另外一些是研究中必然的心路迂迴，嘗試、放棄的路徑，最終成品卻看不到它們。一般來說，第二種「無聲之處」是歷史學家工作步驟的一部分，不會放在枱面讓讀者看到。作者要和讀者分享書寫過程更雜亂、痛苦的步驟，就像木匠堅持要展示成品前的所有廢品，畢竟只是個手藝問題。我覺得分享這種信息有時有益，但大多數時候只會干擾讀者。

　　第一種「無聲之處」則是實實在在的，不能等閒視之。如果所有影響、塑造我們研究的個人顧慮都是良性的話，這種「無聲之處」不成問題。但問題是，這些顧慮不總是良性的。這時研究的透明度可能會打折扣，透明度指我們認為的研究對象和他人認為我們研究的對象之間的一致程度。因此最大程度披露自己的無聲議程明顯值得提倡。但問題是行勝於言，有時歷史學家明知道自己的顧慮，卻不願明言，有時甚至自己都意識不到。無論如何，這些顧慮對研究影響的性質、本質如何，我們不一定是最好的裁判。所以最終同輩學人和讀者最能盡力找出研究中蘊含的無聲之處，評估其影響。無論我們是否喜歡，每本歷史研究著作，都成為讀者和作者為此書多重含義角力的舞台。我想用一句略含諷刺意味的話結尾。這種角力最匪夷所思的是，角力雙方的對手往往不是另一方：研究出版之後，作者一般就失去了決定研究含義的能力，之後往往讀者才是決定研究真正含義的人。

《歷史三調》的命運

雖然書寫《歷史三調》時冒的風險最終在出版前引發一些爭議，下文就這點有詳談，但結果是這本書大獲全勝。大體反響非常積極，我甚為滿意。確實，《歷史三調》是我最引以為豪的著作。1997年，這本書榮獲兩項大獎：美國歷史學會費正清東亞歷史學獎和新英格蘭歷史學會最佳圖書獎。著名圖書俱樂部歷史讀書會（History Book Club）選中它為寄給會員的第二選擇。截至2017年底，《歷史三調》售出近11,000本，銷量甚佳，評價也相當正面。一位評審將其與史景遷（Jonathan Spence）的名著《太平天國》（*God's Chinese Son*）相提並論，說二者是「有史以來中國現代史最大膽的著作」。[35] 能與《太平天國》相提並論對我來說有兩重特殊含義。一是我非常喜歡《太平天國》，讀畢寫了一封便條給史景遷，告訴他自己的心情。二是史景遷的中國歷史研究範圍之廣、才學之敏、著述之多，美國史學家中獨一無二，可能除了費正清，他是一般讀者最為熟知的美國中國史學家。

　　《歷史三調》主題是更寬廣的歷史本身，因此吸引了許多中國研究之外歷史學家的注意。其中一位是澳大利亞歷史學家格雷格・丹寧（Greg Dening），他評論道：「（作者）希望找尋歷史學家穿越不同領域的路徑。他諄諄告誡，歷史學家可以也應是通曉多種語言的人，做亞洲研究的要熟悉中世紀史的語言，美國研究的了解歐洲研究。書中事例豐富，說明任何歷史學家理解、闡釋過去時不應受到時間、文化限制。」[36] 1999年春季學期，著名美國研究學者邁

克爾·卡門（Michael Kammen）在康奈爾大學的研究生美國歷史課上，指定《歷史三調》為必讀書目。之前我與他素未謀面，他為人周到，在課程大綱上手寫了一張便條寄給我，說：「你的書我**非常**欽佩，激起了課堂熱烈討論。我兒子在新西蘭基督城教中國政治，也特別喜歡你的書，正把它作為榮譽課程必讀書目。祝好，MK。」

《歷史三調》在中國也頗具影響力。2000年，江蘇人民出版社發行了第一版中文譯本。即便翻譯有一定差池，[37] 也膾炙人口，引人注目。中文期刊廣有書評，無數大學指定為歷史系必讀書目。復旦大學一位博士生告訴我，課上老師讓學生自選歷史事件，應用《歷史三調》的三重結構進行分析，作為期末論文。譯本大受歡迎，2005年出版社推出第二版，但翻譯問題依然沒有解決。因此2014年，中國社科院社會科學文獻出版社重新發行了中譯修訂版，我作了再版序言，著名中國思想史學家雷頤著有前言。[38]

《歷史三調》出版幕後故事

《歷史三調》的幕後故事、出版前傳與《在中國發現歷史》截然不同（見本書第四章）。《在中國發現歷史》初版1984年問世，其成功令人驚喜，說明我不再只是名下兩本專著的青年史家，而是頗負盛名了。具體而言，我證明了自己能超越學術專著標準，寫出受眾更廣、讀者面更大的著作。甫一開始，出版《在中國發現歷史》的哥倫比亞大學出版社就對《歷史三調》很感興趣。但加州大學出版社也很感興趣，一部分原因是他們出版了周錫瑞屢獲大獎的《義和團運動

的起源》(*The Origins of the Boxer Uprising*，1987)，我在《歷史三調》也對此書深為推許，另一部分原因是我和加州大學出版社主編希拉‧萊文(Sheila Levine)是好友。因此書稿完成前幾個月內，我與希拉和哥大出版社編輯處的凱特‧威滕伯格(Kate Wittenberg)定期聯繫，雙方都知道我會同時把此書交給兩家出版社。書稿自然還要經歷例行評審，但我不像《在中國發現歷史》時那樣處於干謁求人的位置。

1995年8月底，我將《歷史三調》手稿同時寄給哥大和加州大學出版社。當時有些坐立不安，這本書花了近十年時間，整本書稿還沒有人讀過，結構特別，我不確定反響會如何。兩週後，我收到凱特的信，她的評價說實話我又驚又喜：「這是我讀過最優秀的學術著作之一，無論內容還是結構上，獨創性、價值令人驚艷。行文極為優美，這些年我讀過的任何書中，您的研究、論證最有力。一言以蔽之，能與您一起出版這本我認為將成為史學界最重要的著作之一，是我的莫大榮幸。」

9月17日，我很快寫了一封便條給凱特，感謝她的熱情回應，她知道我期望這本書「雖然用中國歷史的語言表達，但能激起更多聰穎、有文化、好奇心強的讀者興趣」，願意「勇敢走進中國世界」，以深入對歷史的理解。我告訴凱特，她的回應於我意義非凡，我原本的期許就是她能完美代表更廣的受眾。

159　　哥大出版社請了三位評審，其中一位是我40年前在哈佛的博士同學易社強，第二位不知身份，第三位是曾小萍。易社強在評審報告中寫道：

他的首要目的是擴展視野，說明歷史書寫三重方式的本質、正當之處。義和團是這項事業的輔助工具。同時，他的研究也開闊了對義和團運動的理解。柯文的天才之處是他同時完成了兩種任務，論述散文與哲學沉思交織，成就了一本藝術之作……既然這是一本多維度的著作……讀者不僅限於漢學家。可用作本科高年級、碩博現代中國課程系列主題專著書目之一，也一樣可以用作歷史學、歷史哲學課程指定書目。

哥大其他兩位評審報告也是正面的。寄給外審的書稿長達798頁，出版社希望評審給出刪減意見，三位的建議均大有裨益，凱特的意見也很有幫助。我原本知道書稿太長，樂於接受挑戰刪減字數。

10月底我接到希拉·萊文電話，11月1日收到加州大學出版社接收函，內含兩項條件：西方對義和團神話化的章節增加篇幅，中國對義和團的神話化無需修改，以及大幅減少字數。希拉信中表示非常希望出版此書。她當時已經拿到兩位外審報告，一封是華志堅的，強烈推薦出版。她說加州大學出版社社長吉姆·克拉克（Jim Clark）等人也「對（此書）評價正面」。然而第二封評審意見極為負面，認為此書的三重結構「根基非常不牢、隨意，水平低下」，結論中對歷史、歷史寫作的論點「顯而易見，無甚了了」。這位評審認為我對義和團的看法「浮皮潦草，沒有新知」。由於兩位外審評價不一，出版社要求編輯委員會一位成員審閱書稿。此人的評價大致強化了第二位外審的負面意見，認為書中對歷史的思索「浮於表面、老套，行文語調似拉

家常，更顯內容膚淺」，徵引的文獻資料大多「自吹自擂，無法佐證觀點」。[39]

就第二位外審和評審委員會成員的批評，我寫了一封詳實的回應，寄給希拉。然而最終整體而言，加州大學出版社對書稿反應冷淡，如果真如其所言，很想出版此書，這種反響是自欺欺人。出版社成功接收之後，還需要無數工作，才能把書稿變成暢銷書。除了外審意見、凱特‧威滕伯格的熱情讚揚之外，哥大出版社氛圍友善，使人樂於融入。加州大學出版社雖然早早接收，卻沒有提供這樣的環境。最後為我一錘定音的是，我南下紐約，與凱特、市場發行部的兩位工作人員深談了兩個小時，他們為我細緻講述如果同意簽約，哥大出版社打算如何開展工作。他們承諾把此書作為商品，而不是文本、書籍，會不遺餘力不僅在學界推廣，而且在象牙塔外推廣。他們也把此書主要定位為「一般性」著作，而不是「中國研究」著作。我本意即為如此。雖然之前這點其實我完全沒有想到，但哥大還支付了一大筆定金，承諾一年內發行紙質版，書套設計由我全盤掌控，可以自由使用大英圖書館所有、一張亮眼的1900年全彩愛國木板雕刻畫（見本書，圖6.1），並得到書面保證，精裝版定價不超過35美元。

12月我與哥大出版社簽約，1996年2月初收到凱特的信，說讀完了修改稿，覺得「完美」：「您修訂後，如今整本書稿更緊實、乾脆、明晰，您做得真好。」

161　　出版社（或更準確地說，出版社工作人員）對書稿採取某種評價有一千零一種理由，一些作者可能永遠不會知

曉。所以我要提到的是2009年，加州大學出版社對《歷史三調》做出迷惑反應僅十幾年後，我的下一本書《與歷史對話：二十世紀中國對越王勾踐的敘述》[40] 出版方正是加州大學出版社，他們工作做得非常好。當然《與歷史對話》也有前傳，下一章講前傳和其他幾個故事。

走向第八章前我想短暫停留，就出版《在中國發現歷史》(見第四章)、獲得加州大學出版社無條件支持《歷史三調》時自己遭遇的艱難險阻再多說幾句。兩件事中我最困擾的是，這兩本可能是我最有名的著作，然而每一本評審過程中都碰上了大力支持和大力貶低兩極意見。貶低與建設性批評不同。對我來說，這說明學術書稿評審的標準流程大有問題，這種問題說實話令人非常不安。年輕學者即將把第一本書稿交給出版社的話，我這裡要分享自己的教訓。為了鼓勵後輩，我一般分享自己的經歷，尤其是《在中國發現歷史》，以防他們以為出版社拒絕、冷遇，一定是因為自己稿子質量不夠，仍須加強。當然這樣想也有合理之處，有時也事實如此。出書是年輕學者人生的艱難時刻，我要告誡的是，最關鍵的是要捫心自問，對自己盡可能誠實，自己覺得寫出的東西是否真有價值，自己是否深深相信自己。如果答案是肯定的，那麼無從選擇，必須堅持到底，不要喪失希望，謹記出版社也是人開的，決定也是人做的，做決定時很可能千奇百怪、令人費解。

第八章

從義和團到越王勾踐：意料之外

1997年《歷史三調》出版後，我非常希望深挖一個在中國
與義和團現象一脈相承的主題：國恥。這方面我最初的探
索寫在一篇會議論文裡，1998年6月在德國埃森一次學術
會議上宣讀。會議主題為「大眾身份、危機經歷與集體創
傷」。會議是系列三場會議的第一場，總主題為「新比較視
野下的中國歷史學和歷史文化」。

眾多國恥日

論文題目為〈恥辱過去的人質：20世紀中國的眾多國恥
日〉，主標題後來改為〈紀念恥辱過去〉，會議論文沒有出
版，所以改動意義不大。[1]這個主題我第一次碰到是多年
前，讀到麻省理工學院著名政治學家白魯恂（Lucian Pye）
的著作，他注意到國民黨政府為了激發愛國情感，搞了國
恥日這種有意思的儀式。白魯恂尤其提出，20世紀中國政
治領袖，包括後來共產黨，「還沒有像大多數轉型社會一

樣，自發利用個人魅力、英雄史詩煽動民族主義。而是主要依靠細緻描繪中國實際、想像中受辱的方式。」[2]

當時讀白魯恂時我不記得自己特別注意過這一點。其實很多年後研究20世紀中國對義和團運動的記憶方式時，我才開始熟悉「國恥」方面浩如煙海的資料。一脈相承的線索是1900年義和團戰事外國列強大勝，強迫中國簽訂極為苛刻的《辛丑條約》。1924年國民黨改組後與中國共產黨親密結盟，處於軍事反帝國主義階段，規定1901年《辛丑條約》簽署日9月7日為「國恥日」。接下來幾年，中共創辦的《嚮導》週報每年9月推出特別刊，紀念「九七國恥」。20世紀30年代，國民黨清除黨內共產黨員已過去多年，依然繼續認定《辛丑條約》簽署日為「國恥紀念日」，地位僅次於「國恥日」。[3]

國恥日還有很多（圖8.1）。國民黨推廣國恥日事無巨細，發佈了學校、工廠、辦公場所、軍營、黨支部等組織紀念國恥日的具體操作文件。[4] 1931年有新書印發了國民政府的表格，內含26個國恥紀念日，詳細記錄了日期、原由、對中國造成的影響、相關外國列強。[5] 30、40年代，中國受日本欺辱，新添國恥，國恥日數量大幅增長。不同人政治傾向、意識形態站隊不同，心目中國恥日數量也不同。因此，1995年中共出版的清單上有一百個（！）國恥紀念日，包含國民黨作家不會認定為國恥日的20年代勞工運動、40年代末內戰等事件。[6]

圖8.1 楊嘉昌,〈五月的忙人〉。至20世紀20年代,5月國恥日最多。國恥日國民黨一般加強警戒。來源:《申報》,1922年5月9日。

20世紀中國絕不僅有國恥日等國家紀念日,還有辛亥革命週年等節慶及孫中山逝世等國家悼念日,[7]不一而足。然而幾乎整個民國時期,國恥日是國家記憶主要形式之一,是浩如煙海的國恥文學或明或暗的主題。[8]90年代,國恥著作復興,聚焦1989年六四天安門鎮壓、1989–1991年蘇聯解體後的愛國教育,積極一些的有1997年中國對香港恢復主權,中國媒體廣泛稱之為「雪恥」。

20世紀,尤其是1949年以前,國恥著作的影響可以從多個角度衡量。第一,前文已提到這些著作不計其數。

第二，許多國恥著作多次重印，說明受眾廣泛。[9]第三，這些出版物總有官方某種蓋章肯定，如省教育廳官員作序，[10]書封有「教育部審定」字樣等等。[11]第四，國恥主題納入教科書[12]並融入大眾、通俗教育材料。呂思勉的《國恥小史》(1917)由中華書局作為「通俗教育」系列的一部分出版，多次重印。中華平民教育促進總會1927年編製的《市民千字課》，經國民黨教育部審定，中有一課題為「國恥」。[13]1922年，中華基督教青年會全國協會的《平民千字課》中也有一課叫「國恥日」。[14]

國恥著作主題不一。一些泛泛而談，一些則一般從鴉片戰爭講起，細數截至作品出版前中國在帝國主義手中的悲慘遭遇。中共的國恥著作一般從鴉片戰爭講到40年代末。其他更加詳細，我自己分析過的一本講不平等條約體系的演變，[15]一本分析鴉片戰爭的因果，[16]還有一本講清末民初的日本侵略。[17]我還看到兩本，一本著眼於1915年的「二十一條」，「二十一條」簽署日5月9日——有時加上5月7日——是第一個，也是一段時期內唯一的國恥日。另一本講1931年9月18日奉天事變(又稱柳條湖事件)。[18]

國恥著作中，受外部環境轉變、統治者意識形態取向、大眾心態的影響，中國悲慘遭遇的罪魁禍首也發生歷時變化。民國時期，至少截至30年代初，外國帝國主義在中國社會存在愈加普遍、影響力日增，作者明顯將責任推給中華民族的無能。例如梁心在頻繁重印的《國恥史要》中，明確把鴉片戰爭以來中國屢遭恥辱歸咎於國民性中缺少愛國情感。《國恥史要》1931年出版自序中，梁心寫道：

試執途人而問之曰汝有國家觀念乎？汝有民族思想乎？吾恐瞠目結舌莫知所從對者固十而九也。嗚呼！所謂亡國之民也，其如是夫穴空風至，物腐蟲生，八十年來，國將不國；論之者斯當為荏弱政府膺其咎，而不知政府由人民產出，政府之不良乃先由人民之不良使然也……則欲一洒從前之恥，苟不先將惡劣之國民性行其根本革命。[19]

20、30年代，這種自責的精神有時伴隨著圖片，常見的是春秋戰國末年越王勾踐（前496–前465年在位）的形象。越國大敗於敵國吳國，勾踐因此床前懸掛苦膽，飲食必先嘗膽，以不忘所受恥辱，不消磨雪恨的鬥志。[20]（越王勾踐故事及對20世紀中國的影響，詳見本書第九章。）《市民千字課》「國恥」一課有兩幅插圖，一是困頓萎靡的勾踐半臥柴草，凝視頭上的苦膽；二是一位中國人坐於中國地圖之上，上半身被剝光，腳踝被綁，雙手縛於身後柱上。[21]《國恥痛史》講清末民初中日關係，封面是一位淚流滿面的中國男士，斧子把他的頭劈成兩半，刀片上寫著五月九日 —— 中國接受「二十一條」要求的日子（圖8.2）。[22]

20、30年代這些講述國恥的圖片材料、著作的特點是，一般都將中國描繪成屈服、無能、無助的形象，而不是掙扎、英勇抵抗的姿態。中共統治階段的國恥著作與此截然不同。一是這些著作中國恥沒有延續到當下，而只存在於過去。1949年內戰中共獲勝，國恥猝然結束。因此，這些著作強調的不是中國現狀的原因或出路，而是「勿忘」中國歷史帝國主義侵略階段經受的悲慘恥辱。[23]

圖8.2　國恥之痛。圖像來自佚名著《國恥痛史》。斧面寫著「五月九日」，即中國接受「二十一條」的日期。來源：《國恥痛史》(1920?)。

　　1949年後國恥著作的另一特點是包含宏大敘事。1949年前後，這些著作都大力分析帝國主義侵略的細節。1949年後更關注的不是中國大眾招致侵略的劣根性，而是中國人民的英勇抗爭。「中國近代史，」梁義群寫道，「既是一部蒙受恥辱的歷史，又是一部抗爭、雪恥的歷史。」1949年前，

近代中國人民的反帝鬥爭未能取得實質性的勝利，沒能改變半封建半殖民地的地位，因而也就沒有達到雪洗國恥的目的。只有在中國共產黨領導全國人民推翻了壓在中國人民頭上的三座大山（作者註：即帝國主義、封建主義、官僚資本主義），建立起中華人民共和國之後，偉大的中華民族才重獲新生，從而永遠結束了任人宰割、受盡欺凌屈辱的歷史，百年國恥才得以徹底雪洗。[24]

民國和中共時期國恥著作的區別十分關鍵，但即使在中共時期，尤其是90年代，為挑起大眾的民族主義熱情，不是通過強調中國偉大、光輝的歷史，中國豐富的民間文化，甚至不是80、90年中國經濟的突飛猛進，而是強調鴉片戰爭以來的世紀中國在帝國主義手中慘遭恥辱、壓迫的經歷。[25]我在埃森那篇會議論文中，對這個話題的探索尚顯粗淺，對這個謎題並沒有給出令人信服的解釋。結論只是指出希望未來繼續探究國恥現象的一些方面。其中一個方面是勾踐敘事中最重要的對遺忘的恐懼，這一主題在中國20世紀歷史中不斷湧現，最終成為我在2002年發表一篇文章的主題。[26]

20世紀中國的國恥記憶與遺忘

20世紀中國對國恥的敏感眾所週知，是國家記憶的主要形式之一。少有人知的是，許多知識分子認為中國慣於對國恥漠不關心，他們因此常感憂慮。不同時期憂慮形式不同。清末，多聞於耳的是中國人跟其他民族相比對國恥有些無動於衷（圖8.3）。擔憂受辱經歷的記憶沒有時時警醒

復仇，反而會逐漸遺忘，這是春秋戰國越王勾踐為不忘恥辱，採取極端行為這一故事的核心思想。然後民國時期，許多評論人士眼中問題從無動於衷變成了拋諸腦後。他們說中國人歷經多次國恥，短時間憤怒爆發，之後很快忘記了國恥的根源，退回漠不關心的初始階段。社會定期舉行週年儀式，約定俗成的記憶印記廣為流傳，但民國時期愛國知識分子頻繁發聲，擔憂中國人遺忘週年紀念背後的慘痛歷史，他們認為這是中國人的本性。「民族主義，」杜贊奇認為，「需要不斷灌輸，力量強大，但表徵卻植根於關係、語境之中。」杜贊奇為説明這一點，戲稱1999年5月美國轟炸貝爾格萊德中國大使館後中國人的反應可以總結為：「第一天，吃麥當勞；第二天，扔石頭砸麥當勞；第三天，吃麥當勞。」[27]

20世紀最後十年，銘記國恥又披上另一層外衣。對大多數中國人來説，歷史上的恥辱不再是直接、個人的經歷。中國共產黨執政的合法性重要來源是40年代參與打敗帝國主義，終結了「百年國恥」。90年代民族主義重新抬頭，共產主義信仰減弱，愛國主義教育的特點變成在年輕人腦海中灌輸歷史上帝國主義導致中國人受苦、受辱這一敘事，耳提面命「勿忘」。確實，這十年「勿忘」是國恥著作中循環往復的主題。

怎樣理解一方面癡迷國恥，另一方面不斷擔憂國恥沒有得到嚴肅對待，恐將從國民意識消失這兩方面的矛盾呢？國恥的感受若如此強大，為何會很快銷聲匿跡，並被人遺忘呢？

圖8.3 1900年7月，洋兵破天津，「無恥」的中國人「貪生怕死」，拿「順民」旗迎接洋人。洋人最嫌順民，「登時殺了」。《安徽俗話報》，甲辰十月初一（1904年11月7日），第15期。

　　這個問題沒有簡單現成的答案。前文講到的晚清、民國、中共三個時期截然不同，在複雜的中國，每個時期裡每個群體、個體都大有差異。解答這一問題必須考慮這些差異。因此，區分每個時期政權和社會的作用可能有所裨益。清末，國恥問題首先出現在公眾討論，政權相對沉默旁觀。雖然許多學者已經表明，1900年後清朝中央政府外交政策愈發受民族主義影響，明確指向保護、恢復中國主權，[28] 但在20世紀前十年，革命此起彼伏，民族主義被定義為推翻滿族統治，其他形式的民族主義也大舉湧現，均與大眾要求獲得權利、政治權力分攤相關，[29] 清廷無意豢養

中國民族主義情緒。也就是說，民族主義外交政策與大眾民族主義之間有重要分別，前者政權有少許掌控，後者很容易失控，結果反擊朝廷。19世紀末、20世紀初，國恥問題可能直接滋生大眾民族主義，因此幾乎只存在於社會層面，由少數但數量快速增長的中國知識分子提出。

在中國接受「二十一條」要求的二十多年後，國恥問題情況愈加複雜。起初此事引發各個地區，至少中心城市各個社會階級極大憤怒。至1915年夏，日本提出「二十一條」僅幾個月後，社會各層面政治熱情明顯衰退，觀察家開始直言憂心中國人「『忘卻』這一件祖傳的寶貝」——借用著名作家魯迅的名言。[30] 之後「二十一條」的記憶被沖淡，弔詭的是，沖淡它的正是為保持這份紀念不斷設置的各式令人麻木的週年紀念、標語。沖淡它的還有這份記憶被迫服務的經濟、政治用途。商業公司部分出自愛國情感，但明顯也為了增加銷量、獲取利潤，把公眾購買他們商品的行為與雪恥掛鈎。「二十一條」紀念日時，學生把「二十一條」引發的憤怒轉嫁到當時最令他們不滿的政治事件。國民黨20年代末奪取中央政權後，開始擴大對整個紀念過程的控制，為了建立、加強自己擁有中國後反帝時代歷史解讀權的地位，也為防治週年紀念，尤其是「二十一條」等國恥日造成政治動盪，削弱自身勢力，反而增強共產黨、侵略野心見長的日本勢力。國民黨不是為了消滅中國歷史所有恥辱記憶，而是為了確認自身政權裁決記憶內容、方式的特權。大眾民族主義被轉化為官方民族主義，按照本尼迪克特·安德森的說法，官方民族主義作為民族主義的一種形

式，「經久不衰的特點」，「就是它是**官方**的——由政權衍生，首先為政權利益服務」。[31]

大眾民族主義與官方民族主義之間模糊的邊界，在90年代也發揮作用。某種程度上二者相互促進。但與國民黨時期類似，二者雖有重要語境區別，但也有重大矛盾。[32]中國領導者歡迎大眾民族主義的前提是它是說明政權合法的另一形式，也真誠希望提醒中國人民以前在西方、日本手中遭受的恥辱，歡迎所有「雪恥」事件的慶祝活動，如香港回歸、1945年戰勝日本等。但他們擔心，如果大眾愛國主義完全不加限制，可能威脅政權穩定，不利於中國現代化，干擾政府外交政策，尤其是永遠敏感的中美、中日關係。[33]政府因此禁止與國恥直接、間接相關的大型集會，或其他形式的公眾情感表達。如果全面禁止代價太大，會盡其所能嚴密監管此等公眾情感宣洩的渠道。[34]

那結論是什麼呢？20世紀國恥的經歷、記憶、操縱、遺忘有許許多多形式，如前所述，是不是說國家癡迷國恥和忽視、遺忘國恥之間有簡單矛盾即可？我對此持反對意見，二者的實際情況更加複雜。第一，雖然毋庸置疑，整個20世紀國恥都是中國重要敏感的話題，但不是每個時期都一樣重要、顯著。而且任何一個時間點上，國恥的主題也不是一樣普遍存在於所有群體，甚至某一群體內部也不是都有一樣積極的反應。用「癡迷」這個詞一言蔽之可能太過粗糙，有失準確。

第二，與第一點緊密相連的是，每個歷史時刻，奮力疾呼、扛起大旗指責同胞慣於忘卻、忽視的是知識分子，

尤其是對中國屢次受辱感受頗深的知識分子。雖然上世紀中國知識分子遵從自視國家記憶正當守護者的優秀傳統，此處有時暗中與政權衝突，但不能假想其他大眾、甚至所有知識分子都作如是世界觀。90年代許多中國人，包括不少知識分子，樂意去發家致富，把國恥忘得一乾二淨。很多其他人，尤其是工人和內陸省份的農民，沒有在國家日益增長的物質財富中分一杯羹，感到不是外國帝國主義，而是自己政府的政策欺負了他們。

第三，還有代際經歷的不同。前文90年代處已談到此點。民初也是如此。記憶、遺忘方面，親歷過「二十一條」、當時有意識的人，和沒有親歷而是後來從長輩、學校、媒體處了解到的人，之間非常不同。1915年5月還是無邪小兒，或是尚未出生的人，無法同親歷者一樣以相同感受回望當時的事件。一手、二手記憶都會淡化，但同一件事二者有關鍵分別。[35]

第四，前文講到每個時期記憶和遺忘之間都有明顯矛盾，但記憶學學者已經指出，歷史學家也一向知曉，所有記憶都發生在現在，包含許多現在的成分。[36]記憶只與過去相關是個神話。因此可以說，隨著20世紀中國政治、社會、知識、國際環境變化，「記憶」和「遺忘」的含義與二者矛盾的本質也經歷了深刻變化。無視自身時代屢次發生的恥辱，遺忘前些時候某次恥辱發生時的憤怒，或是把憤怒的記憶與無關、甚至聯繫非常微弱的事物掛鉤，需要從書本習得未曾親歷的恥辱，這些大相徑庭的現象反映的是前述三個時期非常不同的「現在」。

最後，我想強調就此問題清末、民初和20世紀末之間的巨大差異。清末、民初傾向於認為無動於衷、拋諸腦後是中國特有問題，是中國國民性，在中國文化中根深蒂固，20世紀末則視遺忘為本質可變的現象，由於歷史原因較晚出現在中國，但本質上絕不是中國獨有的問題。文化和歷史也會導致遺忘，不同時期有不同作用形式，影響不同。

研究意外中斷

2001年11月初，我在對上一節概述的文章做最後修繕，突然收到英國勞特里奇（Routledge）出版社的信函，邀請我為新叢書系列「亞洲研究批判」貢獻一本書。系列旨在「展示亞洲研究領域最突出的個人貢獻」。[37] 我受寵若驚，也有些猶豫——受寵若驚是因為初期受邀者很少，除我之外還有兩位鼎鼎大名的學者伊佩霞（Patricia Ebrey）和喬治·卡欣（George Kahin），[38] 有些猶豫，是因為當時正在全面展開20世紀中國國恥問題的研究，準備書稿需要中斷這項工作。我開始思索這本書應包含哪些內容，如何在序言中條分縷析解決過去學術研究中尚待釐清的問題。思考愈深入，不安愈消散，對這本書帶來的多重挑戰我愈加摩拳擦掌。

成書過程兩位的襄助尤為可貴：馬克·塞爾登（Mark Selden）與冼玉儀。我博士導師是費正清，他孕育優秀手稿的天賦無人能及（見本書第一章），因此我是在把「亞洲研究批判」叢書編輯塞爾登與一座不可逾越的高峰比較。馬克知其不可為而為之，每一步都符合我要求的高度。他編輯經驗極為豐富，幫我選定書中篇章內容時判斷力卓絕。

176

12月末得到勞特里奇邀請僅兩月後，馬克與我已然定下大綱。他對選文評點細緻，一向鞭辟入裡，他的歷史研究志趣、角度雖與我少有重合，但大都相去甚遠，因此他作出如此鞭辟入裡的建議，值得擊節。馬克的評點事無巨細，涵蓋風格、選詞及論辯薄弱、不通之處，乃至參考書目中的漏洞。他對序言要求尤其高，認為序言是此書成功關鍵，他所言不虛。從他的許多細緻建議、機敏論點與不吝鼓勵上，最終成文（本書第五章部分內容即取材自該序言）受益良多。

我的伴侶冼玉儀對勞特里奇這個項目比我興奮得多，幫我化解了當初許多憂慮。除此之外，她還審讀了多個版本的許多章節，指出寫作中含糊其辭、詞不達意的地方，文獻中的缺失和分析中明顯需要加強的部分。玉儀知我懂我，知道我對自己的觀點總是嚴防死守，她以經驗中總結的智慧巧妙平衡批評與鼓勵之間的危險地帶，我對她感激不盡。

把出書生涯近半個世紀的所有著作整理成一本書，是件非常有意思的事情。有意思的點在於：其一，需要重讀一些我幾十年都沒看過的東西，無論高興還是惱怒，都可以提醒自己作為歷史學家學術路徑的演變，在各個節點的立場。其二，我得以做自己的歷史學家，挖掘史華慈老師稱之為「持續深層關注點」（underlying persistent preoccupations）[39] 的主題，這些主題有些源自寫作生涯伊始，不同時期形式不一，有些在後來某個節點出現。寫這本書我得以更加洞察自己思路的發展，當然恆定不變的也

一樣重要。我在此書序言中點明了二者區別。

書名最終定為《了解中國歷史的挑戰：演變視角》（*China Unbound: Evolving Perspectives on the Chinese Past*），囊括眾多主題：王韜、美國中國史研究、一般史學書寫、義和團、民族主義、改革、大眾宗教、歷史邊界之間的延續等等。各章主題有所變化，但整書一以貫之的是我尋找、探索中國歷史的新路徑，詰問西方史家、中國史家、歷史本身。我的最終意圖，當然大多數西方中國研究者也贊同，是使中國歷史走下神壇，防止狹隘視角在這個領域劃地為王，這樣對西方讀者來說中國歷史才能更加清通易懂，甚至舉足輕重。

未曾料到的學術轉向

結果勞特里奇出版社這本書耗時比我想像的短。2002年末，我得以回歸20世紀國恥研究。說這本書前，我講幾句自己的生活，畢竟研究不是我高坐雲端做的。1997年4月，我和冼玉儀在蘇格蘭阿伯丁大學一場會議邂逅，關係逐漸升溫，我開始每年去香港她家待兩三個月，她來我住的波士頓待幾個月，大約每年有半年時間在一起。在香港的時候，我一開始成為香港大學亞洲研究中心一員，玉儀數年中擔任亞洲研究中心副主任，後來是香港大學香港人文社會研究所一員。兩個工作環境都極為理想，同事聰穎博學，圖書館文獻館藏世界一流。不在波士頓用哈佛研究資源的時候，港大很好地滿足了我的需求（圖8.4）。

完成勞特里奇出版社那本書後，我全身心投入國恥

178

圖8.4　在香港一家餐館，與多年老友、哈佛教授、現居香港的李歐梵扮作黑幫老大。冼玉儀攝。

研究，但又發生了完全意想不到的事。《歷史三調》後我開始寫的這本書大部分內容發生轉變。探索國恥主題時，我不斷碰到越王勾踐的故事，這個故事的意義超出國恥之外。1998年在埃森開會時，我寫郵件給華志堅講自己著迷的勾踐故事。[40] 如果按原計劃，我明顯需要刪掉臥薪嘗膽對中國近世史意義這一關鍵部分，而我愈加不願如此。這個棘手問題寫勞特里奇那本書時我擱置一邊，但2002年底回歸國恥一書時必須解決。我跟玉儀不斷深聊，她非常明智地提出這本書可以不主講國恥，而講勾踐故事的全方位影響，這幫我走出了困境。她的建議看似簡單，卻180度調轉了整本書的主要方向，廣闊議題的核心變成了故事與歷史的關係。雖然當時我對這條建議帶來的奇遇還似懂非

179

懂，但積極回應了她的提議。我逐漸意識到故事與歷史之間的互動對勾踐這本書意義如此重大，甚至是我寫作的另一主線，可以說發端於《歷史三調》，從寫作《歷史三調》時就在腦海中若隱若現。

我的老友、學術知己華志堅也看出我當時的興奮心情。80年代中，他在哈佛讀研究生，我對義和團的研究剛剛起步，我們從那時就開始互相寫信、互贈書文、分享觀點。還沒決定從國恥轉向勾踐前幾年，我已經告訴他自己對勾踐日益生發的興趣。他「喜歡那個臥薪嘗膽的故事」，感到我研究的新方向可以「寫成小書(給我和可泰的加州系列！)」。這句話摘自1998年8月21日他對我郵件的回覆。他提到的可泰是譚可泰，志堅、譚可泰及卡倫‧魏根(Kären Wigen)共同編輯的系列是「亞洲：地區研究／全球主題」，由加州大學出版社新推出。

當然1998年，寫一本關於勾踐的書尚未浮現在我腦海的地平線。但我跟志堅一直就工作進展定期聯繫，2001年8月中旬我給他寫郵件，說在皓首窮經讀《申報》紀念「二十一條」國恥日的評論文章，「各種史料特別豐富，但蠅頭小字，模糊不清，我怕是要早早失明了」。隨後我告訴他新打算是寫勾踐，也講了勾踐故事能直接說明局外人、局內人的有趣對立(本書第九章的核心主題)。志堅也覺得局內、局外的對立很有意思，於是邀請我去他當時執教的印第安納大學做了講座。[41]

幾年後，志堅得知我即將完成《與歷史對話》，再次提議將此書交給他在加州大學出版社的系列叢書。他知道

我已把書稿交給哈佛大學亞洲中心，我曾擔任亞洲中心出版委員會委員，十分敬重負責出版事務的總編輯約翰‧齊默（John Ziemer）。但志堅認為，這本書尤為適合他編輯的加州大學出版社新系列，希望我能考慮一下。他聯繫了希拉‧萊文，希拉當時在阿根廷學術休假，依然時而處理出版事務，希拉從布宜諾斯艾利斯給我發郵件，讓我不要擔心，如果同意的話，出版過程她會親自跟進。我決定把書稿交給加州大學出版社，不僅因為希拉如此真誠、熱情，更是因為能與志堅、哈佛費正清中國研究中心同事譚可泰共事。加州大學出版社請了兩位外審──卜正民（Timothy Brook）和蕭邦奇（Keith Schoppa），兩位都大加肯定。2007年6月8日，我收到希拉助理蘭迪‧海曼（Randy Heyman）的郵件：「我謹代表希拉欣然電告，您的書稿編輯委員會給予熱情讚揚，直接接收，無需修改。編輯委員會負責的評審意見極為正面，通過動議無人反對。」[42]

2007年亞洲研究協會
柯文中國歷史研究貢獻回顧圓桌論壇

2006年6月17日，出人意料，我收到華志堅一封非比尋常的邀請函，幾段內容摘引如下：

> 2007年美國亞洲研究協會（AAS）在您家波士頓舉辦，我猜您一定會參加。如果您參加的話，我要做一個不尋常的邀請，希望您會高興。我在組織一個向您研究致敬的圓桌會議……希望您踴躍參與，回應學者講話。計劃由每位相關領域學者回顧您的著作……

靈感部分來自於，我意識到……至少偉林（柯偉林，William Kirby）、我、可思（畢可思，Robert Bickers）這幾屆和前幾屆、後幾屆的學生，一定都深受您著作影響，與您交流時也受益良多，包括您的課、講座，對我們論文的點評，甚至是閒聊。我們中一些人並不是您帶的學生，但對您的指導我們依然虧欠良多，如同感恩自己的正式導師一般。所以這次算是您的「學生」為您舉辦的祝壽聚會或遲到的退休慶祝（我2000年從衛斯理學院卸下教職），雖然我們中大多數都從沒上過您的課……

順便說一句，最近我為了準備7月底往西搬到加州翻閱舊文件，才意識到虧欠您的時間有多長。我找到一些20年前的信件，原來是寫字寄信的，您還記得嗎？信中您說我研究生寫義和團的幾篇文章，您欣賞其中一些觀點，一些不敢苟同，初步描述了您希望出書從三個角度分析義和團的想法，雄辯有力……

會議最終細節一旦敲定我馬上告知，先告訴您我們在醞釀這個想法，大部分細節會提前做好。大功告成還需要您同意 —— 希望您會，希望您能到場回應。

我對志堅邀請的回應是：「哇！真是又驚又喜。真是封好信！（我知道是電子郵件，但一些郵件值得分類珍藏。）我一定會去AAS，非常樂意回應圓桌嘉賓，謝謝你，志堅，驚訝之外，我感動至深。」

圓桌論壇正式題目為「柯文中國研究貢獻回顧」（見圖8.5），由中國留美歷史學會（Chinese Historians in the United States）贊助，會議紀要隨後在其期刊《中國歷史評論》（*Chinese Historical Review*，2007年秋）發表。老中青學者濟

圖8.5　與華志堅，記者、學者張彥（Ian Johnson，站立者）在香港一家酒店進早餐，2017年11月。冼玉儀攝。

182　濟一堂。年齡方面志堅後來郵件告訴我，一位加州大學洛杉磯分校（UCLA）二年級博士生提前郵件問他，圓桌會議的主題是柯文（Paul A. Cohen），還是別的什麼Paul Cohen。她說自己「是《歷史三調》等著作的大粉絲，不想到時候失望地發現是學界另一位沒那麼有趣的Paul Cohen」。主持人是柯偉林，組織者中只有他真正做過我的學生。幾十年前，70年代初，柯偉林還是達特茅斯學院（Dartmouth College）本科生時在衛斯理交換過一個學期，上過我的中國

現代歷史課。偉林的開幕致詞大方幽默，令人捧腹。其他與會嘉賓中，唐日安評點了《中國與基督教》，盧漢超分析了《在中國發現歷史》，畢可思剖析了《歷史三調》，魯道夫‧瓦格納（Rudolf Wagner）解讀了《在傳統與現代性之間》，王棟預評了當時尚未出版的《與歷史對話》，志堅點評了其他書文。每位嘉賓發言時間十分鐘。他們觀點精到，從每位身上，我都學到了看待自己著作的不同視角。

志堅一開始提到希望舉辦致敬我的研究圓桌論壇時，注意到論壇日期恰好與我第一篇論文發表的時間重合。那篇文章1957年發表在哈佛《中國研究論文集》。時光荏苒。讀到這裡時，我的記憶穿梭回幾年前在港大的一件小事。我和玉儀等電梯時碰到一位牧師，他在港大獲得中國基督教歷史研究博士學位，玉儀認識他，介紹了我們。她之後告訴我，自己不久前跟牧師提到我很快會來香港，牧師大驚失色，他原以為柯文早已離開人世，升入天堂。

圓桌會議結束後，我的心情用「升入天堂」來形容有些誇張。但在地球我這小小一隅，那場會議確實是我學術生涯特別的一刻。會議結束後很久，每次想到它，我臉上都會浮現一個大大的笑容。

第九章

局內人與局外人問題：《與歷史對話》

第五章結尾，我談到過度強調文化對比帶來的一些問題。 2001年夏，我在一次關於義和團的講座中再次提及這一問題。講座的題目有意出人意料，叫「把義和團當作人」，聽眾多為西方人，這個題目對他們來說有挑釁的意味。我當時的觀點是，文化不僅可以塑造共同體（communities）表達自我思想、行為的方式，而且還可能造成不同共同體之間的距離，因此極易導致刻板印象、矮化、神話化對方的現象。在20世紀的中國、西方，義和團均歷經了非比尋常的醜化，因此我在講座中特別側重歷史上面臨類似挑戰時義和團與其他文化中人們的共同點。我不是希望否認義和團的文化特性，更不想把他們美化成天使，而是想幫助把他們從剝離人性的例外主義中掙脫出來，因為幾乎從義和團歷史開端，他們就被誤解、歪曲。[1]

　　文化差異與局內人、局外人對立息息相關，也與這些視角的眾多表現形式有關。整個職業生涯我都試圖解決這一問題。《在中國發現歷史》紙質第二版前言中，我重新探

究了歷史書寫中「局外人視角」的問題，此書最後一章已然探討局外人問題，認為局外人一些表現形式問題重重，一些則並無大礙，但我總是稱之為「**問題**，是歷史研究的負擔，而非財富」。[2]一些學者與此意見相左，提出一些情況下歷史學家局外人身份可能帶來優勢，我最終接受了這一觀點(見本書第六章結論一節)。

勾踐故事在中國的地位

本章講述《與歷史對話：二十世紀中國對越王勾踐的敘述》，這個中國故事可能是局內、局外人對立的終極範例。但我想先簡要談談此書的另一核心主題：故事與歷史之間的強大連結。美國劇作家阿瑟‧米勒(Arthur Miller)曾就其1953年的戲劇《薩勒姆的女巫》(*The Crucible*)作如此觀察：「如果這部劇在某國突然大熱，我幾乎可以馬上猜到該國當時的政治局勢：要麼是警告人們暴政即將到來，要麼是提醒不要忘卻剛剛經歷的暴政。」[3]《薩勒姆的女巫》取材於17世紀末麻薩諸塞灣薩勒姆鎮的審巫迫害案，但也明顯映射了米勒對自己生活年代的審巫行動，即麥卡錫主義的憤怒。《薩勒姆的女巫》由此象徵各個地方、各種形式的政治迫害。《與歷史對話》的主題即故事與時局之間的共鳴，即敘事與當時歷史條件下生活其中的人們為敘事賦予的特殊含義。

理論上此類敘事可古可今，可虛可實，可內生可進口，但力量最強大的往往是該文化歷史上的敘事。中國當然也非例外，從古至今中國人都熱愛披著歷史外衣的故

事。越王勾踐的故事就是這樣一個有趣事例，跨越整個20世紀，在形形色色環境下，這個故事以強大的力量與中國人產生共鳴。我初遇這個故事是瀏覽20世紀上半葉國恥史料時，很快發現這個敘事也與人們憂心的許多其他事情有關。清末之前，歷史傳播的主要方式除古代文獻之外，還有戲曲、演義等其他口頭、書面文學創作形式。20世紀到來後，故事傳播途徑擴大，加入報刊雜誌、啟蒙課本、大眾教育材料、話劇，及後來出現的廣播、電影、電視。

從古代誕生到現代，越王勾踐故事的核心結構堅固不變，但與其他中國古代敘事一樣，這個故事歷經演變，一些元素經過修改、刪減，還有增添。⁴原故事沒有、但戲迷津津樂道的次要情節之一，是勾踐重臣范蠡與美女西施之間所謂的愛情故事。勾踐故事的文本，不像契訶夫戲劇、奧斯汀小說一般穩固不變，其實甚至說勾踐傳奇包含「文本」都可能有些誤導，這個故事一開始出現時口頭傳誦在中國依然普遍，後世發展軌跡與其他眾多歷史人物無異，如聖女貞德，信史記載少之又少，敘事應不同聽眾、不同歷史時刻需求以及作者喜好不斷循環利用。⁵過去一個多世紀對中國人來說，重述勾踐人生故事的意義明顯不在於其中包含的歷史真相，而在於這個故事的多重吸引力。下文會詳述此點。

從鴉片戰爭（1839–1842年）到1949年共產黨贏得內戰，這所謂百年國恥之間，三教九流的中國人，從林則徐、曾國藩等清朝高官，到20世紀重要政治領袖蔣介石，再到舊金山灣天使島（Angel Island）移民站拘禁的底層移

民，或是菲律賓艱難度日的下等移民，都感到勾踐故事有非比尋常的魔力，面對看似束手無策的個人或政治難題時，總以這個故事激勵自己。[6]甚至共產黨上台，國民黨敗退台灣之後，截然不同的形勢下這個故事依然廣泛傳播。比如，勾踐故事頻繁出現在共產黨創作的戲劇中，意在傳播各種政治訊息；1949年後的台灣，這個故事為國民黨最終反攻大陸的目標提供心理慰藉、政治支持。

最後一點可以說明，勾踐故事等敘事是中國人共有的文化資源，深刻超越了政治分歧。這點值得強調，且於我意義非凡。我曾翻閱國民黨政府制定、台灣出版的1974年版中小學語文課本，當時正值大陸文化大革命，國共意識形態衝突達到頂峰，兩本課本中都有〈愚公移山〉一文，這篇古代寓言說的是無論面前困難如何巨大，只要意志堅定，就一定能實現目標。小學啟蒙課本上另一課用「愚公移山」的故事講述建設台南曾文溪水庫時克服的工程挑戰。[7]直擊我心的是，文革中這則寓言因為毛澤東的宣傳名聲大噪，是要求所有人背誦的「老三篇」其中一篇，鼓勵中國人民大眾挖掉封建主義、帝國主義兩座「大山」。[8]歷史語境不同，含義不同，但這個故事作為中國文化基石的組成部分未曾釐變。

勾踐的故事，中國小學生耳熟能詳，不亞於美國小朋友熟悉《聖經》裡的亞當和夏娃、大衛和歌利亞——這個故事「刻在我們骨子裡，」幾年前一位中國學者對我如此說道。雖然勾踐故事在中華文化圈影響深遠，[9]但《與歷史對話》出版前，即使中國近世史美國學者（除華裔外）都知者

寥寥。研究中國古代史、古代文學的美國學者，熟稔勾踐故事的一般不知道這個故事在20世紀中國人心目中的地位。很明顯，越王勾踐故事是文化知識的人工遺產之一，每個社會都有，是生於斯、受教育於斯「局內人」獲取的知識，經過文化培養灌輸為他們的一部分，但通過書籍、成年後短居於斯了解文化的「局外人」幾乎不可能碰到這些故事，或者碰到也不會在意。如此奇妙的局勢，說明文化學習存在兩種截然不同的途徑，結果是過去一百年間，勾踐故事在中國歷史的地位美國歷史研究幾乎無人關注，或少人關注，就我所知，更廣闊的西方史家圈子也是如此。

玄而又玄的是，一定程度上中國史家似乎也對其避而不談。我這裡不繞彎子，不像美國史家，做20世紀研究的中國史家對勾踐故事瞭然於胸，勾踐故事敘述、參引的普遍程度，尤其在特定歷史節點，[10] 他們非常了解。但我很少看到有人明言，說故事與時局關係可以作為嚴肅歷史研究合適的對象。可能是因為特定時期這種深究政治過於敏感（下節細講）。但追根溯源，我懷疑大多數中國人對歷史—時局之間的關係只是簡單接受為既定事實。也就是說，他們自我意識中對此關注度不高。遙遠過去能以如此意義深重的方式與現在當時當地對話，這種概念早在牙牙學語時已深入他們骨子裡。他們關注這些故事可能包含的指導、勵志含義，但是不太可能向前一步審問故事—時局之間特殊關係的重要性，無論故事發生在中國，還是其他文化語境。

歷史學家沒有研究勾踐故事還有一層原因，這個故事雖然其他方面十分重要，但對20世紀中國歷史作用甚小。20世紀中國史被塑造為一連串事件的敘事，其中勾踐的故事幾乎可以完全刪掉（亦曾被刪掉），也不會對整體層面產生什麼重大影響。當然知識文化史許多其他方面也是如此。但如果轉向勾踐故事對中國人自身經歷認知的影響，情況就大不相同了。心理學家傑羅姆‧布魯納（Jerome Bruner）寫道，我們「依賴現實的敘事模型，以此塑造每天的經歷。提到日常生活中認識的人，我們會說他是密考伯（Micawber）那樣的樂天派，或是托馬斯‧伍爾夫（Thomas Wolfe）小說裡跳出來的悲觀者」，這些故事成為「經歷的模板」。他還說，這些模板令人驚訝的點在於，「它們如此特殊、本土、獨一無二——卻有如此大的影響。它們是大寫的隱喻，」他在另一處還說道，「是人類境況的根基隱喻（root metaphors）。」[11]

若將勾踐故事理解為布魯納所說的根基或類似隱喻，其歷史地位及對20世紀中國的影響就遠大於20世紀中國史的一般敘述。我在《與歷史對話》中希望闡明的正是勾踐故事的地位。在《與歷史對話》中我強調，自己主要關注的並非勾踐故事演化的進程，這部分最適宜由中國文學學者研究，而我關心的是中國人有時有意、有時無意間，以多重方式修改故事內容，以適應不同歷史時局的要求，以及故事和歷史的融合為何如此關鍵。

古時的勾踐

分析20世紀中國人心目中勾踐形象的意義之前，我先大概講講這個故事本身。[12] 還原勾踐故事時，我沒有過度糾纏一些事件、細節本身的歷史價值。20世紀這個故事的影響不在於史實準確程度，而在於敘事的力量。我在書中首先建立了所知的勾踐敘事在公元1世紀的基本面貌，當時我們知曉的完整版本首次出現。為此我追溯了早期文獻如《左傳》、《國語》、司馬遷的《史記》，和《呂氏春秋》。[13] 我主要參考時間相對靠後的《吳越春秋》後四卷，原為東漢趙曄公元58–75年撰。[14] 選擇《吳越春秋》原因有二。一是與其他早期文獻相比，這本書如姜士彬（David Johnson）所言，「更為詳實連貫」，而且「主題要素多有創新」。[15] 二是這本書深刻影響了帝制時代後續的勾踐故事敘事，也直接或間接成為20世紀許多流傳版本敘事的主要來源。[16]

勾踐故事的背景是春秋（公元前722–前479年）末年，吳（今江蘇省）越（今浙江省）兩鄰國爭霸，發生在當代中國版圖的東南沿海地區。公元前494年，越國國王勾踐繼位不久，正是二十多歲血氣方剛，不聽大夫范蠡諫言，發兵攻打吳國。越國兵馬很快被吳王夫差率軍圍困，越國必敗，大夫們因此力勸勾踐盡其所能求和，卑詞懇求並重金收買，希望夫差平息怒氣，甚至讓勾踐力保願與妻子作夫差階下囚，前往吳國。勾踐吞下自尊，默許求和策略。吳國太宰伯嚭為人貪財好色，大夫和勾踐商定私下以美女、珍寶賄賂伯嚭，爭取吳國朝廷內部支持越國。

勾踐與妻子從公元前492年開始服侍吳王夫差，這是勾踐繼位的第五年，范蠡隨行，另一位輔臣文種留守越國，代替勾踐管理政事。勾踐等人入吳，吳國相國伍子胥老謀深算，頭腦清晰，力諫夫差立刻殺掉勾踐，對越國斬草除根。夫差聽從伯嚭進言，未誅勾踐。接下來三年，勾踐為夫差駕車養馬，勾踐夫婦與范蠡住在吳王宮室附近的破爛石室，過著貧苦下等人的生活，嚥下一次又一次恥辱，面無恨色。第三年，夫差生病。范蠡占卜告知勾踐，吳王死期未到，至某日疾當痊癒。范蠡與勾踐定下一計，說服夫差勾踐的確忠心耿耿。勾踐自稱可以嘗糞判斷疾病吉凶，勾踐嘗過夫差溲惡後，說吳王會某日病癒（圖9.1）。夫差果然痊癒，心中感念，遂不顧伍子胥強烈反對，赦免勾踐，允許勾踐歸國。

歸國後，勾踐在范蠡、文種等大夫襄助下，採取大量措施，休養生息，發展經濟，厲兵秣馬，條條政策均指向削弱吳國，設計利用夫差弱點，尤其是淫而好色、好起宮室兩點。勾踐矢志復仇，苦身勞心，衣不敢奢，食不敢侈，與百姓同甘共苦。雖然成語「臥薪嘗膽」首次出現是在宋朝，在帝制晚期與勾踐掛鈎，但古時已有記載，勾踐懸膽於戶，出入嘗之，戒驕戒躁，以不忘恥辱（圖9.2）。

如此二十年，越國民富國強，人丁興旺，眾志成城，皆願復仇。范蠡表示吳國可伐之後，勾踐多次率兵征吳，夫差自殺，吳國滅國，舊恥得雪。

20世紀的勾踐故事大部分到此戛然而止。但古代典籍中，吳國滅國後勾踐黑暗面浮現。此點20世紀故事若

圖9.1　吳國為奴時勾踐幾番受辱。圖中他嘗夫差大小便診斷病情，夫差在病床上看著他。來源：陳恩惠編著：《西施》(台南：大方書局，1953)，插圖6。

圖9.2　「臥薪嘗膽」圖。來源：趙隆治著：《勾踐》(台北：華國出版社，1953)。

有體現，一般會根據歷史語境，暗含作者間接批評當時暴君統治之意。典籍中寫道，吳國滅國之後，勾踐馬上採取措施，強化越國在當時諸侯中冉冉升起的地位。范蠡深知越王為人野心勃勃，偏狹善妒，身邊重臣凡功高的，必有不虞之嫌。范蠡決定去越，遺信文種，勸其效仿。文種不聽，其後悔之已晚，越國朝廷讒言四起，說文種謀逆，勾踐遂賜劍文種，忠臣文種伏劍而死。[17]

勾踐故事有幾個關鍵主題。一是恥辱，有外界也有自身強加的，勾踐為實現目標，居吳期間甘願忍受各種恥辱。二是追求復仇，不僅是勾踐，完整故事中還有夫差、伍子胥等人復仇的情節。三是忍受，核心可以用成語「忍辱負重」概括，意指一個出色的個體能以更高層次的勇氣，心甘情願忍受難以復加的屈辱、羞恥，以求增加實現某種大任的機率。四是勾踐歸國後，經濟、軍事上系統重建越國，透過賢明、愛民的政策，建立君民之間積極的關係。最後是范蠡、文種的命運也揭露了勾踐與謀臣之間複雜的關係。

勾踐故事的改編

民國時期

清末至中日戰爭 (1937–1945年) 之間，勾踐受辱、復仇的故事是中國主要愛國敘事之一。清末民國時期，鴉片戰爭以來中國在外國帝國主義手中經歷的國恥，被中國人反覆提起。上一章講到，民國時甚至設立了國恥日，紀念痛苦事件。國恥日反映對國恥的敏感，成為集體記憶的重要形

式以及大批國恥文學直接、間接的主題。創傷依然持久，映照了無法去除、不斷閃回的憤懣情緒，因此這些年間，勾踐故事在中國人腦海中佔據重要位置也並非異事。

民國時期教育材料、大眾文學中，勾踐故事廣泛傳播，成為集體文化知識的一部分，意味著報刊、雜誌、海報甚至廣告上運用勾踐的典故，雖然外人可能不理解，但中國所有讀書人幾乎能立即解碼。很能說明這一點的是1925年5月和1926年5月，上海幾家日報上出現金龍香煙廣告，該品牌由南洋兄弟煙草公司生產。這則廣告連續登上每家日報數期內容，均在5月9日附近，即1915年中國被迫簽署日本「二十一條」的日子。廣告不僅呼籲毋忘五月九日，還明言吸金龍煙是愛國行為。廣告最左小圖裡，一群人站在樹下，樹枝上掛滿寫著「國恥」字樣的紙條，廣告中央偏左是一位現代勾踐，坐在並不舒服的柴堆上，手中拿著苦膽，凝神遠望樹上的紙條。有意思的是，這則廣告除了賣煙，還在勾踐故事和告誡毋忘國恥之間建立明確聯繫，但廣告創作者覺得無需說明坐著的人是誰，手裡拿的是什麼（圖9.3）。[18]

這些年間，勾踐故事另一個粉墨登場的舞台是國民黨意識形態，尤其是蔣介石的思維模式。蔣擔任校長的黃埔軍校大門左右是民國國旗和國民黨黨旗，正中央拱頂上方懸掛的是淺底黑色大字「臥薪嘗膽」。1931年9月18日奉天事變後，日本藉機侵佔滿洲，上海商務出版社出版了一卷《國恥圖》，此書與國民黨上台後大量出版物一樣，明顯反映執政黨的視角。《國恥圖》包含十幅全彩掛圖，以圖表、

圖9.3　金龍香煙廣告。來源：《申報》，1925年5月7–11日及1926年
5月9日；　同見《時報》，1925年5月7–12日；《時事新報》，1925年
5月8–10日及1926年5月9日。

圖9.4　國恥種類表。來源：《國恥圖》（上海：
商務印書館，1931或1932），第二幅掛圖。

地圖等插畫形式，說明中國在帝國主義手中受害的經歷。其中一張掛圖叫「國恥種類表」，列舉了一系列中國由於不平等條約遭受的不公，疊加在「臥薪嘗膽」四個大字之上。掛圖兩邊分別是一把劍穿過荊棘王冠，有意思的是，荊棘王冠這個意象源自基督教，羅馬士兵把荊棘王冠戴在耶穌頭上，以示嘲諷。每座荊棘王冠上吊著一個苦膽，流下膽汁，滴進一位僅著短褲、半臥柴薪之上勾踐式人物張開的嘴中。這幅掛圖與報刊雜誌上眾多的勾踐典故一樣，認為中國讀者作為不可避免的局內人，理所當然知道臥薪嘗膽指勾踐，以及他承受的悲慘恥辱和嘲笑，並會對掛圖做出相應的詮釋(圖9.4)。[19]

國民黨這一時期對勾踐故事的強大認同，映射了蔣介石對勾踐的深刻認同，這一點雖無法確定，但實有可信之處。蔣介石深深欽佩勾踐能夠承受不忍卒讀的謾罵、羞辱，「勾踐入臣」，1934年蔣介石在日記中寫道：「不惟臥薪嘗膽，而且飲溲嘗糞，較之今日之我，其忍苦耐辱，不知過我幾倍矣！」[20] 蔣介石在浙江與下屬非正式談話時更明確表示了對勾踐的崇拜：「吾人須效法越王勾踐，人人為越王勾踐……一切行動，一切方法，均應效法越王勾踐……浙江有越王勾踐，有這樣的模範，如不能救國家救民族，實對不起祖宗。」[21] 一位大陸學者依據蔣介石的未刊日記研究了中日戰爭爆發前蔣的對日謀略，他在文章中總結道，蔣介石當時少有的忍耐力「不能不和勾踐的影響有關」。[22]

國民黨在台灣

1949年後，蔣介石領導國民黨統治台灣，勾踐故事的受辱、復仇主題依然廣為傳播。大中小學教育、戲曲、電影、小說、戲劇、報紙、雜誌、漫畫、電視、廣播層層灌輸，蘊含的深意卻有所不同。一是為符合中華民國自視中國傳統文化最後衛道士的形象，勾踐故事人物被按照儒家思想大幅修改。二是更強調故事的一部分情節，即弱小越國 (代表中華民國) 經過艱苦卓絕的鬥爭，成功實現打敗強大吳國 (代表中華人民共和國)、收復失地的目標。一個例子是1976年，在台灣呼風喚雨的國立編譯館授權支持下出版了一本勾踐故事漫畫書，針對年輕讀者，漫畫正文最後有一個框，點明作者關於勾踐故事對台灣時局現實意義的觀點，框內寫的是：「這是我國歷史上以寡擊眾，忍辱雪恥，反攻復國的例子，我們要記取歷史的教訓，消滅毛匪！」[23]「反攻復國」很關鍵，1950年後，這個標語 (本書第一章已經提到) 在台灣無處不見，是國民黨政府當時的基本國策。能說明勾踐故事和「反攻復國」之間共鳴的 —— 抑或的確是勾踐與蔣介石之間共鳴的 —— 還有台灣戲曲、戲劇、電影講述勾踐故事時，不斷使用「勾踐復國」為題目。

毛澤東治下的中華人民共和國

20世紀60年代初以來，中國大陸實屬危機年代，大躍進導致嚴重饑荒，中蘇關係愈發緊張，戲曲、戲劇廣泛使用勾踐故事，散文、論文亦有提及，傳遞符合時宜的政治訊

息。這遠非偶然。歷史劇反映當下現實，此乃公理。由是1961年，一位作家觀察道：

> 全國解放初期，《闖王入京》就警惕人們不要被勝利沖昏頭腦，有更大的現實教育意義；在抗美援朝期間，《將相和》揭示我們在大敵當前的時候更好地團結起來；今天，當黨號召我們艱苦奮鬥、發奮圖強的時候，越王勾踐的臥薪嘗膽就吸引了更多的觀眾。[24]

60年代初，文化部長茅盾說自己讀過五十多本以「臥薪嘗膽」為題材的戲曲腳本，猜度全國應有百部以上。對
勾踐故事如此重視，茅盾大受鼓舞，1962年就此出版了一本書。他認為這些劇本的核心思想是強調「自力更生」使越國以弱變強，成功洗雪在吳國手中的恥辱。自然這裡映射的是中國當時中蘇漸漸離心的時局，作者希望提出合適的應對策略。[25]

茅盾認為，60年代初最成功的臥薪嘗膽劇——且唯一一部不是戲曲的——是著名劇作家曹禺的五幕劇《膽劍篇》，1961年在北京首演，當時正值曹禺聲名巔峰。有人認為這部劇其中一幕講越國饑荒，以及文種、勾踐之間的矛盾，隱含「批評毛澤東……政策」之意。1959年7月盧山會議，毛澤東大躍進時期政策被國防部長彭德懷公開批評，導致9月彭德懷被罷免。

這種觀點有幾重問題。首先，雖然曹禺劇中面對文種直言批評，勾踐一開始感到惱怒，卻不似盧山會議上的毛澤東，勾踐最終接受了批評。還有一點是，饑荒那一幕，

200

勾踐作為統治者被刻畫為直接、親身參與民生疾苦的形象，而大躍進時期毛澤東一直自我遠離中國農民的悲慘遭遇。其次，我感到曹禺寫作《膽劍篇》時真真切切為農村的慘痛景象感到痛心，因此特意強調饑荒，不是為了觸怒毛澤東，而是為了強調整部戲劇的現代意義。勾踐與大夫之間的關係起伏更為複雜。曹禺政治上膽小，對共產黨信仰堅持不移，即使最隱晦地批評黨最高領袖，在他身上也極不可能。但我們必須釐清作者意圖和作者語言在讀者、觀眾心目中廣闊含義之間的關係。觀眾、讀者社會與自身經歷不同，自有其憂心、關心之事。60年代初的環境，大眾普遍同情彭德懷，《膽劍篇》讀者、觀眾大部分熟知勾踐故事更廣義、全面的情節，即使曹禺的劇以越國滅吳結局，沒有提及文種後來的悲慘命運，讀者、觀眾將文種與被罷免的彭德懷劃等號也完全可能。總之，他們結合自己關於勾踐故事更多的經歷，可能在想像中填補了曹禺無意著墨的空白。[26]

毛時代之後

80年代初，蕭軍、白樺兩位大作家均不似曹禺一般政治上膽小，他們重塑了越國佔領吳國後浮現的暴君勾踐形象，作為政治寓言，批評毛澤東統治的暴政一面。20世紀早期講述的勾踐故事，往往刪掉這一情節，部分原因是尤其在20世紀上半葉，中國屢遭日本侵略威脅，越國最終戰勝吳國是最自然、適當不過的結局。另外一部分原因是納入這一情節，很容易被視為暗中批評1949年前的蔣介石，或

1949年後的毛澤東。因此對待歷史方面，蕭軍、白樺跨過了一條重要的隱形紅線。[27]

90年代至今，勾踐故事的處理方式更有不同，再次映照中國當時的時局。[28] 故事民族主義的解讀在民國時期是主流，此時繼續遭到利用，尤其1989年天安門示威遊行被鎮壓後，這個故事主要新添了愛國主義教育這一層含義。更普遍、也是我認為更有意思的是，臨近世紀之交，這個故事的其他用途愈加大行其道：批評共產黨領導、領袖的腐敗，尤其是夫差被翻出來作為負面案例，說明領導忘記國家憂患、人民疾苦，只重視個人利益會帶來怎樣的影響；鼓勵效益不佳的工廠廠長仿效勾踐，艱苦奮鬥，不要放棄希望；建議找工作的人不要固執於一下子找到稱心如意的工作。一篇文章中寫道：「短期的艱苦並非壞事，當一回21世紀的『勾踐』，你會更自信、更具競爭力」，調換工作更容易。[29] 勾踐故事還常被擔憂「小皇帝」症狀的老師拿來激勵小孩，由於計劃生育政策，獨生子女備受寵愛，人們憂心忡忡，如果不加入挫折教育，他們面對實際生活不可避免的挫折時會無力抵抗。

把勾踐作為勵志故事，教育人們不要被挫折嚇倒，只要堅持努力就能改善人生，這絕不是近些年的新事。但90年代以來，這則故事勵志意義使用頻率之繁、範圍之廣，前所未有，象徵了毛時代之後轉向以個人問題、目標為中心的新領域，從國家、集體參與到個人之間發生了翻天覆地的變化。

這一變化在一起駭人聽聞的事件中表現得淋漓盡致。

2004年1月22日，農曆大年初一，四川省都江堰市一個村莊，習武多年的村民胡小龍大開殺戒，劈死一家三口人，為二十年前一起私人恩怨復仇。屠殺發生三天後，記者趕到胡小龍家，院門口正對面的牆上是歪歪斜斜用木炭寫的幾行字，似乎是案發前夜胡小龍寫的。有幾行是「越王勾踐／臥薪嘗膽／三千越兵／終滅吳國」，其他幾行也間接提到勾踐故事。這些典故完全用於表達個人情感，甚至到了殺人犯認同勾踐，將勾踐故事視為自身行為原型的地步。此起謀殺從極為兇殘的角度，説明了在中國鐘擺從公共到個人問題搖動的幅度。[30]

同期90年代初開始，勾踐故事的適應性也經受了另一重考驗，衍生自與中國社會近世演變截然不同的時局。我指的是隨著國內旅遊業、電視行業發展，更不用説毛時代之後，中國高等教育急遽擴張，伴生了印刷出版業雨後春筍般的增長，當然還有搜索技術誕生，這些印刷製品得以廣泛獲取，由此帶來勾踐故事市場營銷的發展。準備《與歷史對話》最後一章資料時，我深入使用了《中國學術期刊》數據庫，可以全文搜索7,200多種期刊、雜誌、通訊等學術定期交流平台，包含1994年至2007年（此書研究截止年份）全方位專業研究領域。[31]可以説明這種數據庫力量的是截至2007年1月13日，搜索「勾踐」一詞能得到5,549篇文章結果，搜索「臥薪嘗膽」有7,292篇文章。沒有這樣一個搜索引擎以及背後的數字化，那一章大部分內容依據的文獻明顯是無法找到的。

勾踐故事如同中國眾多事物一樣，歷經商品化，成為

紹興市（越國古都）、長江中下游旅行社、電視行業重要收入來源。僅在2006、2007年，三部以上長篇歷史電視連續劇以勾踐故事為主題，每部均有明星擔綱勾踐角色。這種電視劇大片吸金潛力可以由其中一部《越王勾踐》說明。該片由中國中央電視台、紹興電視台，以及杭州、北京的媒體公司聯合製片，長達41集，2007年全國播出。廣告收入不菲之外，播出權、電影改編權還以創紀錄高價賣給日本。劇本小說2006年出版，與其他歷史劇一樣，光盤很快跟進銷售。

勾踐故事此等大幅戲劇改編、推廣與中國旅遊業的增長共生呼應。90年代已有先例，大眾對范蠡所謂情人西施極感興趣，以這位大美人為主題的戲曲在浙江、上海、江蘇、安徽、山西，乃至台灣等眾多地區令萬人空巷；1995年，兩本關於西施的大部頭小說出版。西施家鄉諸暨市（現隸屬紹興市）當地政府修繕西施廟後，向公眾開放，開始以這位諸暨最著名女兒（西施的歷史真偽其實多遭現代中國學者質疑）為主題，推廣旅遊經濟。「彷彿一夜之間，各個方面突然關心起這位二千多年前的美人兒來了。」[32]

電視劇《越王勾踐》不僅向全國觀眾傳遞勾踐精神，還承諾給紹興市帶來巨大經濟利益。電視劇部分在紹興吼山風景區拍攝，促成紹興成為全國著名旅遊景點。央視斥巨資在吼山建造場景，重建了勾踐的宮室、宗廟、鍾離泉鑄劍處、[33]馬廄等等，2005年底拍攝完成後場景原封不動，用於吸引更多遊客。吼山政府在風景區入口懸掛大紅橫幅，宣告「《越王勾踐》場景使吼山風光更為迷人」（圖9.5）。無

數旅行社由此不得不與吼山政府迅速簽署旅遊合作協議，更加刺激風景區發展，當然也給紹興財政增添新的收入。[34]

　　作為正在寫書研究勾踐故事對20世紀中國影響的歷史學家，我自然打定主意去紹興看看，尤其鑒於上文描述的情況。2007年1月初，我和玉儀從香港飛到杭州，僱一天車把我們帶到一小時外的紹興參觀，我們在紹興去的比較有意思的地方是越王殿，座落在府山公園山坡高處，離文種墓僅數十米之遙。戰時日軍炸毀越王殿，1982年按原樣重建。進殿後，左右牆上是兩面勾踐巨幅壁畫，其中一幅僅有勾踐盤腿坐於薪墊之上，左肩上懸苦膽，雙腿上置劍，另一幅勾踐左右是范蠡、文種，發誓「復國雪恥」。一看到這兩幅畫像，尤其是勾踐獨像，我就知道它們一定要出現在書封面、封底。我拍了這些畫的照片，回到波士頓後發給加州大學出版社的設計師，她也表示這些畫像作為書封特別合適，但是我的照片分辨率不高，完全無法達到做書封要求。我告訴她沒問題，馬上諮詢了我女兒麗薩，她是位職業攝影師。麗薩和我達成協議，她一直想去中國旅行，因此我為她提供了去香港、中國內地兩週旅行的機會，她則幫我專業拍攝越王殿畫像。她大喜過望，我如釋重負，秋天我回香港，麗薩同行。我們回到紹興拍攝了畫像照片（用了一架摺疊梯，避免因畫像過高導致扭曲），回到美國後，我把照片寄給出版社的設計師，她說再合適不過（圖9.6）。

　　《與歷史對話》深入的故事，鎸刻在中國文化中，東亞家喻戶曉，外人卻大都一無所知，說這本書完全以中國

圖9.5　紹興吼山風景區入口橫幅稱，電視電影「《越王勾踐》場景使吼山風光更為迷人」。作者攝，2007年1月5日。

圖9.6　紹興越王殿勾踐壁畫。照片由麗薩·柯恩拍攝，用於《與歷史對話：二十世紀中國對越王勾踐的敘述》(柏克萊：加州大學出版社，2009)封面。

為中心一點不為過。對中國中心觀的表現可謂登峰造極。同時，像我這樣中國之外的人並不成長於中國文化間，一旦熟悉勾踐故事及其對中國動蕩不安20世紀的巨大影響，自然而然下一步就是提出更廣闊、完全不以中國為中心的問題，即為什麼一個民族會透過經歷之前誕生的故事的棱鏡，看待當下歷史經歷？

故事與歷史對話的方式及其發揮的作用可能在中國尤為普遍，但在許多其他社會一樣有強有力的展現。映入腦海的有公元73年馬薩達（Masada）之戰的故事，象徵一個民族寧願集體殉國也不願投降。數百年間，這個故事在飽經威脅的猶太人間產生深切共鳴，直至1948年以色列國建立。抑或20世紀末塞爾維亞族人，從先祖六百多年前1389年科索沃戰役戰敗的慘痛經歷中生發認同。再或是貝拉克・奧巴馬將自己嵌入美國民權運動以《聖經》結構敘述的故事中，奧巴馬2007年3月在阿拉巴馬州塞爾瑪市（Selma）的演講中說道，小馬丁・路德・金等人代表「摩西一代」——「運動的男女老少，遊行受辱，但很多並沒有『穿越尼羅河看到應許之地』」——而奧巴馬這一代，是摩西接班人「約書亞一代」。[35]

《與歷史對話》生發的勾踐故事與中國近世史之間千面聯繫，明顯可以作為切口，深入更廣闊的學術討論空間。為更全面理解相關議題，需要結合中國歷史、猶太歷史、塞爾維亞歷史、美國歷史等等。最終結果是一個悖論：即使是深刻植入中國中心觀視角審視20世紀中國史的研究，局外人視角可能依然可以幫助分析故事—歷史在人類廣泛

經歷中的普遍意義，而一旦至此，文化特殊性不再那麼重要，舊的局內人、局外人視角區別愈發不那麼顯著。此主題在本書第十、十一章詳細探尋。

第十章

故事的力量：《歷史與大眾記憶》

我最近出版的書《歷史與大眾記憶：故事在危機時刻的力量》（*History and Popular Memory: The Power of Story in Moments of Crisis*，哥倫比亞大學出版社，2014）旨在擴大中國歷史研究的視野，不以井底之蛙的一孔之見看待中國，而將中國史置於更寬廣的語境，以嶄新視角對待。近些年，不少研究中國的西方歷史學者皆以不同方式踐行該理念。於我而言，上世紀末發表《歷史三調》以來這成為我著作的主線。不同以往的是，《歷史三調》蘊含我對故事新生發的興趣——義和團信仰、活動的謠言故事，義和團拳民自己講述的信仰故事，女子義和團紅燈照的法術故事，義和團寫進歷史後中西滋生的神話敘事等等。我逐漸對講故事層面的歷史心醉神迷，該主題成為《與歷史對話》核心，上一章已經論述。

　　《與歷史對話》中，我闡發了公元前5世紀在位越王勾踐的傳奇故事對中國過去一百多年的影響。20世紀中國人將勾踐故事不同層面與不同歷史局勢勾連起來，但勾

踐故事影響的巔峰是危機經久不散的時刻。因此，20世紀20、30年代日軍虎視眈眈之下，蔣介石及國民黨在著作、訓諭中強調勾踐故事受辱、復仇的核心主題。國共內戰（1945–1949年）國民黨敗退台灣之後，其存亡的主要威脅不是外敵，而是人口眾多、疆域廣袤、資源豐富的中華人民共和國，勾踐故事吸引國民黨注意的方面變成越國人口、財富、國力遠不及吳，十年生聚、十年教訓之後，卻能滅掉吳國。兩種局勢下，勾踐故事均成為蔣介石面前挑戰的隱喻。講對的故事呈現的是一種看待世界的模型，內含危機後有利的結果，指向光明的未來。

故事與歷史之間的強大共鳴遠非中國特有，世界其他社會也普遍存在。哥倫比亞大學英國籍歷史學家西蒙·沙瑪（Simon Schama）甚至認為，莎士比亞的歷史劇不僅塑造了莎翁，更塑造了英國國民。這裡我引用他對勞倫斯·奧利弗（Laurence Olivier）主演電影版《亨利五世》（Henry V）的評價，《亨利五世》在1944年諾曼第登陸日（6月6日）僅幾個月後上映：

> 莎士比亞喚醒了我心中的歷史學家。我生長的50年代似乎到處都是飲茶和板球，他筆下的英格蘭則頗具一種氣質。1955年，二戰結束僅十年，似乎卻是莎翁為丘吉爾創作了劇本*；當年「幸運的幾個人」似乎正是駕駛噴火戰鬥機年輕空軍戰士的原型。奧利弗1944年自導自演的電

---

* 　譯註：指1945年7月丘吉爾在英國大選意外落敗，被二戰期間領導的英國人民「拋棄」，命運類似莎翁筆下的李爾王。

影版，如今看來滿是肆無忌憚的沙文主義，當時卻為登陸日鼓舞士氣，即使戰爭已經結束，我們依然全盤接受其價值。這些我們不都經歷過嗎？亨利五世的叔叔愛克塞特（Exeter）、亨利五世、二戰時英王喬治六世、溫斯頓‧丘吉爾、敦克爾克戰役、倫敦大轟炸、諾曼第登陸？「我們這一群弟兄，因為凡是今天和我在一起流血的就是我的弟兄！」* 我們需要阿金庫爾（Agincourt）戰役的尖旗，聖克里斯賓（Crispin）、英格蘭守護者聖喬治（St. George）等所有守護神，只要倫敦灰燼未散，濃煙滾滾，只要倫敦市、東區被炸毀的建築物，斷壁殘垣如煙民牙齒一般灰黑卻依然屹立。[1]

故事與歷史之間的互動，具體主題不同，可能性無窮無盡。書寫《與歷史對話》時，我逐漸感到這種互動模式運作的規律，覺得如果圍繞一系列議題收集案例分析應該會有意思。於是我開始籌備《歷史與大眾記憶》。就此書做的講座中每次定有聽眾問，歷史案例這麼多，為何選擇書中這些。這個問題合情合理。甫一開始我就知道會有一章講勾踐故事，《歷史與大眾記憶》發源濫觴於此。《與歷史對話》結論中我以比較視角分析了勾踐故事，擇取自己恰好熟悉的馬薩達之戰、科索沃戰役，這兩個案例也能說明幾百、幾千年後，歷史事件的記憶仍能強力塑造人們的意識。同樣，我也熟稔聖女貞德的故事，認為它能納入《歷史與大眾記憶》寫作大綱之中。有次在香港吃晚飯，我

210

---

*　譯註：與上文「幸運的幾個人」（happy few）同出自莎翁《亨利五世》劇本第4幕第3景。

圖10.1　與香港歷史學者文基賢在香港大學教職員工餐廳，2017年11月。冼玉儀攝。

向朋友、同為歷史學家的文基賢（圖10.1）講了新書主題，他兩眼放光，説一定要加入勞倫斯·奧利弗的《亨利五世》。幾個月後舊景重現，在哈佛費正清中國研究中心午飯時，史密斯學院中國政治教授戈迪溫（Steven Goldstein）聽説我要寫《亨利五世》，建議也考慮蘇聯導演謝爾蓋·愛森斯坦（Sergei Eisenstein）的史詩片《亞歷山大·涅夫斯基》（*Alexander Nevsky*）。決定書內容的方式稍顯隨意，但有時實際情況即為如此。

　　《歷史與大眾記憶》關注六個國家：塞爾維亞、巴勒斯坦與以色列、蘇聯、英國、中國、法國，六個國家20世紀都曾面臨嚴峻危機。我聚焦的危機是戰爭或戰爭的威脅，大戰迫在眉睫之際，政權、人們利用過去歷史上主題與當下現實呼應的敘事，其中戲劇、詩歌、電影、戲曲等創意

作品往往在這些敘事重生、復興方面扮演重要角色，而且既然是20世紀，每個案例中這些敘事對民族主義的崛起也至關重要。

古代故事與當代歷史之間的共振，許多史家著迷於此，但這一現象極為複雜，深刻映射個體領袖、民族整體、社會某群體在歷史記憶空間中的自我定位。案例不同，定位方式也大不相同。然而貫穿其中的始終有一條主線：當代人們從甚至上至遠古的故事汲取神秘力量，頻繁重述史實依據極為薄弱的事件。就講故事的現象，心理學家傑羅姆·布魯納雖未直指歷史，但他提出的問題極為關鍵。「為什麼，」布魯納問道，「我們用故事作為講述種種經歷、自身生活的形式？為何不用親友宿敵的形象、一串串日期、地點、姓名、性格品質呢？為何會有這種貌似天生對故事的癡迷？」[2]

故事的力量如此普遍卻少有人知，亟需史家更詳實的研究。[3]解決自己的發問時布魯納警醒道：「要小心簡單的答案！」[4]我希望我在《歷史與大眾記憶》建構的不同文化場景、歷史局勢下故事與歷史的多重關聯，可以一定程度上闡明他提出的這個問題。

舊故事跟當下歷史總是無法完全匹配，因此常經過一定修改使之更為契合。此處大眾記憶發揮重要作用。大眾記憶即人們一般認為過去發生的事情，與嚴肅史家皓首窮經依據現存文獻判定的史實往往相去甚遠。記憶與歷史之間的區別，於歷史學家來說極為關鍵，於一般人卻面目模糊。一般人情感上會更受符合自身先入為主觀念的歷史

吸引，對這種過去更感舒適、有共鳴，而非某種客觀「真相」。由於史料匱乏或現存史料不可信，甚至職業歷史學家都無法絕對滴水不漏地知曉過去，記憶與歷史的邊界因此更加模糊。我在《歷史與大眾記憶》探討的案例即為如此。但我再三強調，即使過去的事實能最低程度確定，如1431年，聖女貞德的確被處以火刑；公元73年，在猶大曠野（Judean Desert）東部邊緣，馬薩達眺望死海的山頂堡壘，的確有一小群猶太戰士正面遭遇羅馬大軍；1242年，史載名為亞歷山大‧涅夫斯基（1220–1263年）的年輕基輔羅斯（歷史上俄國前身）王子率領俄羅斯西北部重要貿易城市諾夫哥羅德（Novgorod）居民，大敗前來進犯的德意志騎士團——即使這些過去中有一絲核心因素可以確定，而且雖然（有人會說因為）故事被神話、政治力量嚴重扭曲，歷史學家的真相往往力量上也無法與一個對的故事抗衡。《歷史與大眾記憶》主要目標就是更深層次理解為何講對的故事有如此大的魔力。

　　但我認為此書還有更大意義。我畢生研究中國歷史，只關注一個國家、一種文化。《歷史與大眾記憶》不同。雖然有一章發軔於中國歷史，但只是一個案例，與講其他國家的章節旗鼓相當。此書焦點不在於某個國家、文化，而在於一種超越文化的現象——大眾記憶中故事的作用——這種現象很可能是普世的，無論這些地方居民語言、宗教、社會、文化等有何差異，故事的作用即使不普遍存在，也在世界眾多地域廣泛存在。簡言之，我認為我們面對的是另一種世界史，並非傳統的基於交匯、比較、

213

影響的歷史方法，而是著眼於另一類反覆出現的規律，如同有血脈關係一般，獨自生長，卻很可能植根於一些人類的特性，歸根結底，是人類自身經歷中講故事的共通性，超越了文化和地域的特性。

故事與歷史：契合與改編

我在《歷史與大眾記憶》探討的故事改編現象，每個案例細節各異。本書上一章已講述勾踐故事（《歷史與大眾記憶》第三章也有分析），我再舉幾個例子。塞爾維亞人普遍視1389年科索沃之戰為塞族歷史關鍵事件，最終成為塞族民族意識基石。[5] 科索沃之戰發生在黑鳥坪（塞爾維亞語 Kosovo Polje 直譯名），距今天科索沃首都普里什蒂納（Pristina）幾公里，戰鬥雙方分別為拉扎爾（Lazar）王子率領的塞族人，和奧斯曼帝國蘇丹穆拉德一世（Murad I）率領的侵略軍。此戰神話傳說與歷史事實之間出入甚大。就早期塞爾維亞國家命運而言，科索沃之戰在軍事上的影響遠不及更早的1371年馬里查（Maritsa）河谷之戰，此役發生在現在的保加利亞境內，奧斯曼帝國大勝；抑或是科索沃之戰70年後，即1459年塞族最終臣服於奧斯曼土耳其人的事件。雖然塞族記憶中科索沃之戰傷亡慘重，但由於雙方領袖及大部分作戰軍民均戰死沙場，這場戰役的軍事後果遠無定論。戰役結束後，圍繞科索沃之戰的神話、傳奇很快誕生，多採用史詩、民謠的形式，由塞爾維亞東正教賦予強烈基督教色彩，其中最明顯的是拉扎爾王子被塑造為基督教色彩人物，稱之寧願捨棄現實世界而選擇天國，

214

寧願英勇戰死不願苟且偷生。科索沃戰役神話的核心主題是忠誠與背叛的對立，最具代表性的是米洛斯·奧比利奇（Miloš Obilić）和武克·布朗克維奇（Vuk Branković）兩位人物。這種對立映射的是歷史現實：1371年慘敗後，許多塞族戰士轉投奧斯曼一方，很可能與傳說截然相反的是，他們其實在科索沃之戰中與奧斯曼土耳其人並肩作戰。神話顛覆的還有，當代學者質疑塞族大眾記憶中邪惡的化身布朗克維奇，歷史上是否真的在戰場上背叛了塞族一方，而體現塞族忠義形象的奧比利奇是否真實存在。

奧斯曼帝國統治（1455–1912年）的450多年間，科索沃歷經許多重大轉變。一是當地塞族逐漸成為少數，阿爾巴尼亞人成為主體。起初科索沃塞族佔絕大多數，但到了19世紀末，科索沃人口略多於70%是阿爾巴尼亞人。二是越來越多人成為穆斯林，主要是本為天主教徒的阿爾巴尼亞人後皈依伊斯蘭教。奧斯曼帝國治下科索沃的民族、宗教變化，大體與猶太人和巴勒斯坦情況類似，然而這些轉變依然無法動搖大多數塞族人經久不衰的信仰：科索沃乃「聖地」。

及至19世紀，塞族民族主義情緒初現，已然十分偏離如今史實定論的科索沃之戰傳奇持之以恆發揮作用。然而神話角色繼續演變，塞族兩位著名文學家武克·卡拉季奇（Vuk Karadžić，1787–1864年）和彼得羅維奇·涅戈什（Petar Petrović Njegoš，1813–1851年，見圖10.2）根據新一股民族主義浪潮改編了這則傳奇。卡拉季奇發表了編纂的塞族史詩歌謠，將拉扎爾王子、科索沃之戰的口頭故事整

理為連貫文字敘事，為塞族民族意識形態提供神話基礎。
19世紀中期涅戈什統治黑山塞族地區期間，通過極具影響
力的詩劇《山地花環》（Gorski vijenac）為塞族民族主義引入
充滿暴力不妥協的修辭話語，與黑山穆斯林較為和平的史
實相較，偏離程度令人瞠目結舌，還吸納了基督教報復敵
人最為神聖的觀念。

ПЕТАР ПЕТРОВИЋ ЊЕГОШ
(1813—1851)

圖10.2　彼得羅維奇・涅戈什（1813–1851年）素描畫像，畫家身份
不詳。來源：P. P. Njegoš, *The Mountain Wreath*, trans. and ed. Vasa D.
Mihailovich (Irvine, CA: Schlacks, 1986)，經此書譯者、編者瓦沙・米哈
伊洛維奇准許使用。

著名塞族文學學者瓦沙·米哈伊洛維奇（Vasa Mihailovich）認為，塞族面臨任何歷史節點時不可避免轉向科索沃之戰故事，汲取力量與靈感。因此第一次世界大戰結束後，奧斯曼帝國解體，所有塞族疆土包括科索沃脫離土耳其人統治，一段時間內塞族文學中以科索沃之戰為主題的著作急遽減少，這點十分關鍵。但另一方面，一旦塞族再次感到本民族受辱、受害、受壓迫，科索沃之戰傳統、故事的吸引力馬上回潮。20世紀後半葉正是如此，科索沃之戰再次成為塞族文化、政治意識中的主流話題。

精神病學家沃米克·沃爾肯（Vamik Volkan）認為科索沃之戰代表「選擇性創傷」（chosen trauma），這一洞見尤具啟迪意義，他也以此分析了其他許多著名戰役。[6] 選擇性創傷指「群體對祖先被敵人迫害造成的集體創傷形成共同心智表徵（mental representation），以及與此心智表徵相關的英雄或受難者形象及英雄加受難者形象。當然，」沃爾肯闡發道，「群體不是主動受害的，而是『**選擇**』將事件心智表徵變為神話、心理感受。」因此，「對塞族子孫來說，（科索沃之戰）的『**史實**』如何不重要。重要的是……這場戰役作為選擇性創傷，其心智表徵的演變。」[7]

第二次世界大戰中，法國對聖女貞德故事的改編也可以說明按照當下歷史局勢改編古代故事的過程。[8] 該案例一定程度上比科索沃之戰更為複雜，因為戰時兩位法國政治元帥夏爾·戴高樂（Charles de Gaulle）和菲利普·貝當（Philippe Pétain）雖然勢同水火，卻均強烈認同聖女貞德。

聖女貞德（圖10.3）是法國愛國英雄，後來被天主教封

Jeanne Darc. — Tiré de l'ouvrage de Jean Hordal de 1612.

圖10.3 全身鎧甲、高騎駿馬的聖女貞德。萊昂納爾‧戈爾捷(Léonard Gaultier)所作雕版畫，1612年。來源：Jean Hordal, *The History of the Most Noble Heroine Joan of Arc, Virgin of Lorrain, Maid of Orléans* (in Latin) (Ponti-Mussi, France: Apud M. Bernardum, 1612)，於 Joseph Édouard Choussy, *Vie de Jeanne Darc* (Moulins, France: Imprimerie Bourbonnaise, 1900) 重印。

聖，她的故事全世界廣為流傳。1412年，貞德出生在法國東北部村莊棟雷米（Domremy）農戶家庭，當時正值英法百年戰爭，法國北方大部分地區被英國佔領。1425年，少女貞德第一次聽到上帝的聲音，指示她前往法蘭西腹地。1429年多次聽到上帝聲音後，貞德與六位隨從離家前往西部城市希農（Chinon）——法國王太子查理城堡所在地。短暫戎馬生涯中，貞德有時稱其使命為把英國人趕出法蘭西，到達希農後，貞德宣稱自己有兩個具體目標：解圍幾月前遭英軍圍困的奧爾良；護送「海豚」王太子（法國王位繼承人稱號為「海豚」，le Dauphin）前往東北部蘭斯（Rheims）受膏、加冕。她不辱使命，多次戰勝英軍。最終貞德被英軍同盟、法國勃艮第人（Burgundians）俘虜，以幾項罪名受審，審判由英國人操縱，貞德因此被判處死刑，被燒死在火刑柱上。25年後，查理王太子成為法王查理七世，將英國人趕出法蘭西，結束百年戰爭。

在戴高樂這樣的領袖手中，貞德故事意義相當明確：15世紀，聖女貞德將短暫一生奉獻給終結法國遭外國佔領的事業，二戰期間，戴高樂亦率領法國抵抗運動對抗德國佔領軍。貝當也認同貞德故事的核心主題，但他的認同更關注字面意思：貝當作為維希政府元首，是德國佔領者同盟，他針對的是英國人，因為貞德仇恨的對象也是英國人，所以貝當與德國人求和是拯救了瀕臨滅國的法蘭西，可以把自己塑造為40年代法國的貞德救世主。貝當的認同我們今天看來可能有些牽強，但1940年春德國閃電戰勝法國，身處餘波的許多法國人十分理解貝當的想法。維希政

府還在其他方面，根據當時法西斯價值觀橫行的環境把貞德重新包裝成女性傳統家庭美德的榜樣，讚賞貞德的縫紉技術而非軍事才能，鼓勵法國年輕人效仿貞德，對此20世紀貞德的同胞一定無動於衷。然而，雖然維希政府把聖女貞德故事與政府價值觀、目的扯上關係未免太過勉強，但貝當政府給此等附會賦予價值這一事實十分重要，說明當時許多法國人一致認為國家面臨嚴峻考驗之際，無論領袖說貞德代表什麼，他們都希望有貞德支持、傍身。

危機時刻故事的作用

在我的討論中，故事的力量雖與歷史有特殊聯繫，但幾乎普遍存在於所有人類活動之中。的確，《歷史與大眾記憶》中我的論點是使用、創作、講述、銘記故事是人類本性之一。由此生發的下一個論斷是，傑羅姆·布魯納關於人類「貌似天生對故事癡迷」的問題可以有如下解釋。我們依賴故事，如同雙腿直立行走、拇指可與其他四指相對、覺得寶寶可愛一樣，[9]是生物進化直接造成的，如果沒有用敘事組織幾乎所有思考、做夢、慾望、行為、經歷的能力，我們就無法運轉——或者至少無法以今天所知的方式運轉。簡而言之，大腦把生活中發生的一切架構為敘事的能力能使極為混沌不明的生活變得明晰，包括幫助我們理解因果。在遙遠的過去某個節點，這種能力給予人類無法比擬的生存優勢，戰勝沒有這種能力或敘事能力較差的物種。[10]

故事隨處可見，用一位知名學者的話說，「在各種文化都有一樣的基本形式」，[11]這不是說所有故事都一樣，或

是在所有人身上、社會中都發揮同等作用。《歷史與大眾記憶》一書雖然有些案例分析個體，有些分析重要戰役，有些二者兼有，但都有一套具體的相同點。幾個世紀來，這些故事都經過大幅改編、神化、歪曲、誤解，但沒有一個是完全捏造的，都存在於史實中，可以稱為「歷史」故事。口頭傳播對一些故事維持生命力發揮重要作用，但最終這些故事都被書面記載，數百年間廣為流傳，於所在國度人人皆知。所有故事，部分除去馬薩達之戰，[12] 人物角色都有名有姓，故事往往包含認知模型，人們個體或集體可以馬上感同身受，以此衡量自己的想法、行為。最後需要注意的是，在面臨20世紀社會危機，主要是戰爭或戰爭威脅時，書中每一個故事都復活為大眾所知，迅速在危機中得到政權強力支持。

《歷史與大眾記憶》中講述的故事力量大多源自它們作為隱喻的能力，能象徵當下、剛剛過去或迫在眉睫的局勢，與當下人們對話、產生共鳴。故事與歷史局勢之間的平行象徵關係，是每個故事具有普遍吸引力的根本原因。這種情況下，對的故事清晰、有力、不斷點明某個或多個主題，迫使人們撥開混沌的日常生活，認清某個歷史時刻對自己最重要的事情。這些故事絕非個人故事。本質上，它們都是集體敘事，群體成員共有，幾乎都是從小熟知的。

以色列哲學家阿維夏伊·瑪格麗特（Avishai Margalit）探討他提出的概念「記憶群體」（community of memory）時強調：「人類的生活……依據概括共同記憶的象徵集體

存在。」[13] 這些共同記憶——法國思想家厄內斯特‧勒南 (Ernest Renan) 提醒道,並非過去本身,而是我們互相講述的關於過去的故事——黏合了當下的國家共同體,成為共同體共有「豐富記憶遺產」的一部分。[14] 也就是說,我探討的這些故事的力量雖然很大程度發軔於對當下局勢的象徵力,但也源自這些故事是共有 (或大眾) 記憶儲備重要組成部分這一事實,也可以稱為民間知識的形式之一,有助於形成集體,使集體成員得以自認為歸屬該群體,採取群體行為。關於「共有故事」(common stories) 與共有故事流傳的人類團體、群體之間的關係,布魯納也有類似洞見。分享這些故事,他論道,「形成詮釋群體」對「促進文化凝聚」至關重要。[15] 美國學者喬納森‧哥德夏 (Jonathan Gottschall) 一語中的:「故事是人類生活的膠水——定義、凝聚群體。」[16] 這些學者的論點似乎一致說明,故事、記憶等象徵分享形式既是打開文化客觀存在,也是個體主觀文化歸屬感的關鍵鑰匙。

客觀地說,正如中國歷史學家伊懋可所言,「共有的故事……決定空間」,即特定人類團體運作的空間,也是這一團體「腦海中的實體圖景」。[17] 主觀地說,共有故事、記憶正是本尼迪克特‧安德森描述想像的共同體 (imagined communities) 形成的材料。安德森提出的想像共同體概念雖適用於許多種類的群體,如宗教、文化等,但他主要以此描述國家這種特定的政治共同體。安德森說,國家是「想像的」,「因為即使最小國家的成員,也不可能認識大多數同胞,與他們相遇,甚至聽說過這些同胞。然而團體

的意象卻存在於每一位心中。」國家是想像的「共同體」，因為即使內部千差萬別，國家「在人們心中，總是代表深刻、平行的同志之情（horizontal comradeship）」。[18] 我想就此補充的是，如此共同體成員中流傳的故事，總成為討論當下關心問題的特殊文化語言，在危機時刻，個體因正在發生、即將發生的事情擔憂、恐懼時，這些故事說明共同體其他成員也在體會如此憂懼，從而使他們安心。

　　除了安德森提到的平行同志之情，流傳、定義國家共同體的故事還有垂直維度。這層維度在共同體成員與共有或部分共有的過去之間建立聯繫，教育成員從哪裡來、到哪裡去，從而使成員身份感形象化。

　　行文至此，共同體生死存亡之際，國家共同體成員本能轉向一些故事的原因應該已經清楚。故事是個體處理經歷、理解世界過程的根本組成部分，因此個體故事雖是許多敘事作者心頭之重，但危難之秋無法發揮作用。與之相比，集體故事——在共同體內部家喻戶曉，作為共同體遺產之一——大有作為。但不是任何集體老故事都可以，需要的是內容、結構上與共同體當下身陷困境緊密連接的故事。瑪格麗特提出如下問題時，言下之意即是如此：

> 為什麼操縱高手斯大林與納粹侵略軍生死相持不下時，選擇的國家記憶不是自己意識形態上代表的工人階級，而是沙皇俄國的偉大愛國者？斯大林沒有喚起卡爾·馬克思的記憶，而是13世紀打敗德意志條頓騎士團的亞歷山大·涅夫斯基；不是弗里德里希·恩格斯，而是16世紀在喀山（俄羅斯聯邦韃靼自治共和國首府、最大城市）大勝韃靼人

的恐怖伊凡（沙皇伊凡四世）。[19]

共同體成員不僅深受象徵意義與當下危機類似的集體敘事吸引，我前文已經說到，他們還都喜愛能說明危機出路，給予亟需希望、鼓舞的故事。很能說明這點的是《歷史與大眾記憶》最後一章深入的兩部電影——愛森斯坦的《亞歷山大‧涅夫斯基》和奧利弗的《亨利五世》，兩部電影主人公最後都背水一戰，戰勝強大對手。

大眾記憶與批判歷史：結語

《歷史與大眾記憶》結尾，我轉向批判歷史與大眾記憶對立這一關鍵問題。[20]法國歷史學家羅傑‧夏蒂埃（Roger Chartier）評道，歷史雖然是「眾多敘事形式的一種……但依然獨一無二，是因為歷史與真相之間保持特殊關係。更準確地說，構建歷史敘事旨在重構過去的真相。」[21]寫歷史從來不易。但另一位知名歷史學家格奧爾格‧伊格爾斯（Georg Iggers）論道：「（與之有本質差異的是，一些後現代理論完全否認）歷史敘述中包含任何真實成分，而另一種歷史研究則完全清醒認識到歷史知識的複雜性，但仍然依據真實人類有真實思想、感情，因此有真實行為的前提，認為一定範圍內可以知曉、重構這些歷史知識。」[22]我在《歷史與大眾記憶》中以科索沃之戰、聖女貞德神話為例，亦說明這一觀點。歷史的目標有時與其他目標伴生，受其影響甚至遭完全取代，但歷史眾多目標的共性是組織過去，服務當下追求、事業。探尋真相可能是過程的一部

分，也可能不是。但無論如何，描繪過去真實的圖景不是心頭主要目標。最關鍵的是詮釋、塑造過去，使當下——希望看到的當下——至少以可信的方式看似直接發源於過去，換句話說，歷史是建構一種敘事，雖然明言融合古今，但其實反其道而行之，是在重新定義過去，適應希望看到的現在。

雖然馬薩達之戰、科索沃戰役，以及維希政府對聖女貞德故事的重寫程度尤其令人咋舌，但其實《歷史與大眾記憶》裡所有故事以及其他許許多多「歷史」故事，也歷經類似重寫過程。即使肯定有人懷疑過這些故事歷史上曾遭改編，大多數人也覺得這不重要。英國歷史學家羅溫索寫道：

> 愛爾蘭作家奧利弗．哥德史密斯（Oliver Goldsmith）厭惡在西敏寺詩人角（Poets' Corner）胡言亂語，把謊話、傳說說成事實的「披基督教黑衣的乞丐」（ecclesiastical beggars），但大多數遊客並不追求客觀準確，也不介意謊話連篇。類似的還有美國小說家華盛頓．歐文（Washington Irving）。1815年遊覽斯特拉德福小鎮（莎士比亞出生地）時，歐文也不吝把玩莎翁的假遺跡，這種遊客「總是願意聽悅耳又不用花錢的假話。……只要我們自己願意相信，這些故事是真是假又有什麼區別？」[23]

為什麼對真相如此漠不關心？我前文已經暗示，這裡擴展開來。[24] 另一位英國歷史學家J．H．普勒姆（J. H. Plumb）在1969年著作《過去之死》（*The Death of the Past*）中認為，「過去」——普勒姆所言的過去，我稱之為大眾、民

間或集體記憶——絕不能與批判歷史混淆。他寫道,「真正的歷史」根基是「摧枯拉朽的」,歷史的作用是「清洗人類故事,洗掉有意建構的過去中滿是謊言的看法」。法國史家皮埃爾‧諾哈(Pierre Nora)在享譽盛名的七卷大作《記憶所繫之處》(Les lieux de mémoire,1984–1992年出版)中觀點接近,他寫道:「歷史眼中,記憶永遠是嫌疑犯。歷史的真實使命是摧毀記憶、壓抑記憶。」然而諾哈認為歷史如此的使命遠非益事,於是諾哈與合作者協力最大程度重構激起法國集體記憶的場景。羅溫索雖然在1996年著作《著迷過去》(Possessed by the Past)中用「遺產」形容集體記憶,但他完全贊同諾哈的觀點,斷言「就認識、行為而言,遺產與歷史同樣重要」。羅溫索認為「透過遺產,我們告訴自己現處何方,從何而來,歸屬何處」。美國小說家喬納森‧薩福蘭‧弗爾(Jonathan Safran Foer)與6歲兒子的故事,動人地演繹了羅溫索在遺產與身份之間建立的聯繫。弗爾常給兒子讀兒童版《舊約》故事,兒子聽了無數遍摩西之死後——「他遠望著應許之地,便嚥下了最後一口氣,永遠無緣進入應許之地」——兒子問他是不是真的有摩西這個人。「我不知道,」弗爾說,「但他是我們親戚。」[25]

1998年一場關於大西洋奴隸貿易的學術會議上,美國歷史學家伯納德‧貝林(Bernard Bailyn)也雄辯縱橫,分析了歷史與記憶之間的棘手關係。當時一些學術發言淡漠冰冷,滿是數據,在座許多黑人及其他學者極為不滿,會議幾近解體。貝林直接區分了批判、科學歷史研究與記憶的關係:研究有腦無心,與旨在重構的過去保持一定距離,

而記憶與過去則是緊密擁抱的關係。他言道，記憶「不是對經歷的明辨、審慎重構，而是過去的自發、直接經歷。記憶是絕對的，不是探索，不用保持距離，以符號、信號、象徵、意象以及易於記憶的各種線索為表達形式。無論我們是否知曉，記憶都在塑造我們的意識，記憶最終屬於情感，不屬於智識。」

這些史家雖然都強調批判歷史與大眾記憶的對立，我在《歷史與大眾記憶》也一再凸顯此點，但這一對立不是全部。事實上，我分析的學術歷史與「歷史」故事之間多有重合，這正是許多人心中混淆二者的主要原因。我不斷提出，大眾記憶往往包含真實的歷史成分：1389年在科索沃，塞族與土耳其人一戰確有其事；公元70年，羅馬大軍圍攻耶路撒冷，焚毀猶太人第二聖殿確有其事；1431年，曾與法國北部英國佔領軍英勇作戰的法國少女貞德被燒死在火刑柱上確有其事；確有勾踐其人在東周末年統治越國，最終戰勝敵國，如此不一而足。沒有經過史學訓練的人，甚至恰好不諳故事背後這段歷史的史家，如何得知講述此等人物、事件的故事，哪裡是真，哪裡是奇思妙想之士的創造？戲說歷史電影、電視劇、舞台劇的觀眾，改編自歷史人物、事件的小說讀者，今天也會不斷面臨這個問題。

我最近讀到兩本好書，斯坦福大學心理分析學家、作家歐文·亞隆（Irvin D. Yalom）的歷史小說：《斯賓諾莎問題》（*The Spinoza Problem: A Novel*，2012）和《當尼采哭泣》（*When Nietzsche Wept: A Novel of Obsession*，1992）。亞隆有別於許

多歷史小說家，他在每部小說最後都加入註釋，告訴讀者哪些章節、人物是虛構的。註釋有用，但也有欺騙性，當史實發生的環境部分成為虛構，結果真實不可避免也變成虛構。[26]

事實和虛構往往難以明確區分只是問題的一面。另一面是嚴肅史家雖然努力重構史實，但永遠無法百分之百成功。基本所有情況下，史料不完整、不可信，我們於是習慣推理，有些推理結果後來證明是錯誤的。除此之外，歷史學家永遠無法全然脫離自己生活社會的集體記憶，即使努力辨明、證偽歷史知識中的神話部分，也一定會在敘述中引入新的神話，雖然我們不認為它們是神話，但它們反映當下生活的人們腦海中恰好佔據重要地位的價值觀、思維方式。我們說歷史永遠是當代史，確實部分就指這些。社會學家巴里・施瓦茲（Barry Schwartz）認為，銘記亞伯拉罕・林肯（應該還有其他重要歷史人物）一定是「一個構建過程，而不是提取過程」，在一定限制條件下，美國每一代人都有自己的林肯，與上一代的林肯或多或少有所不同。[27]屢獲大獎的紀錄片導演肯・伯恩斯（Ken Burns）寫道，美國人總會時不時反思內戰的意義，從關注英雄到轉向複雜宏大的事件。[28]

批判歷史和大眾記憶之間的複雜關係，說明貝林在大西洋奴隸貿易會議上的發言可能需要微調重點。當時他發言時──此話題本身自然就十分敏感──對批判歷史、大眾記憶做斬釘截鐵的區分，一定有其正當、合適的原因。當然好的歷史寫作一定要注意史實與當下的距離，本

書序言已援引羅溫索另一本書中的名言「過往即他鄉」，但說歷史寫作永遠有腦無心有失公允。貝林自己似乎亦作如是觀，他說：「也許歷史與記憶……可以互相滋養。」[29] 我想以更強烈的措辭，質疑二者的互動是否自然而然。普勒姆認為法國史學大師馬克·布洛赫（Marc Bloch）「擁有抽離於過去任何先入為主觀念的力量，能冷靜對待研究的歷史問題。然而冷靜如斯，他的想像力、創造力、人文精神充盈治學之間。」[30] 我認為優秀歷史學家應該主動追求這種充盈。但若覺得充盈本身能給予我們百分之百真實的過去，是癡人說夢。重構過去無論如何孜孜不倦 —— 這種努力我自然雙手贊成 —— 我們提出的研究、寫作問題都一定會受現在生活時代的價值觀、理論、憂患、缺點、喜愛的神話左右。因此我們歷史學家的成果，或多或少都會代表真實過去與我們希冀闡明、理解過去之間的對立。

227

第十一章

當時與現在：兩重歷史

此回憶錄中，我多次提及「歷史」一詞的雙重含義。歷史是**當時**發生的事、過去的事，但歷史也代表歷史學家**現在**如何看待過去，如何理解、書寫歷史。這本回憶錄裡，我恰好在兩個階段都是主角——「當時」和「現在」，所以本書的題目《走過兩遍的路：我的中國歷史學家之旅》，恰到好處。

這本回憶錄的主要目的是追溯我六十年間的學術生涯歷程。最新一本書《歷史與大眾記憶：故事在危機時刻的力量》2014年出版時，我已年近八十。此時寫作這本回憶錄，我從任教35年之久的衛斯理學院退休（2000年）已有大約二十個年頭。研究中國悠悠數十載間，人生發生了重大變化：我老了，也不再教學。

近些年我明白一個道理：不同人對老去與退休看法不同。許多年前，一位同事告訴我，退休後他打算每天出海航行，另外一位說他期望的退休生活是每天開開心心，從早到晚打高爾夫球。我從衛斯理退休後，有快到退休年齡

的同事幾次問我有什麼建議(這裡要說明,美國教授沒有退休年齡規定)。我總是回答說要考慮幾個因素:積蓄是否充足、健康狀況如何、退休後作何打算等。應對這些問題我不用絞盡腦汁,我生活優渥,身體極佳,熱愛研究、寫作,退休後有更多時間從事這些活動。

這裡我必須分享我給老友、費正清中心同事傅高義寫的一段話,當時2000年他也離任哈佛教職,與我同年退休。我寫道,自己退休前幾個月總有學術圈外的親友問我,而且詢問頻率愈來愈高:「結束之後你準備做什麼呀?」這個問題出自好意,第一次聽到時我卻震驚不已,因為從來沒有想過教學生涯停止我就「結束」了。我說他也一定會被問到這個問題。[1]我離開教學職位後,反而出版了三部新書,發表了近30篇論文,有幾篇大大偏離了向來研究的主題。[2]我依然積極參與哈佛費正清中國研究中心事務,1965年起於此任職;也繼續每年在香港大學香港人文社會研究所常駐三個月。而且一如既往,我依然應美國全國各地的同事、年輕學者之邀審讀他們的文稿。所以的確,退休後我的職業生涯大體有變,但也多有不變。

本書第一章開端,我講到為什麼有寫一本回憶錄的想法,自己意在「回望我走過的路:事業在何處開啟?一些節點我的觀點如何轉變,為何轉變?現在如何思考?」我不想按照亞里士多德的敘事三結構,講一個有開頭、中間、結尾縝密結構的故事,而是盡可能重構我作為中國歷史學家的學術歷程。顯而易見,這一過程中我的角色在某個時間點必然終止,或是我去世,或是拋棄中國歷史研

究，轉而務農、跑馬拉松。但更寬廣的歷程——理解、闡釋中國歷史的事業——我生前存在，身後依然存在。我在這一歷程的**參與**，才是這本回憶錄的主題。

書寫回憶錄還有一個原因，它不是我人生正當其時要做的事情，也是一樁有意思的學習機會。雖然著手準備時我對此一無所知，但下筆期間我逐漸領會到兩種截然不同的意識，本書序言已經講到，我開始思索之前從未深究的事情。這方面最明顯的例子是如何講述我職業生涯的故事。我現在知曉自己的史家生涯許多經歷一開始並不知曉。比如寫作第一本書《中國與基督教》時，我不知道下一本書會為王韜做思想史傳。後續每本皆為如此。的確，讀者您可能記得，每次我都是立意寫一本書（講國恥），結果寫了另一本書（講越王勾踐故事對 20 世紀中國的影響），全書具體內容、最終核心主題大轉向，最重要的主題成為故事與歷史的關係。

另一個說明歷史任性的例子是《在中國發現歷史》。完稿後我天真地以為，有之前在哈佛大學出版社的經歷，書稿哈佛自然會接受。結果不僅遠非如此，還慘遭拒絕，其他三家出版社也白眼相見，最後哥大接手。期間我經歷的掙扎，已在本書第四章詳述，寫作本回憶錄前從未公之於眾。

回憶錄作為歷史的形式之一，往往帶來當時或隱而不發、或未曾存在的視角。能說明這點的是，對比我職業生涯初期的社會普遍現實，與之後撰寫回憶錄以新視角看待這些現實引發的感受。這裡有意思的是，以現在的意識回

望多年前社會規範大不相同時的情況，由此產生了新的啟發。這點本書有兩個事例，每一個代表不同社會規範的制約。序言講到第一個，起初是父權制度影響了我父親和他父親的關係，後來以截然相反的形式，影響了我與我父親的關係，做人生大事決定時，代際關係出現父親控制越來越少、兒女自由越來越多的趨勢。

欣喜的是，我與子女的關係延續了這種自由的模式。我的兒女喬安娜、納撒尼爾、麗薩、艾米麗（圖11.1）每一位都無拘無束，不受父母制約。喬安娜曾在麻省幾所高中擔任英語老師，最近在羅德島州首府普羅維登斯（Providence）約翰遜與威爾士大學（Johnson & Wales University）教以英語為第二語言的學生，班裡全是中國學生是常事。一家幾口間，大家都用中文的「弟弟」稱呼納撒尼爾，因為他從出生到六個月都在台北長大。納撒尼爾是一位藝術家、手工藝人，擅長雕塑、木刻、繪畫、設計，在幾間學校教美術，包括位於麻省安默斯特的漢普郡學院（Hampshire College）。麗薩第九章已經講到，是一位職業攝影師，既做商業攝影，也涉足藝術攝影。艾米麗是我第二段婚姻留下的唯一的孩子，開辦了一家運轉五年的有機藥草產品公司（重生藥草，Revival Herbs），後來重回學校接受針刺療法、中藥培訓，2005年以來在麻省北安普敦（Northampton）市開辦針灸、中藥診所，也對自耕農場越來越感興趣。還要提到，艾米麗的孩子和兩位繼女都在上麻省西部一所中文特許學校。

圖11.1　在紐約市與我的四位子女參加慶祝我姊姊芭芭拉九十大壽聚會，2017年9月。左起：納撒尼爾、我、麗薩、喬安娜、艾米麗。彼得・布萊克（Peter Black）攝。

　　另一個例子是兩性關係。第一章已經指出，20世紀60年代初男性享受特權的觀念根深蒂固，但在60年代那十年這一觀念遭到巨大挑戰，兩性關係更加平等，當然也不是所有方面都如此，但確實職業選擇方面更平等。1968年離婚後不久，我與簡・馬斯洛（Jane Maslow）結婚。她比我小11歲，本科畢業後馬上就讀法學院，成為律師。現在我清楚認識到自己在性別議題上的觀點在60年代經歷重要轉向，60年代末，我的妻子是在職律師再正常不過；如今二十多年間，我的伴侶是一位家不在波士頓而在香港的女

士，這也再正常不過，不過她和我一樣，都是職業中國歷史學家。

局內人與局外人

我現在轉向職業生涯本身，談談自己作為中國歷史學家的志趣。第八章探討做勞特里奇出版的選集時，講到我的研究中一些主題貫穿始終，不同時期可能形式不一，也有一些主題是後來某些時間點湧現的，一開始並未存在。第一類主題的絕佳案例是局內人與局外人的對立，職業生涯大部分時期這是我矢志不渝的關注點。正如我在《了解中國歷史的挑戰》序言所言：「我始終志於深入中國，像中國人自己親歷歷史一樣，最大程度重構中國歷史，而不是關心西方人認為富有價值、自然而然，或符合常規的事物。」這種志向是有上下文的。我希望擺脫過去「歐洲中心觀」和「西方中心觀」等先入為主觀念誤導的中國歷史學說。上述兩種取向代表「局外視角」，而我首肯的是「局內視角」，最終稱之為「中國中心觀」。

　　我要重申，中國中心觀雖是我取的名字，但不是我發明的。1970 年前後乃至 1970 年前，中國中心觀已經開始在美國史學界站穩腳跟，其最重要的表現形式之一是直接或間接否認過去的研究範式，西方的中國歷史研究發軔於這些傳統範式，以西方為準繩決定哪些故事有價值。中國中心觀則以講述中國的故事線取而代之：中國的故事並沒有在 1800 年或 1840 年陷入停頓，遭到西方阻攔、取代，而是在 19 世紀、20 世紀都一直佔據核心地位。

由此重構我們對19世紀中國的認知，幾個領域都有新發現。最鮮明的例子是改革，許多西方學者因此認為19世紀的改革衍生於長期內生改革主義傳統，根源、風格以及大部分實質內容鮮有仿效西方，甚至與西方完全無關。大多數人同意西方固然重要，也漸進深刻塑造了中國改革思想、活動，但均強烈反對改革西方發源說、西方效仿說這種膚淺的觀點，一致認同需要以中國視角重新定義整個改革現象。[3]

　　如今對中國整個19世紀史的理解亦有轉變。早期學者普遍認為中國近代史和古代史的分界線是鴉片戰爭，1970年後越來越多的人達成共識，19世紀中國史的更關鍵的分水嶺是太平天國叛亂（1850–1864年）及隨後爆發的多場起義，給清帝國人口造成了無法比擬的損失。[4]

　　目光聚焦於太平天國叛亂的話，不僅需要關注早期美國史家視野中的盲點，而且也凸顯了時代劃分帶來的問題。[5]我們當然可以找到19世紀太平天國叛亂的前因，但如果深究最終導致叛亂的因素，無法抗拒會被18世紀吸引，尤其是當時實屬空前、大體內生的變化。孔飛力梳理的因素中最迫在眉睫的是人口膨脹、人地矛盾加劇，中國社會壓力愈演愈烈，苗頭在18世紀晚期已經冒出。及至18世紀末，西方擴張尤其是鴉片貿易的外緣影響加劇了社會經濟危機，加之朝代衰落的標誌性因素（官僚腐敗、地方叛亂），導致19世紀初鴉片戰爭爆發幾十年前清朝已不復康乾盛世（康熙在位1662–1722年，雍正在位1723–1735年，乾隆在位1736–1796年之早期）的景象。[6]

235

本書第六章結尾提到的「歷史學家的局外人身份」也間接說明了局內人、局外人的對立。從一個視角觀之，局外人身份，如男性歷史學家重構女性經歷，抑或白人歷史學家探尋黑人歷史，可能導致誤解、歪曲史料，解讀得風馬牛不相及。這樣的局外人視角有明顯弊病，我在早期著作強調了這一觀點。然而一些同行（包括已仙遊的林同奇，[7]《在中國發現歷史》中文版譯者）極為反對這一立場，他們認為一些情況下，像研究中國的美國史家這些局外人與研究自己國家歷史的中國學者這些局內人相比，確有一些優勢。撰寫《歷史三調》的過程中，我反覆斟酌了二者的區別，尤其是直接親歷歷史這一典型局內人視角，與歷史學家作為不可避免的局外人重構歷史之間的差異。我漸漸接受了這一批評，承認雖然歷史學家的局外人身份可能有缺陷，但我們與親歷者的最大差別正是這個身份，使我們作為歷史學家能以親歷者完全無法觸及的角度，理解歷史，書寫歷史的意義。

關於局內人與局外人的對立，還有一個特別的例子：越王勾踐故事在20世紀中國。「勾踐的故事，」我在本書第九章寫道，「中國小學生耳熟能詳，不亞於美國小朋友熟悉《聖經》裡的亞當和夏娃、大衛和歌利亞。」然而美國文化圈的人幾乎完全不諳勾踐，甚至至少《與歷史對話》出版前，一些認真研究中國近世史的學者也知之甚少。

在《與歷史對話》中，我提出越王勾踐這樣的故事是「局內文化知識」：「這種知識不是中國人（局內人）有意不讓中國之外的人（局外人）看到的，而是由於習得方式往往

隱藏起來，因為這些知識一般是在家、幼兒園大量講故事時灌輸的，或從電台播放的通俗戲曲唱腔聽到，不在中國文化圈長大的人，通常不會接觸到這些。」[8]

局內文化知識的概念絕不僅適用於中國。所有文化中都存在，一個文化演化的不同時期也存在。可以說明後一點的是，英國歷史學家瑪麗娜‧華納（Marina Warner）觀察道，聖女貞德「利用……與自己內心聲音有大致共鳴的隱喻」，她選擇的三個意象：大天使米迦勒（Michael the Archangel）、亞歷山大的聖女加大肋納（St. Catherine of Alexandria）、安條克的聖瑪格麗特（St. Margaret of Antioch），「同時代的法國、英格蘭孰人不知，如同今天的足球明星、網球明星、歌手」。三位聖人的形象在15世紀法國、英格蘭由家庭、教堂灌輸，21世紀法國、英國人對他們遠非盡人皆知。[9]

局內文化知識的作用場景、隱藏深度往往因事而異。在中國隨口一提「臥薪嘗膽」這個成語，人們馬上想到勾踐故事的主要情節。西方也有類似的故事。2005年3月，我開車探望兒子納撒尼爾一家後回波士頓的路上在聽《媒體時間》，一檔每週評析全國媒體的電台節目，當期嘉賓是非盈利、無黨派組織「公共誠信中心」（Center for Public Integrity）的創始人查爾斯‧路易斯（Charles Lewis），這是一家華盛頓特區的新聞調查、公共政策議題研究組織，路易斯在1989年至2004年擔任該組織執行長。節目主持人鮑勃‧加菲爾德（Bob Garfield）在與路易斯探討中心能否帶來有效、建設性的變革。「我來問問你，唐吉訶德，」主持人

揶揄，語氣稍顯負面，「你大戰過的風車中，哪三座是你覺得公眾最應該關注，結果卻沒有下文的？」路易斯馬上明白，主持人用的是塞萬提斯筆下唐吉訶德的典故，說他是不切實際的夢想家，一再試圖匡扶正義，最終卻一事無成。「大戰風車」指代唐吉訶德充滿理想主義、不切實際的行為。於是路易斯講了幾個最為失敗的案例。幾分鐘後，主持人問路易斯他的報導多少次能帶來真正的變革，路易斯承認很可能不到10%。「好吧，」主持人打斷他，「我換一個典故，不說唐吉訶德了（觀眾大笑），我們說西西弗斯（Sisyphus）——」「對，」路易斯插口，「（笑）西西弗斯應該更準確（笑）。」打斷之後，主持人接上上句，說西西弗斯「永無止境地將巨石推上山頂」，但很明顯，路易斯在打斷之前就理解了這個比喻，無需主持人解碼。[10]

這場電台訪談中，「唐吉訶德」、「西西弗斯」、「大戰風車」這樣的比喻，雖然不像「臥薪嘗膽」在中國那麼婦孺皆知，但對許多西方人來說幾乎無需解釋。但如果對象是中國人的話，大多數完全不了解唐吉訶德和西西弗斯的故事，解碼會至關重要。

文化規律和人類共有規律

回首我的學術生涯至今，時不時湧現的另一個主題是，如何區分文化影響的想法和行為，和反映人類共有特質的想法和行為。最初研究王韜時，我發表了一篇文章，告誡學界不要忽視現代西方文明和中國傳統文明中「不那麼顯眼的方面」，這些方面「並不完全相同」，卻「相向而行，有所

重疊」。我認為，兩種迥異文化的交匯處很有價值，原因之一是「其中反映了人們面對**人類**本質──因此一定程度**超越文化**──的困境做出的本能反應」。[11]

王韜也時常用自己的話發表類似洞見。19世紀60年代末，王韜遊歷歐洲，於1868年在牛津大學向畢業生致辭，一些畢業生請他比較孔子的「道」和基督教的「道」。他說，兩種「道」均繫於人。他援引前聖之言：「東方有聖人焉；此心同，此理同也。西方有聖人焉；此心同，此理同也。」他歸結道，孔子之道與基督教天道「其道大同」。20年後，王韜駁斥影響愈大的西化人物秉持的「西學中源說」時，再次重申這一立場，大膽批判了認為歷史上只有中國文化才真正重「道」的偏見。「道」屬於全人類。聖賢是東西方**所有**民族都能孕育的普遍品質。事實上，正是因為這種任何地方人們都自然產生的特質，才賦予了人類社會根本的統一。[12]

試圖理解王韜中西文化同繫於人的思想過程中，我逐漸感受到更廣闊的議題，人類共有規律成為我的歷史觀日益重要的角度。可以說明此點的是我對義和團運動的理解。過去認為，義和團和外國人在所有方面針鋒相對。20世紀之交的西方人將義和團運動描繪成野蠻、落後、迷信、排外力量與進步、文明、開明力量的鬥爭。中國過去一百多年間對義和團的看法與此十分不同，尤其是馬克思主義陣營強烈傾向於把衝突定義為外國帝國主義與中國抵抗帝國主義愛國人民之間的鬥爭。

我認為這兩種觀點完全依據義和團與外國人的區別，

是淺嘗輒止。淺嘗輒止是因為兩種觀點都沒能考慮雙方的共通點。研讀義和團運動史料時，我十分驚訝於當時雙方把事件宗教化程度之高，他們用大量宗教術語來詮釋此次鬥爭及其相關情況。我也注意到，衝突各方傾向於把自己視作超自然神明、真善之神──上帝或諸神的代表，另外一方則是無能偽神或惡靈本身的化身。[13]

生活在19世紀尾聲的基督徒認為上帝之手無處不在。若祂希望羊群存活，祂會拯救羊群於危難之間。若祂希望傳教士繼續宣教，祂會確保傳教士基本物質需求得到滿足。若是如同一位傳教士寫道，1900年經久不散的大旱時，「祂思慮周詳」，上帝「會降雨紓緩旱情」。[14] 反過來也成立，基督徒面臨義和團的死亡威脅，不是因為上帝在工位上睡著了，而是祂准許義和團發生，義和團才發生。

令人震撼的是，當時許多中國人，義和團也好，非義和團也罷，也把世界萬事萬物包括晴雨歸結於上天或「諸神」。雖然中國人與傳教士建構的現實具體細節大相徑庭，但許多主題上幾乎互為鏡像。傳教士自詡上帝代表，有時自稱「上帝的戰士」，[15] 往往確信不疑自己就是聽從了耶穌基督的召喚前往中國，為救贖中國工作。1900年華北廣為流傳的順口溜、揭貼中，義和團常用充滿救世、武力字眼的詞句把自己描繪成「神兵」，是上天派下執行神聖任務的，或是有神附體的凡人，因此擁有神性，能執行神聖任務。

此外，傳教士把義和團運動塑造為邪惡勢力，罪惡罄竹難書，義和團拳民──可能也包括同情他們，但沒有直

接參與運動的數百萬中國人——也把傳教士以及推而廣之所有外國人，包括中國教民，當作自己所處世界的邪惡之源、神靈震怒的直接原因。義和團揭貼對旱災原因的解釋完全反映宗教對現實的認識；揭貼還為運動參與者提供了清晰的行動指南，說明如何平息神靈怒火，恢復宇宙平衡。[16] 此等觀點大眾普遍接受，這點證據確鑿。「洋鬼子來了，老天就不下雨了，」1900 年 5 月，一位傳教士聽到天津街上有個男孩子這樣喊。[17]

神明若使天不下雨，往往被視作兇悍易怒、睚眥必報，如果群體中某些代表轉投他神或破壞了規矩，神明會懲罰整個信徒群體。而若是信徒認為群體裡沒有害群之馬，反而可能是危難關頭無辜的受害者，這時他們也期待神明發揮庇護的作用。戰場上義和團拳民和基督徒對超自然主體的理解，正能說明他們對神靈作用的認識。[18]

故事與歷史

作為一個既研究中國史又研究世界史的學者，我的歷史觀最新的轉變是愈加欣賞歷史故事以及講述歷史故事的價值。這一點似乎是 80 年代中期某個時間嶄露頭角的，如果在 70 年代當面問我：「故事呢？故事發揮什麼樣的作用？」實話說，我無從談起。以今視昔，我要說自己對故事的興趣在探究勾踐故事對 20 世紀中國的影響時明確成為研究主線，但早在 80 年代中期某個節點，我無意之間已經開始體會到故事——或用更正式的術語「敘事」——的意義，這與我研究義和團時運用的三重方法有關。

剖析看待過去的不同方式時，我立志釐清事件、經歷、神話三者的分界線。本書第七章已經講到，《歷史三調》三部分是倒著寫的，寫第一部分「作為事件的義和團」的緒論〈歷史學家重塑的過去〉時，我已經擬就第二部分的緒論〈人們經歷的過去〉和第三部分的〈被神話化的過去〉。第二三部分完成後，我得以更游刃有餘地釐清：實際經歷是混亂複雜、模糊不清的，而歷史為混亂帶來秩序、清晰。我當時寫道，根本問題在於我們怎樣釐清歷史學家書寫的「歷史」和人們創造和親歷的「真實」。這是史學界以及研究歷史的哲學家、文藝理論家間備受爭議的話題。一些學者，如海登‧懷特（Hayden White）認為，歷史和真實沒有本質上的連續性。他們相信歷史的基本形式是敘事，而真實沒有敘事的結構。因此，歷史學家書寫歷史時會強加給歷史本身沒有的意義和框架。另外一些史家，如觀點清晰、最具說服力的戴維‧卡爾（David Carr）則認為，「無論我們是否是歷史學家，是否在思忖過去，都本能地採用敘事的結構來處理時間和日常生活」。卡爾直言，歷史學家渴望闡釋過去的真實，而敘事結構正是過去的真實不可或缺的一部分，因此歷史和現實的關係，或用他的措辭「敘事和日常生活」的關係是連續性的，而不是非連續性的。[19]

在這個問題上，我的立場介乎這兩種極端之間，但更傾向於卡爾。我同意卡爾的觀點，敘事不僅對個人來說，而且對群體來說都是日常生活的基本組成元素。因此歷史學家的敘事化處理，本身並不割裂人們經歷的過去與歷史學家重構的歷史。然而，歷史學家重構的過程往往引入

其他因素，重構的實踐雖不會完全割裂過去與歷史，但會製造出一系列與界定直接經歷截然不同的元素。[20]至少所有歷史著作都會對過去高度簡化、壓縮，最出色的也不例外。就像義和團運動那樣大的事件，歷時數年，波及大半個華北，但一旦寫成史書，卻區區百頁，隻手可握，幾個小時就能從頭翻到尾。[21]

歷史學家的工作，最重要的是先理解過去發生的事情，然後解釋給讀者，然而我要指出，說親歷的歷史和歷史學家重構的歷史之間涇渭分明是過度簡化，是值得商榷的問題。於歷史學家而言，親歷的歷史或許凌亂混雜，於親歷者而言卻並非如此。人們生活中當然有紛繁複雜的部分，但至少一般來說，我們每個人認識自己的生活並不會覺得它混沌繁雜。所以在個人層面、個人親身經歷層面，敘事發揮著至關重要的作用。經歷自己的人生時，我們本能地把生活納入敘事框架中。丹尼爾·夏克特（Daniel L. Schacter）用心理學的語言寫道：「大腦主要通過記憶來試圖理解經歷，講述關於經歷連貫的故事。要認識自己的過去，我們只能依賴這些故事，所以它們深遠影響了我們看待自己、自己所作所為的方式。」[22]也就是說，我們「講故事」給自己聽，以此梳理自己的經歷——這是記錄自己的傳記，而非構建歷史。所以朱利安·巴恩斯（Julian Barnes）小說《福樓拜的鸚鵡》（Flaubert's Parrot）中敘事主人公傑弗里·布拉斯韋特（Geoffrey Braithwaite）的話——書籍用來解釋人生，而實際上，事情是自自然然就發生的——這話並不完全對。在實際的人生中，我們也渴求理解、解釋，這

種渴望我們每個人、每天、每時每刻都可以主觀體會到。[23]

經過長時間思索，我最終發覺，只有分解整個義和團運動的實質，詳述理解拳民的不同方式，才能更加體味到故事在義和團歷史中的角色。自然，這是我探究義和團的神話化時想到的，關於神話的章節雖然放在書的最後，卻是我最先寫的部分，其中充斥著形形色色的故事。隨著自己日益熟悉故事和講故事的作用，我意識到書中講述經歷的章節，比如旱災、法術、婦女穢物敗法、降神附體、謠言、死亡等，同樣也蘊含諸多故事。最後，撰寫《歷史三調》過程中，我更理解歷史學家重構過去的方法，也更深入察覺到他們怎樣用不同方式來講故事。[24] 到這時候，故事已成為我寫歷史的重要概念基礎。

243　　　這點也是《歷史三調》的一個有趣謎題。雖然《歷史三調》1997年才出版，十幾年前其核心思想已在我腦海中反覆盤旋，那正是1984年，我極力讚揚中國歷史中國中心觀的書《在中國發現歷史》出版之時。然而讀者您可能想到，本回憶錄第五章我探討中國中心觀局限之處時，講到《歷史三調》雖然一些層面以中國為中心，其主旨卻不是講中國歷史，而是更宏大的如何認知歷史書寫。我在那一章寫道這點「並沒有以中國為中心」。換句話說，正是引介、首肯中國中心觀之時，我也已經摩拳擦掌，在自己研究中偏離了中國中心觀。本書第五章已經言明，解決這個悖論相當輕而易舉。我對中國中心觀的擁護畢竟適用於中國歷史研究。《在中國發現歷史》講中國中心觀的那一章題目就叫〈走向以中國為中心的中國史〉。但在《歷史三調》，雖然闡

發分析的主要材料援引自中國的義和團運動，但開篇我就直言題中之義在於剖析一般歷史學家如何寫作歷史，中國的義和團只是這項宏大事業的推動者。

我的下一本書《與歷史對話》延伸了《歷史三調》的一些脈絡。其最鮮明的主題是婦孺皆知的越王勾踐受辱、復仇的故事，尤其在20世紀20、30年代日本虎視眈眈中國之時，該故事成為愛國敘事的一部分，更重要的是，隨後場場危機中人們一再改編勾踐故事，這種方式令人想起20世紀不同時期，關於義和團拳民的神話或故事也幾經改編。神話的創造者以各種方式從義和團的過去汲取他們想要的信息，灌輸給當時的人們，在20世紀，人們也以類似方式，有意無意地加工了新版本的勾踐故事，迎合當時中國人不斷變換的擔憂。

前文我把勾踐這一類故事稱為「局內文化知識」，一個文化中長大的人才會了解。美國史家即使去過中國，會用中文聊天，也極不可能知曉勾踐故事乃至勾踐的名字。研究勾踐故事時，我私下調查了做現代中國研究的美國同事，所有人都會講中文，在中國生活過，沒有一個人聽說過勾踐。我自己也是如此。若不是之前研究國恥時反覆看到勾踐的故事，我也不會知道。

但勾踐故事有趣的正是這一點。雖然東亞之外世界大部分地區的人都不知道勾踐，對他的故事卻遠非一無所知。這個故事在東亞其他地區頗負盛名，包括一度與中國刀兵相見的國家。關鍵因素是使用漢字書寫系統。越南長期抵抗北方強大鄰國的進攻，因此自詡為歷史上的越

244

國。1428年，越南擺脫明朝統治，越南著名愛國文學家阮廌在其《平吳大誥》中將中國比作吳國。東亞其他地區也大抵如此。日本明治晚期國難之際，如1894年第一次中日戰爭（即甲午戰爭）之後三國干涉還遼（1895年）及俄日戰爭（1904–1905年）期間，均使用越王勾踐故事指日本似越國，面對實力遠勝於自己的敵國。[25] 熟讀文言文的東亞人著作中也時常出現勾踐故事的典故，無需解釋。總而言之，我想說的是雖然勾踐故事是中國文化傳統的一部分，但這一傳統不只存在於中國，往前推幾十年，東亞其他國家的知識分子均受中國經典滋養，勾踐故事也深入他們骨髓，如同歐洲精英在學校研習希臘、羅馬典籍一般。[26] 勾踐故事不僅是中國人，也是越南人、朝鮮韓國人、日本人的局內文化知識。

本書第十章講到，《與歷史對話》也成為我最新出版的《歷史與大眾記憶》的出發點，《歷史與大眾記憶》關注多個故事與歷史的互動。勾踐故事只是其中一個章節，其他章節聚焦塞爾維亞、法國、英國、以色列、巴勒斯坦和蘇聯的故事。這是我第一本不是集中寫中國的書。的確，前文已經講到，我想寫這本書，主要就是為了把中國放在更廣闊的世界舞台，顛覆過去狹隘、畫地為牢的地方主義視角。

之前講到，我的歷史觀一部分早期已經存在，一部分是後來萌發的。反諷的是，《歷史與大眾記憶》中前後二者皆有。這本書主要探討一種超越文化的現象，我在本書第十章中稱之為「另一種世界史，並非傳統的基於交匯、

245

比較、影響的歷史方法，而是著眼於另一類反覆出現的規律，如同有血脈關係一般，獨自生長，卻很可能植根於一些人類的特性，歸根結底，是人類自身經歷中講故事的共通性，超越了文化和地域的特性」。有意思的是，在我寫作的早期已注意到這層超越文化的人類共有特點，它是我的治學工具之一，現在將之與講故事緊密相連起來，我這部分歷史觀在80年代構思《歷史三調》時才冒出來。

一確定故事和講故事的重要性，它便成為我歷史觀的核心思想。最初領會故事的作用是受到義和團拳民變化多端的神話的啟示。後來，故事成為我打開勾踐故事裡那面相眾多主角的鑰匙——時代環境不同，他的形象也不斷演變。故事亦是我新書中「大眾記憶」的基石。上一章講到，書中我細分了大眾記憶與嚴肅歷史的區別，雖然歷史學家認為此類分別大有必要，但我注意到普通人往往搞不清楚二者，歷史學家的真相往往無法與引人入勝歷史故事的力量抗衡，這些故事雖然自稱講述歷史真相，其實被嚴重神話化或政治扭曲。

歷史學家一般比較重視嚴肅歷史。然而嚴肅歷史和大眾記憶之間的關係遠比人們認識的更複雜、模糊。原因之一是前文已經講到，大眾記憶往往包含真實的歷史成分，普通人甚至連一些歷史學家都難以分辨哪些是事實，哪些是虛構。原因之二是歷史學家重構真實的過去時，常常甚至不可避免會面對證據不足的問題：審視的過去越複雜，材料就越少，我們不得不做出推斷，以自己推斷出的結果填補那些空缺。但問題是，我們難以保證這些推斷不反映

246

我們生活、工作的社會主流價值觀和偏見，所以，即使我們試圖挑戰誤導人們理解過去的古老神話，也可能不由自主在敘述中引入新的神話。

　　所以一定程度上，我們回到了本章開篇探討歷史模糊性的基調。但這也不過是一定程度而已，本章開篇的分析僅指這本回憶錄。然而，回憶錄不過是書寫歷史的一種形式，是很特殊的一種形式。其他很多形式也會引發回憶錄作者不會理會的問題，因為它們並非心頭之重。例如，回憶錄作者希望表達的過去、**當時**發生的事，相對離現在更近，有清晰的時間界定，一般都是主人公的成年生活，往往聚焦於一個個體。因此回憶錄作家——假設他們從事寫作的話——只需告訴讀者他們寫過的書籍文章、著作主題、獲獎情況、遭遇的批評，如此而已。當然這是有意簡化了回憶錄的實際內容，作者自然有無數選擇，有寫與不寫某些東西的自由。但歸根結底，寫作回憶錄相對簡單，尤其是跟比如寫法國大革命相比，後者定然複雜得多。書寫法國大革命的歷史學家，需要知曉的過去並非某一個人，而是大量、多元的人。牽涉的地域之廣，深入理解是不可能的，部分原因是許多事情根本沒有記錄，而且許多記錄已然湮沒了。此外，研究法國大革命的歷史學家在重構這個事件時，有意無意間會在敘述中加入一些元素、刪去另一些元素。本書第七章已經指出，所有歷史學家，包括研究法國大革命的歷史學家和回憶錄作者，都有個人議程。

　　由此說到一個相關話題：歷史學家，包括回憶錄作

家，如何處於現在來看待過去、理解過去、書寫過去？總有空隙需要彌合、空白需要填補，但即使歷史學家窮盡一生彌合、填補，他們也不能避免用今天的語言，講盡力重構的**當時**真實發生的故事，還要採用引起**現在**人們共鳴的方式。

也就是說，歷史學家，包括回憶錄作家和法國大革命學者，必須是精通多種語言的人——通曉當今的語言，也以人類所能到達的極限，通曉過去的語言。在兩個大相徑庭的領域之間輾轉遊走，每個領域都有屬於自己的理解難題——這種要求，或許是我們治學面臨的最大挑戰。這種困境永遠無法完全克服，而且當時和現在的距離越遠，這個挑戰自然就越棘手。然而任何成熟的歷史學家都會認同，與這個挑戰角鬥，甚至擁抱這個挑戰，深入探尋我們渴望了解的神秘過去，正是為歷史學家帶來滿足感的最大來源。

附錄：作者著作

按初版發表時間排序。

英文書籍

China and Christianity: The Missionary Movement and the Growth of Chinese Antiforeignism, 1860–1870 (Cambridge, MA: Harvard University Press, 1963).

Between Tradition and Modernity: Wang T'ao and Reform in Late Ch'ing China (Cambridge, MA: Harvard University Press, 1974); paperback reprint with new preface (Cambridge, MA: Council on East Asian Studies, Harvard University, 1987).

Reform in Nineteenth-Century China, coedited with John E. Schrecker (Cambridge, MA: East Asian Research Center, Harvard University, 1976).

Report on the Visit of the Young Political Leaders Delegation to the People's Republic of China (New York: National Committee on United States–China Relations, 1977).

Discovering History in China: American Historical Writing on the Recent Chinese Past (New York: Columbia University Press, 1984); second paperback ed. with new preface, 1996; reissue with new introduction by author, 2010.

Ideas Across Cultures: Essays on Chinese Thought in Honor of Benjamin I. Schwartz, coedited with Merle Goldman (Cambridge, MA: Council on East Asian Studies, Harvard University, 1990).

Fairbank Remembered, compiled with Merle Goldman (Cambridge, MA: John K. Fairbank Center for East Asian Research, Harvard University, 1992).

History in Three Keys: The Boxers as Event, Experience, and Myth (New York: Columbia University Press, 1997).

China Unbound: Evolving Perspectives on the Chinese Past (London: Routledge Curzon, 2003).

Speaking to History: The Story of King Goujian in Twentieth-Century China (Berkeley: University of California Press, 2009).

History and Popular Memory: The Power of Story in Moments of Crisis (New York: Columbia University Press, 2014).

A Path Twice Traveled: My Journey as a Historian of China (Cambridge, MA: Fairbank Center for Chinese Studies at Harvard University, 2019).

英文期刊文章、論集文章及短文

"Missionary Approaches: Hudson Taylor and Timothy Richard," *Papers on China* 11 (1957): 29–62.

"The Hunan-Kiangsi Antimissionary Incidents of 1962," *Papers on China* 12 (1958): 1–27.

"The Anti-Christian Tradition in China," *Journal of Asian Studies* 20.2 (February 1961): 169–80; reprinted in *Christian Missions in China: Evangelists of What?*, ed. Jessie Lutz (Boston: Heath, 1965).

"Some Sources of Antimissionary Sentiment during the Late Ch'ing," *Journal of the China Society* 2 (1962): 1–19.

"Wang T'ao and Incipient Chinese Nationalism," *Journal of Asian Studies* 26.4 (1967): 559–74.

"Wang T'ao's Perspective on a Changing World," in *Approaches to Modern Chinese History*, ed. Albert Feuerwerker et al. (Berkeley: University of California Press, 1967).

"Ch'ing China: Confrontation with the West, 1850–1900," in *Modern East Asia: Essays in Interpretation*, ed. James Crowley (New York: Harcourt Brace and World, 1970).

Foreword to Sidney A. Forsythe, *An American Missionary Community in China, 1895–1905* (Cambridge, MA: East Asian Research Center, Harvard University, 1971).

"Europe Goes East," in *Half the World: The History and Culture of China and Japan*, ed. Arnold Toynbee (London: Thames and Hudson, 1973).

"Littoral and Hinterland in Nineteenth-Century China: The 'Christian' Reformers," in *The Missionary Enterprise in China and America*, ed. John K. Fairbank (Cambridge, MA: Harvard University Press, 1974).

"Discussion," in *Medicine and Society in China*, ed. John Z. Bowers and Elizabeth F. Purcell (New York: Josiah Macy, Jr. Foundation, 1974), 75–81.

"The New Coastal Reformers," in *Reform in Nineteenth-Century China*, ed. Paul A. Cohen and John E. Schrecker (Cambridge, MA: East Asian Research Center, 1976).

"China Reaches a Milestone—and Relaxes: Some Signs Hint a Letup," *Boston Globe*, July 31, 1977, A3.

"Christian Missions and Their Impact to 1900," in *The Cambridge History of China*, vol. 10, ed. John K. Fairbank (Cambridge: Cambridge University Press, 1978).

"Sino-American Relations, 1850–1900," in *The Historical Precedents for Our New Relations with China* (Washington, DC: Wilson Center, Occasional Paper No. 7, 1980).

"Modern History," coauthored with Merle Goldman, in *Humanistic and Social Science Research in China*, ed. Anne F. Thurston and Jason Parker (New York: Social Science Research Council, 1980), 38–60.

"Sinological Shadowboxing: Myers and Metzger on the State of Modern China Studies in America," *Republican China* 9.1 (October 1983): 5–10.

"The Quest for Liberalism in the Chinese Past: Stepping Stone to a Cosmopolitan World or the Last Stand of Western Parochialism?— A Review of *The Liberal Tradition in China* by Wm. Theodore de Bary," *Philosophy East and West* 35.3 (July 1985): 305–10.

"'State' Domination of the China Field: Reality or Fantasy? A Reply to Robert Marks," *Modern China* 11.4 (October 1985): 510–18.

"A Reply to Professor Wm. Theodore de Bary," *Philosophy East and West* 35.4 (October 1985): 413–17.

Review essay on Jacques Gernet, *China and the Christian Impact: A Conflict of*

Cultures (Cambridge: Cambridge University Press, 1985), *Harvard Journal of Asiatic Studies* 47.2 (December 1987): 674–83.

"Self-Strengthening in 'China-Centered' Perspective: The Evolution of American Historiography," 載《清季自強運動研討會論文集》(台北：中央研究院近代史研究所，1988)，上冊，頁3–35。

"Our Proper Concerns as Historians of China: A Reply to Michael Gasster," *American Asian Review* 6.1 (Spring 1988): 1–24.

"The Post-Mao Reforms in Historical Perspective," *Journal of Asian Studies* 47.3 (August 1988): 518–40.

"Introduction," coauthored with Merle Goldman, in *Ideas Across Cultures: Essays on Chinese Thought in Honor of Benjamin I. Schwartz*, ed. Paul A. Cohen and Merle Goldman (Cambridge, MA: Council on East Asian Studies, Harvard University, 1990), 1–13.

"Response to Introduction: Situational versus Systemic Factors in Societal Evolution," in *Two Societies in Opposition: The Republic of China and the People's Republic of China after Forty Years*, ed. Ramon Myers (Stanford, CA: Hoover Institution Press, 1990), xlvii–liv.

"The Contested Past: The Boxers as History and Myth," *Journal of Asian Studies* 51.1 (February 1992): 82–113.

"John King Fairbank (24 May 1907–14 September 1991)" [biographical memoir], *Proceedings of the American Philosophical Society* 137.2 (June 1993): 279–84.

"Cultural China: Some Definitional Issues," *Philosophy East and West* 43.3 (July 1993): 557–63.

"Obituary for Lloyd Eastman," coauthored with Parks M. Coble and Patricia Ebrey, *Journal of Asian Studies* 52.4 (November 1993): 1110–12.

Foreword to Edward V. Gulick, *Teaching in Wartime China: A Photo-Memoir, 1937–1939* (Amherst: University of Massachusetts Press, 1995).

"Imagining the Red Lanterns," *Berliner China-Hefte* 12 (May 1997): 83–97.

Review essay on Daniel H. Bays, ed., *Christianity in China: From the Eighteenth Century to the Present* (Stanford: Stanford University Press, 1996), *China Review International* 5.1 (Spring 1998): 1–16.

"Time, Culture, and Christian Eschatology: The Year 2000 in the West and the World," *American Historical Review* 104.5 (December 1999): 1615–28.

"Memorial to Benjamin I. Schwartz," coauthored with Merle Goldman and Roderick MacFarquhar, *China Quarterly* 161 (March 2000): 299–301.

"Introduction: Politics, Myth, and the Real Past," *Twentieth-Century China* 26.2 (April 2001): 1–15.

"The Asymmetry in Intellectual Relations between China and the West in the Twentieth Century," 載張啟雄編：《二十世紀的中國與世界：論文選集》（台北：中央研究院近代史研究所，2001），上冊，頁 61–93。

"Remembering and Forgetting the Twenty-One Demands: A Case Study in Manipulation of National Memory," in *Measuring Historical Heat: Event, Performance, and Impact in China and the West* (conference volume) (November 2001).

"Reflections on a Watershed Date: The 1949 Divide in Chinese History," in *Twentieth-Century China: New Approaches*, ed. Jeffrey N. Wasserstrom (London: Routledge, 2002). 此文後長篇擴充為 "Ambiguities of a Watershed Date: The 1949 Divide in Chinese History"，載 Paul A. Cohen, *China Unbound: Evolving Perspectives on the Chinese Past* (London: Routledge Curzon, 2003), 131–47。

"Remembering and Forgetting National Humiliation in Twentieth-Century China," *Twentieth-Century China* 27.2 (April 2002): 1–39.

"Between China and America: The Career of Madame Chiang Kai-shek," *Wellesley* 88.2 (Winter 2004): 34–38.

Foreword to Ye Weili (with Ma Xiaodong), *Growing Up in the People's Republic: Conversations between Two Daughters of China's Revolution* (New York: Palgrave Macmillan, 2005).

"Humanizing the Boxers," in *The Boxers, China, and the World*, ed. Robert Bickers and R. T. Tiedemann (Lanham, MD: Rowman and Littlefield, 2007), 179–97.

"Epilogue: Thoughts in Response," 204–8, in "Forum: Reflections on Paul A. Cohen's Contributions to Chinese Historical Studies," *Chinese Historical Review* 14.2 (Fall 2007): 179–211.

"Coming Distractions: Speaking to History" (interview), *The China Beat*, September 26, 2008, http://thechinabeat.blogspot.com/2008/09/coming-distractions-speaking-to-history.html.

"Boxer Uprising," in *Encyclopedia of Modern China*, ed. David Pong (Farmington Hills, MI: Charles Scribner's Sons/Gale Cengage Learning, 2009), 146–48.

"The Tenacity of Culture: Old Stories in the New China," in *The People's Republic of China at 60: An International Assessment*, ed. William C. Kirby (Cambridge, MA: Harvard University Asia Center for the Fairbank Center for Chinese Studies, 2011), 388–400.

"Boxers, Christians, and the Gods: The Boxer Conflict of 1900 as a Religious War," in *Critical Readings on Religions of China*, ed. Vincent Goossaert, 4 vols. (Leiden: Brill, 2012), 4:1451–80.

Biography of Wang Tao (coauthored with Elizabeth Sinn), in *Dictionary of Hong Kong Biography*, ed. May Holdsworth and Christopher Munn (Hong Kong: Hong Kong University Press, 2012).

Biography of Hong Ren'gan, in *Dictionary of Hong Kong Biography*, ed. May Holdsworth and Christopher Munn (Hong Kong: Hong Kong University Press, 2012).

"Peter Hessler: Teacher, Archaeologist, Anthropologist, Travel Writer, Master Storyteller," *Journal of Asian Studies* 72.2 (May 2013): 251–72.

"Between History and Memory: A Conversation with Paul A. Cohen," *Chinese Historical Review* 23.1 (May 2016): 70–78 (interviewer: Hanchao Lu).

"Change over Time in Qing History: The Importance of Context," *Late Imperial China* 37.1 (June 2016): 10–13.

"Nineteenth-Century China: The Evolution of American Historical Approaches," in *A Companion to Chinese History*, ed. Michael Szonyi (Hoboken, NJ: Wiley Blackwell, 2017), 154–67.

"How Has the Way We Study China Changed in the Last Sixty Years?," in *The China Questions: Critical Insights into a Rising Power*, ed. Jennifer Rudolph and Michael Szonyi (Cambridge, MA: Harvard University Press, 2018).

"My Taipei Days: A Reminiscence," in *The Field of Chinese Language Education in the U.S.: A Retrospective of the 20th Century*, ed. Vivian Ling (London: Routledge, 2018), 337–42.

中、日、韓文書籍、期刊論文及短文

〈美國的中國近代史研究〉,《歷史研究》,第2期(1980),頁85–88。

〈美國研究清末民初中國歷史的新動向〉,《復旦學報》,第6期 (1981),頁73–84。

〈美國研究清末民初中國歷史的新動向〉,載蔡尚思編:《論清末民初 中國社會》(上海:復旦大學出版社,1983),頁317–357(前文同 題的全面分析)。

佐藤慎一譯:《知の帝国主義──オリエンタリズムと中国像》(東 京:平凡社,1988)。

林同奇譯:《在中國發現歷史》(北京:中華書局,1989);擴展本(北 京:中華書局,2005);重印版(北京:中國社會科學文獻出版 社,2017)。

林同奇譯:《在中國發現歷史:中國中心觀在美國的興起》(台北: 稻香出版社,1991)。

柯保安著(作者在台灣曾用名),李榮泰譯,古偉瀛校:《美國的中國 近代史研究:回顧與前瞻》(台北:聯經出版公司,1991)。

〈有爭議的往事:作為歷史與神話的義和團〉,載《義和團運動與近代 中國社會國際學術討論會論文集》(濟南:齊魯書社,1992)。

〈我的學術生涯〉,《文史哲》,第2期(1994年3月),頁61–63。

〈我的老師費正清〉,《文史哲》,第3期(1994年5月),頁72–75、71。

〈《在中國發現歷史》新序〉,《歷史研究》,第6期(1996年12月),頁 95–105。

〈以人類學觀點看義和團〉,《二十一世紀》,第45期(1998年2月), 頁93–102。

雷頤、羅檢秋譯:《在傳統與現代性之間:王韜與晚清革命》(南 京:江蘇人民出版社,1998)。

〈理解過去的三條途徑:作為事件、經驗和神話的義和團〉,《世界漢 學》,第1期(1998年5月),頁122–132。

〈二十世紀晚期中西之間的知識交流〉，《文史哲》，第4期（1998年6月），頁21–29。

柯文、戈德曼編，朱政惠等譯：《費正清的中國世界：同時代人的回憶》（上海：東方出版中心，2000）。

杜繼東譯：《歷史三調：作為事件、經歷和神話的義和團》（南京：江蘇人民出版社，2000）。

〈義和團、基督徒和神：從宗教戰爭看1900年的義和團鬥爭〉，《歷史研究》，第1期（2001年2月），頁17–28。亦載蘇位智、劉天路編：《義和團研究100週年國際學術討論會論文集》（濟南：山東大學出版社，2002），上卷，頁59–80。

〈中國中心觀的由來及其發展：柯文教授訪談錄〉，《史林》，第4期（2002年11月），頁32–42。

〈變動中的中國歷史研究角度〉，《二十一世紀》，第78期（2003年8月），頁34–49。重印於中華書局2005年版《在中國發現歷史》，頁246–276。

Lee Nam Lee譯：*Hak Moon ei: Jae Gook Ju ei*（《在中國發現歷史》韓語版）（首爾：Sanhae Publishing，2003）；2013年新版（首爾：SCH Press）。

〈史學研究的標籤暴政〉，《二十一世紀》，第87期（2005年2月），頁118–119。

〈勾踐故事在20世紀中國：跨文化視角〉，載許紀霖、朱政惠編：《史華慈與中國》（長春：吉林出版集團有限責任公司，2008），頁427–450。

〈歷史書寫的無聲之處：一位歷史學者的自白——以《歷史三調：作為事件、經歷和神話的義和團》的撰寫為例〉，《文史哲》，第3期（2012年5月），頁5–12。

杜繼東譯：〈《歷史三調》中文再版序〉（北京：中國社會科學文獻出版社，2014）；再版序言亦以〈歷史事實與歷史敘寫——《歷史三調》中文再版序〉為題，發表於《蘭州學刊》（2014年11月）。

雷頤、羅檢秋譯：《在傳統與現代性之間：王韜與晚清改革》（北京：中信出版集團，2016）。

董鐵柱譯：《與歷史對話：二十世紀中國對越王勾踐的敘述》（香港：中華書局，2021）。

註釋

序言

1　Benedict Anderson, *A Life Beyond Boundaries* (London and Brooklyn: Verso, 2016), 101; 亦見頁189–90。安德森強調文化差異的重要性，可與我在哈佛讀研究生時老師H・斯圖亞特・休斯 (H. Stuart Hughes) 的態度觀照。休斯的父母帶8歲的他去歐洲遊玩，他和我第一次出國的感受有些相似。傑里米・D・波普金 (Jeremy D. Popkin) 寫道，休斯「深受創傷」，「因為看到了一些東西，比如聖米歇爾山中世紀地牢裡的囚犯蠟像」(*History, Historians, and Autobiography* [Chicago: University of Chicago Press, 2005], 132)。與我不同的是，休斯在自傳中說自己馬上感到了旅途經歷與後來立志成為歷史學家之間的聯繫，「所以我很早就找到了自己的志向：我想做歐洲歷史學家。研究歷史……是理清那次旅行遺留的混亂、矛盾情緒的唯一方法」(*Gentleman Rebel: The Memoirs of H. Stuart Hughes* [New York: Ticknor & Fields, 1990], 24)。

2　David Lowenthal, *The Past Is a Foreign Country* (Cambridge: Cambridge University Press, 1985). 哈特利小說《送信人》(*The Go-Between* [London: Hamish Hamilton, 1953]) 的開篇首句：「過往即他鄉，那裡行事風俗不同。」(The past is a foreign country; they do things differently there.)

第一章　開端

1　Paul A. Cohen, *China and Christianity: The Missionary Movement and the Growth of Chinese Antiforeignism, 1860–1870* (Cambridge, MA: Harvard University Press, 1963), vii.

2　Ryan Dunch, "On China and Christianity," in "Paul A. Cohen's Contributions to Chinese Historical Studies," special issue of *Chinese Historical Review* 14.2 (Fall 2007): 183. 總理衙門是清政府1861年特設的機構，主管外交事務。

3　Paul A. Cohen and Hanchao Lu, "Between History and Memory: A Conversation with Paul A. Cohen," *Chinese Historical Review* 23.1 (May 2016): 72. Ronald Suleski, *The Fairbank Center for East Asian Research at Harvard University: A Fifty Year History, 1955–2005* (Cambridge, MA: John K. Fairbank Center for East Asian Research, Harvard University, 2005); 這本書中有一張週四下午茶永久邀請函的複印件，在頁144後的照片集。

4　"Missionary Approaches: Hudson Taylor and Timothy Richard," *Papers on China* 11 (1957): 29–62.

5　費先生的文章是"Patterns behind the Tientsin Massacre," *Harvard Journal of Asiatic Studies* 20 (1957): 480–511。

6　"The Hunan-Kiangsi Anti-Missionary Incidents of 1862," *Papers on China* 12 (1958): 1–27.

7　柯文著：《中國與基督教》，第三章，尤見頁86–109。

8　我在台北的老師馬靜恆請我寫了一篇講述在台灣學中文經歷的短文，收入她和凌志韞（Vivian Ling）合作的20世紀美國中文教學研究項目中。本節部分內容取材於拙文"My Taipei Days: A Reminiscence"，載 *The Field of Chinese Language Education in the U.S.: A Retrospective of the 20th Century*, ed. Vivian Ling (London: Routledge, 2018), 337–42。

9　也有例外——在中國研究領域也有獲得博士學位、學術生涯頗有建樹的女性。現在能記起的哈佛同學裡有戈德曼（Merle Goldman），波士頓大學教授，丈夫是衛斯理學院教授，研究蘇

聯經濟；以及冉枚煉（Mary Rankin），華盛頓特區的獨立學者，丈夫也是華府的一位地質學家。

10 Jeremy D. Popkin, *History, Historians, and Autobiography* (Chicago: University of Chicago Press, 2005), 146–47. 參見 Henry Abelove et al., eds., *Visions of History* (New York: Pantheon, 1984), 99–122，對戴維斯的採訪。澳大利亞歷史學者吉兒·凱爾·康威（Jill Ker Conway）60年代是戴維斯在多倫多大學歷史系關係很好的同事，後來擔任史密斯學院校長，她寫道，60年代初自己哈佛博士畢業之後，女性在哈佛找到教職幾乎不可能。*True North: A Memoir* (New York: Vintage Books, 1995), 31, 58–59; 同見 Popkin, *History, Historians, and Autobiography*, 147–48。

11 Jane Kramer, "Eat, Memory," *New Yorker*, September 19, 2016, 84. 美國聯邦儲備委員會前主席珍妮特·耶倫（Janet Yellen）在2017年5月5日一篇講話中提到，直到1974年新法通過，女性申請貸款才無需男性做共同簽署人。Binyamin Appelbaum, "To Lift Growth, Help Women Go to Work, Fed Chief Says," *New York Times*, May 6, 2017, B3.

12 Interview with Philip Galanes, "The Road to Activism," *New York Times* (Style Section), September 18, 2016, 17.

13 費先生給作者的信，1960年11月15日。

14 費先生給作者的信，1961年3月20日。

15 費維愷給作者的信，1961年12月6日。

16 哈佛燕京圖書館藏有篇幅更長的《辟邪紀實》，我在《中國與基督教》中有詳細分析，但沒有《辟邪實錄》。《辟邪實錄》是《辟邪紀實》濃縮版，似乎更為傳教士群體所知。山東滕州的傳教士翻譯了《辟邪實錄》，1870年在上海出版。

17 給費先生的信，1961年6月28日；費先生給作者的信，1961年7月27日。

18 費先生給作者的信，1961年6月20日。

19 給費先生的信，1961年8月12日。

20 向納當時研究的成果寫成了 *Christian Converts and Social Protest in Meiji Japan* (Berkeley: University of California Press, 1970)。

21 給費先生的信，1962年10月8日。注意20世紀50年代後幾年我讀博士時還在上課，研究生當助教的慣例至少中國歷史系入門課上還沒有成形。因此執教密大前，我完全沒有站講台的經歷。

22 12月初，我給亞歷山大寫了一篇詳細的備忘錄，分析密大擴展中國研究方面的工作安排，其中很多點來之前給費維愷寫的信。

23 哈佛大學出版社社長托馬斯‧J‧威爾遜（Thomas J. Wilson）1962年6月12日給費先生的信，隨附於費先生1962年6月18日給作者的信。

24 給費先生的信，1962年10月8日。

25 給陳增輝的信，1985年6月3日。編目的題目是《教案史料編目》（北平：燕京大學宗教學院書記室，1941）。

26 接受衛斯理學院聘請前，我在1965年1月20日接到費先生來函，正式邀請我擔任東亞研究中心研究員。

第二章　王韜：清末變革之法

1 Paul A. Cohen, *Between Tradition and Modernity: Wang T'ao and Reform in Late Ch'ing China* (Cambridge, MA: Harvard University Press, 1974).

2 這段王韜簡介大體取材自 Paul A. Cohen and Elizabeth Sinn, "Wang Tao," in *Dictionary of Hong Kong Biography*, ed. May Holdsworth and Christopher Munn (Hong Kong: Hong Kong University Press, 2012), 449–52。

3 西方影響是晚清變革的主要原因，這一學說的問題我在 *Between Tradition and Modernity* (Cambridge, MA: Council on East Asian Studies, Harvard University, 1987), viii–x 序言有分析。亦參見本章最後一節。

4 John K. Fairbank, *China: The People's Middle Kingdom and the U.S.A.* (Cambridge, MA: Harvard University Press, 1967), 104. 本節取材自柯文著：《在傳統與現代性之間》，頁143–53，稍有改動。

5 王韜著：《弢園文錄外編》（香港，1883），卷七，19a–b。

6 王韜的駁論見《弢園文錄外編》，卷七，15b–19。

7 類似主題參見《弢園文錄外編》，卷五，16b。

8 19世紀維新派常引用《易經》這句話。楊聯陞認為其意近人類學家阿爾弗雷德・克魯伯（Alfred Louis Kroeber）的「窮盡一切可能性」（exhaustion of possibilities）。見楊聯陞著：〈朝代間的比賽〉，原刊《慶祝李濟先生七十歲論文集》（台北：清華學報社，1965），第一卷，頁146。

9 Michael Gasster, "Reform and Revolution in China's Political Modernization," in *China in Revolution: The First Phase, 1900–1913*, ed. Mary C. Wright (New Haven, CT: Yale University Press, 1968), 83. 著重號為原文所加。

10 故事和講故事的重要性，本書後文有詳談。

11 羅伯特・E・沃德（Robert E. Ward）談到日本政治現代化時說：「日本完整的現代政治體系大約19世紀60、70年代建成，但該體系的基本組成部分……可以往前再推150年至五六百年。這顛覆了對日本政治現代化的傳統觀點。在這些情況下，日本政治現代化不是明治維新以降一百年發生的過程，而是歷經250年到六七百年準備累積的結果，終至最後一百年飛速發展、大幅拓寬的政治變革。」見Robert E. Ward, ed., *Political Development in Modern Japan* (Princeton, NJ: Princeton University Press, 1968)，頁580的終曲；同見Michael Gasster, "Reform and Revolution," 84。

12 Paul A. Cohen, "Ch'ing China: Confrontation with the West, 1850–1900," in *Modern East Asia: Essays in Interpretation*, ed. James B. Crowley (New York: Harcourt, Brace, & World, 1970), 48–49. 西里爾・E・布萊克（Cyril E. Black）在發人深省的 *The Dynamics of Modernization: A Study in Comparative History* (New York: Harper and Row, 1966) 一書中採取全球視角，稱有七種各具特色的政治現代化模式。尤其重要的是，他視中日同屬一種模式，還有俄羅斯、伊朗、土耳其、阿富汗、埃塞俄比亞、泰國等六種模式。

13 為了讓近代中國史擺脫西方衝擊說，21世紀中國愛國學者聲稱明末已出現資本主義和現代科技萌芽，當時西方還沒有全盤屠戮中國。即便如此，這也遠遲於江戶時代的日本。列文

森（Joseph R. Levenson）批判了現代科技思想清初獨立出現的説法，見Joseph R. Levenson, *Confucian China and Its Modern Fate: The Problem of Intellectual Continuity* (Berkeley: University of California Press, 1958), 3–14。

14　Mary C. Wright, *The Last Stand of Chinese Conservatism: The T'ung-chih Restoration, 1862–1874* (Stanford, CA: Stanford University Press, 1957), 274.

15　見Cohen, *Between Tradition and Modernity*, 67–73。

16　王韜支持變革原由的演變見Leong Sow-theng（梁肇庭）, "Wang T'ao and the Movement for Self-strengthening and Reform in the Late Ch'ing Period," *Papers on China* 17 (1963): 118ff。

17　王韜著：《弢園文錄外編》，卷一，10；同見卷一，12b；卷五，17。

18　王韜著：《弢園文錄外編》，卷一，10、13，卷十一，13b。

19　Cohen, *Between Tradition and Modernity*, 69, 138–39, 152–53, 181, 235.

20　減弱觀點力度的詞太多，一位評審表示不滿，説我「削足適履」。見C. A. Curwen, *Bulletin of the School of Oriental and African Studies* 39.3 (1976): 683–84。另外一位不滿意最後一部分的評審是W. S. Atwell，載 *China Quarterly* 67 (September 1976): 640–43。大多數學者反響相當正面，如Jerome B. Grieder, *Intellectuals and the State in Modern China: A Narrative History* (New York: Free Press, 1981), 130–31, 379。

21　有兩本書認為，清末內陸地區商業的發展應得到比前人學説更大的認可。兩書議論恣縱，分別是William T. Rowe, *Hankow: Commerce and Society in a Chinese City, 1796–1889* (Stanford, CA: Stanford University Press, 1984)；Susan Mann, *Local Merchants and the Chinese Bureaucracy, 1750–1950* (Stanford, CA: Stanford University Press, 1987)。曼素恩（Susan Mann）根據自己的研究，直接質疑（見*Local Merchants*一書，頁27）我的提議，認為將清末中國劃分為兩種截然不同的文化環境有失準確。我以為她這部分的論斷效力差矣，原因有二。第一，無論清末內陸經濟商業化程度多高，經濟基礎依然是農業。沿海情況完全相反，沿海文化我

堅信「經濟基礎商業多過農業」（*Between Tradition and Modernity*, 241）。第二，即使證據表明沿海、內陸經濟差距沒有我曾經想像得那麼大，經濟之外的差距依然很大，如接觸西方影響程度、上層價值取向、行政立法設置等等。

22　馮桂芬最著名的改革著述《校邠廬抗議》1860年左右於上海完稿，前言為1861年所作。我讀到的是1897年上海廣仁堂版。

23　當時劉曉波為拍攝天安門事件紀錄片《天安門》到訪波士頓。《天安門》由位於麻省布魯克萊恩（Brookline）的長弓（Long Bow）集團卡馬‧欣頓（Carma Hinton）和理查德‧戈登（Richard Gordon）兩位製片。劉曉波用中文跟我的學生講話，卡馬為他口譯。他還在衛斯理做了晚間講座，題為「天安門後的中國大眾文化」。

24　2017年6月26日，劉曉波的律師與中國監獄當局宣佈，劉曉波近期獲准保外就醫，治療肝癌，可能已經晚期。Chris Buckley（儲百亮）and Austin Ramzy（王霜舟）, "China Paroles Imprisoned Peace Laureate for Treatment of Late-Stage Liver Cancer," *New York Times*, June 27, 2017, A7. 2017年7月13日，劉曉波於醫院病逝。

25　忻平著：《王韜評傳》（上海：華東師範大學出版社，1990）。

第三章　下一步：《在中國發現歷史》

1　費正清自述麥卡錫主義始末，及對拉提摩爾和他的影響，見262 *Chinabound: A Fifty-Year Memoir* (New York: Harper & Row, 1982), 331–51。

2　論文題目是〈美國短期簽證政策對外國科學家及美國國家利益的影響〉（"United States Temporary Visa Policy: Its Effects on the Foreign Scientist and on American National Interest"），1955年春季獲獎。該政策影響之大，以至於英國天才物理學家保羅‧狄拉克（P. A. M. Dirac）1954年被美國拒絕簽發入境簽證。狄拉克1933年與埃爾溫‧薛定諤（Erwin Schrödinger）同獲諾貝爾物理獎。狄拉克簽證被拒，可能因為他有幾位蘇聯科學家朋友，而且同情20世紀30年代的斯大林政府。見Eric Hobsbawm, *Interesting Times: A Twentieth-Century Life* (New York: New Press, 2002), 183；Graham

Farmelo, "Paul Dirac: The Mozart of Science," available at http://www.
ias.edu/ideas/2008/farmelo-on-dirac（2016年11月4日檢索）。麥卡
錫主義消亡後，美國政府這方面的敏感政策依然持續很久，波
及許多科學界之外人士。用英國歷史學家艾瑞克‧霍布斯鮑姆
（Eric Hobsbawm）自己的話說，20世紀70年代時，他已是「學界
乃至政界備受崇敬的人物」，「人們認為」他的英國共產黨黨員
身份「不過是著名歷史學家、『坐飛機滿天飛的學者』這個新物
種一員的個人癖好而已。然而只有美國拒絕遺忘顛覆者霍布斯
鮑姆的名字，80年代末《外僑登記法》（又稱《史密斯法》，*Smith
Act*）廢止前，我一直不符合美國入境簽證條件，我每年去一趟
美國，每次去都被要求『放棄』這一身份。」Hobsbawm, *Interesting
Times*, 304;同見頁389–91。

3 傑里米‧波普金說，努力學習歷史學家需要的技能，是「想在希
望進入的群體中，證明自己能獲方家青睞」。*History, Historians,
and Autobiography* (Chicago: University of Chicago Press, 2005), 140.

4 演講全文見http://www.historians.org/about-aha-and-membership/
aha-history-and-archives/presidential-addresses/john-k-fairbank#25
（2016年8月17日檢索）。

5 本章導言部分取材自 Paul A. Cohen, *Discovering History in China:
American Historical Writing on the Recent Chinese Past* (New York:
Columbia University Press, 1984), ix–xiii;同見2010年增訂重印版，
頁 xxix–xxxiii。

6 Paul A. Cohen, *China and Christianity: The Missionary Movement and the
Growth of Chinese Antiforeignism, 1860–1870* (Cambridge, MA: Harvard
University Press, 1963), 264–65.

7 18世紀截然相反，當時中國對歐洲思想界、裝飾藝術、經濟影
響深遠，舉世公認。18世紀之前，對一些領域也影響重大。

8 Paul A. Cohen, "Ch'ing China: Confrontation with the West, 1850–
1900," in *Modern East Asia: Essays in Interpretation*, ed. James B. Crowley
(New York: Harcourt, Brace, & World, 1970), 29–30;史華慈的話出自
Benjamin Schwartz, *In Search of Wealth and Power: Yen Fu and the West*
(Cambridge, MA: Harvard University Press, 1964), 1–2。

263

9 費先生更廣為流傳的著作中，這種傾向非常明顯。尤其參見 Ssu-yü Teng and John K. Fairbank, *China's Response to the West: A Documentary Survey, 1839–1923* (Cambridge, MA: Harvard University Press, 1954)；和 John K. Fairbank, *The United States and China*, 4th ed. (Cambridge, MA: Harvard University Press, 1979) 講 19 世紀的章節。

10 拙文 "Ch'ing China," 29–61；此文經修訂載 Paul A. Cohen, *Discovering History in China: American Historical Writing on the Recent Chinese Past* (New York: Columbia University Press, 2010 [1984]), 9–55。

11 鄧嗣禹、費正清著：《衝擊與回應》，第一章。

12 Wilbert E. Moore and Neil J. Smeltzer, foreword, in S. N. Eisenstadt, *Modernization: Protest and Change* (Englewood Cliffs, NJ: Prentice Hall, 1966), iii.

13 孔多塞侯爵與黑格爾引言出自 Raymond Dawson, "Western Conceptions of Chinese Civilization," in *The Legacy of China*, ed. Raymond Dawson (Oxford: Clarendon Press, 1964), 14–15。20 世紀 60 年代初，歷史學家休‧特勒弗－羅珀（Hugh Trevor-Roper）也表達過類似立場，他的電視講座「基督教歐洲的崛起」開宗明義：「未來也許有一些非洲史可講，但現在非洲史不存在：只有在非歐洲人史。其餘皆黑暗。」引自 Roland Oliver, *In the Realms of Gold: Pioneering in African History* (London: Frank Cass, 1997), 284；同見 Popkin, *History, Historians, and Autobiography*, 175。

14 拙著 *Discovering History in China*，頁 61–79 詳述了列文森的觀點。

15 Mary C. Wright, *The Last Stand of Chinese Conservatism: The T'ung-chih Restoration, 1862–1874*, rev. ed. (New York: Atheneum, 1965), 9–10, 300; Albert Feuerwerker, *China's Early Industrialization: Sheng Hsuan-huai (1844–1916) and Mandarin Enterprise* (Cambridge, MA: Harvard University Press, 1958).

16 Benjamin Schwartz, "History and Culture in the Thought of Joseph Levenson," in *The Mozartian Historian: Essays on the Work of Joseph R. Levenson*, ed. Maurice Meisner and Rhoads Murphey (Berkeley: University of California Press, 1976), 108–9.

17 Lloyd I. Rudolph and Susanne Hoeber Rudolph, *The Modernity of Tradition: Political Development in India* (Chicago: University of Chicago Press, 1972 [1967]), 4–6.

18 James Peck, "Revolution versus Modernization and Revisionism: A Two-Front Struggle," in *China's Uninterrupted Revolution: From 1840 to the Present*, ed. Victor Nee and James Peck (New York: Pantheon, 1975), 88, 90; 同見此書序言：Victor Nee and James Peck, "Introduction: Why Uninterrupted Revolution?," 6。

19 Nee and Peck, "Introduction," 3.

20 Philip Kuhn, *Rebellion and Its Enemies in Late Imperial China: Militarization and Social Structure, 1796–1864* (Cambridge, MA: Harvard University Press, 1970), 1–2, 5–6. 當時中國經濟的貨幣化一定程度是由於外國銀幣流入，因此部分是外因。但孔飛力（頁51）說到僅人口爆炸一項就可能「為中國傳統社會帶來新的災難」。這裡亦有外因作用，但不少研究指向內因（Cohen, *Discovering History in China*, 210, n. 59）。

21 "Introduction: The Evolution of Local Control in Late Imperial China," in *Conflict and Control in Late Imperial China*, ed. Frederic Wakeman Jr. and Carolyn Grant (Berkeley: University of California Press, 1975), 2.

22 拙著 *Discovering History in China*，頁166–69探討了開先河的省級、縣級研究；亦見Stephen R. Platt, *Provincial Patriots: The Hunanese and Modern China* (Cambridge, MA: Harvard University Press, 2007)，此書洞見深刻。

23 施堅雅的思想對中西學者影響深刻，其概要見拙著 *Discovering History in China*, 164–66。

24 對大眾教育、識字率、宗教和叛亂的探討，參見 *Discovering History in China*, 173–79。

25 James A. Henretta, "Social History as Lived and Written," *American Historical Review* 84.5 (December 1979): 1293–1322一文對「新社會史」有逸趣橫生、理論豐富的討論。Lawrence Stone, "History and the Social Sciences in the Twentieth Century"，載其書 *The Past and the Present* (Boston: Routledge & Kegan Paul, 1981), 3–44，以更廣闊的

歷史視角，分析了歷史與社會科學之間的互動。

26　拙著 *Discovering History in China*，頁 180–83 中分析了人類學對孔飛力和裴宜理（Elizabeth Perry）研究的影響。

27　Philip Kuhn, "The Taiping Rebellion," *in The Cambridge History of China*, vol. 10, Late Ch'ing, 1800–1911, Part 1, ed. John K. Fairbank (Cambridge: Cambridge University Press, 1978), 264; William Rowe, *China's Last Empire: The Great Qing* (Cambridge, MA: Harvard University Press, 2009), 198–200.

28　見 Philip D. Curtin, "African History," in *The Past Before Us: Contemporary Historical Writing in the United States*, ed. Michael Kammen (Ithaca, NY: Cornell University Press, 1980), 113–30，尤見頁 119–30；Nicki Keddie, "The History of the Muslim Middle East," in *The Past Before Us*, 131–56，尤見頁 141、148、151、154–55；Charles Gibson, "Latin America and the Americas," in *The Past Before Us*, 187–202，尤見頁 194–95。

29　本節改寫自 *Discovering History in China* 序言，頁 6–7。

第四章　《在中國發現歷史》：幕後故事

1　高家龍給作者的信，1987 年 4 月 20 日。另有對本書教學價值的評價，見 Hanchao Lu（盧漢超），"A Double-Sided Mirror: On Paul Cohen's *Discovering History in China*"，《中國歷史評論》特刊 "Reflections on Paul A. Cohen's Contributions to Chinese Historical Studies," *Chinese Historical Review* 14.2 (Fall 2007): 189–91。

2　提議舉辦圓桌會的是《帝制晚期中國》（*Late Imperial China*）主編梅爾清（Tobie Meyer-Fong）、副主編戴真蘭（Janet Theiss）。與會討論嘉賓有王國斌（R. Bin Wong）、畢可思（Robert Bickers）、李懷印、季家珍（Joan Judge）和張勉治（Michael Chang）。

265

3　Li Huaiyin, *Reinventing Modern China: Imagination and Authenticity in Chinese Historical Writing* (Honolulu: University of Hawai'i Press, 2013).

4　見 Hanchao Lu, "A Double-Sided Mirror," 189–91；同見拙文 "Epilogue: Thoughts in Response"，集於《中國歷史評論》特刊，

"Reflections on Paul A. Cohen's Contributions to Chinese Historical Studies," *Chinese Historical Review* 14.2 (Fall 2007): 205–6。

5 此處總結了我1981年6月3日對外審報告的回應。我把中文人名、名稱改成了拼音（編按：指作者原以英文撰寫回應時），指代兩位外審時方便起見用了男「他」，我並不知道兩位外審的身份。

6 Cohen, "Ch'ing China: Confrontation with the West, 1850–1900," in *Modern East Asia: Essays in Interpretation*, ed. James B. Crowley (New York: Harcourt, Brace, & World, 1970), 29–61.

7 著名中國科學史學者李約瑟（Joseph Needham）。

8 讀者來信，*Bulletin of Concerned Asian Scholars* 2.4 (Fall 1970): 118。

9 Paul Cohen and John Schrecker, eds., *Reform in Nineteenth Century China* (Cambridge, MA: East Asian Research Center, Harvard University, 1976).

10 費先生來函是在1990年11月30日，最能說明他作為主編的認真，以及新添的一層緊迫感：

親愛的柯文：

這本書稿是希望介紹中國歷史研究的最新進展，截至1991年該領域研究的主要方向、話題，側重最近出版的著作和目前討論的學說。

文本裡不涉及文學藝術，所以插圖不包含畫作雕像。當然你應該沒時間看完整本，只看自己感興趣的就行，但希望你能就這些問題指點一二：

即使作為大綱，這本書沒有提到的著作，還有哪些是**不應該省略**的？

提到的著作裡，哪些大體來看是**不應該提到**的？

最重要的是，哪些**概念**和著作寫得有失準確？哪些**學者**呢？

還想問你：

最後兩章講文化大革命和80年代鄧小平改革的。

地圖和按話題**推薦讀物**的設計。

2月前能回覆我最好不過。

11 前面幾段改寫自費先生去世後，我為他寫的悼念文章，可見
Paul A. Cohen and Merle Goldman, comps., *Fairbank Remembered*
(Cambridge, MA: John K. Fairbank Center for East Asian Research,
Harvard University, 1992), 282–84。

12 見1991年5月5日，我給艾達・唐納德寫的兩封信，一封是對書
稿的大致想法，另一封是具體修改建議。

13 此書全名 *The United States and the Far Eastern Crisis, 1933–1938: From
the Manchurian Incident through the Initial Stage of the Undeclared Sino-
Japanese War*。

14 見《紐約時報》博格逝世悼詞，1993年10月28日。博格生平故
事，請見 Warren I. Cohen, ed., *New Frontiers in American–East
Asian Relations: Essays Presented to Dorothy Borg* (New York: Columbia
University Press, 1983), xvii–xxiv。

15 *Discovering History in China: American Historical Writing on the Recent
Chinese Past* (New York: Columbia University Press, 1984), xiii–xiv;
2010年新版，頁 xxxiii–xxxiv。

16 Cohen, ed., *New Frontiers in American–East Asian Relations*.

第五章　中國中心觀的局限

1 本章部分內容取材自拙文 "Introduction to the 2010 Reissue: Further
Reflections on the China-Centered Approach to Chinese History"，載
拙著 *Discovering History in China: American Historical Writing on the
Recent Chinese Past* (New York: Columbia University Press, 2010)，此
文則改編自拙著 *China Unbound: Evolving Perspectives on the Chinese
Past* (London: Routledge Curzon, 2003)，頁 1–22 的 "Introduction:
China Unbound"。

2 Madeleine Zelin, *The Magistrate's Tael: Rationalizing Fiscal Reform in
Eighteenth Century Ch'ing China* (Berkeley: University of California
Press, 1984); William T. Rowe, *Hankow: Commerce and Society in a
Chinese City, 1796–1889* (Stanford, CA: Stanford University Press,
1984); Benjamin A. Elman, *From Philosophy to Philology: Intellectual*

and Social Aspects of Change in Late Imperial China (Cambridge, MA: Council on East Asian Studies, Harvard University, 1984); Philip C. C. Huang, *The Peasant Economy and Social Change in North China* (Stanford, CA: Stanford University Press, 1985); Mary Backus Rankin, *Elite Activism and Political Transformation in China: Zhejiang Province, 1865–1911* (Stanford, CA: Stanford University Press, 1986); Prasenjit Duara, *Culture, Power, and the State: Rural North China, 1900–1942* (Stanford, CA: Stanford University Press, 1988); James M. Polachek, *The Inner Opium War* (Cambridge, MA: Council on East Asian Studies, Harvard University, 1992); Kathryn Bernhardt, *Rents, Taxes, and Peasant Resistance: The Lower Yangzi Region, 1840–1950* (Stanford, CA: Stanford University Press, 1992).

3   R. Bin Wong, *China Transformed: Historical Change and the Limits of European Experience* (Ithaca, NY: Cornell University Press, 1997); Kenneth Pomeranz, *The Great Divergence: China, Europe, and the Making of the Modern World Economy* (Princeton, NJ: Princeton University Press, 2000). 王國斌和彭慕然的著作《美國歷史評論》(*American Historical Review*) 2002年有特別論壇關注。參見 Kenneth Pomeranz, "Political Economy and Ecology on the Eve of Industrialization: Europe, China, and the Global Conjuncture," *American Historical Review* 107.2 (April 2002): 425–46；R. Bin Wong, "The Search for European Differences and Domination in the Early Modern World: A View from Asia," *American Historical Review* 107.2 (April 2002): 447–69。對彭慕然《大分流》的長篇批評，見 Philip C. C. Huang (黃宗智), "Development or Involution in Eighteenth-Century Britain and China? A Review of Kenneth Pomeranz's *The Great Divergence: China, Europe, and the Making of the Modern World Economy*," *Journal of Asian Studies* 61.2 (May 2002): 501–38；以及 Robert Brenner and Christopher Isett, "England's Divergence from China's Yangzi Delta: Property Relations, Microeconomics, and Patterns of Development," *Journal of Asian Studies* 61.2 (May 2002): 609–62。彭慕然對黃宗智的回應見 "Beyond the East-West Binary: Resituating Development Paths in the Eighteenth-

Century World," *Journal of Asian Studies* 61.2 (May 2002): 539–90。

4　我這裡雖有簡略，但國家形成和大眾抗議佔據王國斌《轉變的中國》一書最長篇幅，是他分析幾世紀中歐經濟發展的重要語境。

5　Pomeranz, *The Great Divergence*, 8, n. 13.

6　Wong, *China Transformed*, 282; Pomeranz, *The Great Divergence*, 8–10.

7　Wong, *China Transformed*, 17; Pomeranz, *The Great Divergence*, 7–8（同見頁70、107、112–13、165). 彭慕然和王國斌都探討了工業革命前夕亞歐經濟體的相似性，均主要集中在兩書前兩章。

8　這裡對兩位學者精心論證的觀點做了過度簡化。例如，兩位雖然都強調了煤的重要性，但彭慕然更渲染歐洲地理的意外效果，歐洲不同於中國，歐洲最大的幾塊煤礦位於英國，且靠近絕佳水路運輸渠道，商業富有活力，高超工匠眾多。見 Pomeranz, *The Great Divergence*, 59–68。對王國斌和彭慕然最深刻、著名的評論、比較，應該是安德烈·岡德·弗蘭克（Andre Gunder Frank）的書 *ReOrient: Global Economy in the Asian Age* (Berkeley: University of California Press, 1998)，這本書還把他們納入了前人解決類似「宏觀歷史」問題研究的語境中。同見 Gale Stokes, "The Fates of Human Societies: A Review of Recent Macrohistories," *American Historical Review* 106.2 (April 2001): 508–25；和 Gale Stokes, "Why the West? The Unsettled Question of Europe's Ascendancy," *Lingua Franca* 11.8 (November 2001): 30–38。

9　Wong, *China Transformed*, 8.

10　Pomeranz, *The Great Divergence*, 25–26.

11　這裡重點談濱下，是因為他影響突出、史學背景深厚，許多其他學者也分析了亞洲區域系統，如馬克·塞爾登（Mark Selden）、喬萬尼·阿瑞吉（Giovanni Arrighi）等。

12　Takeshi Hamashita, "The Intra-regional System in East Asia in Modern Times," in *Network Power: Japan and Asia*, ed. Peter J. Katzenstein and Takashi Shiraishi (Ithaca, NY: Cornell University Press, 1997), 113.

268

13　Takeshi Hamashita, "The Tribute Trade System and Modern Asia," in *Japanese Industrialization and the Asian Economy*, ed. A. J. H. Latham and Heita Kawakatsu (London: Routledge, 1994), 92–97（引文出自頁96–97).

14 費先生對進貢、朝貢體系的理解見諸其多部研究，如與鄧嗣宇合著的早期文章："On the Ch'ing Tributary System," *Harvard Journal of Asiatic Studies* 6 (1941): 135–246；隨後主編的文集：*The Chinese World Order: Traditional China's Foreign Relations* (Cambridge, MA: Harvard University Press, 1968)。對該體系早期研究的上佳批評，見 James L. Hevia, *Cherishing Men from Afar: Qing Guest Ritual and the Macartney Embassy of 1793* (Durham, NC: Duke University Press, 1995), 9–15。近些年對朝貢體系概念的批判討論，見 Peter C. Perdue, "The Tenacious Tributary System," *Journal of Contemporary China* 24.96 (2015): 1002–14；同見《哈佛亞洲學報》(*Harvard Journal of Asiatic Studies*) 審視朝貢體系及其近些年在國際關係領域作用的特別專題，尤見大衛·L·豪威爾 (David L. Howell) 〈主編前言〉("Editorial Preface") 中的總結 (77.1 [June 2017]: vii–viii)。

15 我在《在中國發現歷史》(英文版，頁196) 直言，中國中心觀與中國中心主義不同。中國中心主義意指世界以中國為中心，或在濱下的研究中，指一個區域以中國為中心。

16 Hamashita, "The Intra-regional System in East Asia in Modern Times," 115. 濱下亞洲區域系統的海洋中心論亦見 "Overseas Chinese Networks in the Asian Historical Regional System, 1700–1900"，載張啟雄編：《二十世紀的中國與世界：論文選集》上下冊 (台北：中央研究院近代史研究所)，上冊，頁143–164。

17 此處篇幅有限，無法深入探討漢一詞作為民族名稱的問題。最近析明該詞的研究認為，漢「是清朝為區分與漢族之外他者文化、民族不同的中國人的稱謂」；「『中國漢族』是一個現代民族稱呼，用以描述大部分不同於當今中國政府定義下 60 個左右『少數民族』的中國人群體」。見 Mark C. Elliott, *The Manchu Way: The Eight Banners and Ethnic Identity in Late Imperial China* (Stanford, CA: Stanford University Press, 2001), 383–84, n. 75。

18 史景遷 (Jonathan Spence)、約瑟夫·弗萊徹 (Joseph Fletcher)、白彬菊 (Beatrice Bartlett) 等人開創了對清朝滿族在中國經歷的研究。過去二十多年此領域重要英文著作點評，見拙著《在中國發現歷史》英文版的 "Introduction to the 2010 Reissue," lxii, n. 25。

19 Elliott, *The Manchu Way*, 34.

20 Evelyn S. Rawski, "Reenvisioning the Qing: The Significance of the Qing Period in Chinese History," *Journal of Asian Studies* 55.4 (November 1996): 832–33; Elliott, *The Manchu Way*, 28, 34; James A. Millward, *Beyond the Pass: Economy, Ethnicity, and Empire in Qing Central Asia, 1759–1864* (Stanford, CA: Stanford University Press, 1998), 13–15.

21 這是濮德培（Peter C. Perdue）巨作 *China Marches West: The Qing Conquest of Central Eurasia* (Cambridge, MA: Harvard University Press, 2005) 關注的主題。

22 Dru C. Gladney, *Muslim Chinese: Ethnic Nationalism in the People's Republic*, 2nd ed. (Cambridge, MA: Council on East Asian Studies, Harvard University, 1996); Jonathan N. Lipman, *Familiar Strangers: A History of Muslims in Northwest China* (Seattle: University of Washington Press, 1997).

23 Jonathan N. Lipman, "Hyphenated Chinese: Sino-Muslim Identity in Modern China," in *Remapping China: Fissures in Historical Terrain*, ed. Gail Hershatter et al. (Stanford, CA: Stanford University Press, 1996), 109, 100. 李普曼此文和著作《熟悉的陌生人》（*Familiar Strangers*）中均使用了**中國穆斯林**（Sino-Muslim）的說法。

24 2000 年人口普查顯示，維吾爾族是中國第二大穆斯林少數民族，當時人口超過八百萬。最大的穆斯林少數民族是回族，回族廣泛分佈於中國各個地區，維吾爾族則 90% 以上居住在新疆維吾爾族自治區。Dru C. Gladney, *Dislocating China: Reflections on Muslims, Minorities, and Other Subaltern Subjects* (Chicago: University of Chicago Press, 2004), 206, 220.

25 Cohen, *Discovering History in China*, 161–72.

26 Lipman, "Hyphenated Chinese," 100–102（引文出自頁 101）。米華健（James Millward）*Beyond the Pass* 一書頁 10–12 也建議，處理中心—邊緣地理劃分時，嚴肅對待民族差異有重要意義。穆斯林群體內部的暴力衝突，杜磊注意到「仍是教派內部、民族內部的，不是穆斯林與穆斯林之外群體的宗教衝突」。Gladney, *Muslim Chinese*, viii.

269

27 這一蓬勃發展領域的代表性著作，拙著《在中國發現歷史》有所援引，見 "Introduction to the 2010 Reissue," lxiii, n. 34。

28 該領域論著數量龐大，我遠非專家。此處探討靈感多來自 Adam McKeown, "Conceptualizing Chinese Diasporas, 1842–1949," *Journal of Asian Studies* 58.2 (May 1999): 306–37；Philip Kuhn, "Toward an Historical Ecology of Chinese Migration," in *The Chinese Overseas*, ed. Hong Liu (London: Routledge, 2006), 1:67–97；冼玉儀側重香港在華人離散中關鍵作用的著作，以及她和我的討論。

29 Elizabeth Sinn, "In-Between Places: The Key Role of Localities of Transit in Chinese Migration," paper presented at the Association for Asian Studies annual meeting, Washington, DC, April 6, 2002; 亦見她的 *Pacific Crossing: California Gold, Chinese Migration, and the Making of Hong Kong* (Hong Kong: Hong Kong University Press, 2013), 304–7（中譯本：冼玉儀著，林立偉譯：《穿梭太平洋：金山夢、華人出洋與香港的形成》[香港：中華書局，2019]）及本書多處註釋。同見 McKeown, "Conceptualizing Chinese Diasporas," 314–15, 319–21；Philip A. Kuhn, *Chinese Among Others: Emigration in Modern Times* (Lanham, MD: Rowman and Littlefield, 2008), 14–15, 51–52。

30 Kuhn, "Toward an Historical Ecology of Chinese Migration." 王賡武對東南亞華人後裔利用多重過去構建新的身份有妙趣橫生的討論，見 "Ethnic Chinese: The Past in Their Future," paper presented at the conference on "International Relations and Cultural Transformation of Ethnic Chinese," Manila, November 26–28, 1998。

31 McKeown, "Conceptualizing Chinese Diasporas," 307, 亦見頁 331。

32 華人離散只是近幾百年數場大規模移民活動之一，其他還有印度、非洲、亞美尼亞移民等。

270 33 Paul A. Cohen, *History in Three Keys: The Boxers as Event, Experience, and Myth* (New York: Columbia University Press, 1997), xiv.

34 例如康豹（Paul R. Katz）在著作中明確應用了《歷史三調》作為事件、經歷、神話的三重視角，見 *When Valleys Turned Blood Red: The Ta-pa-ni Incident in Colonial Taiwan* (Honolulu: University of Hawai'i Press, 2005)。

35 華人離散群體在進行各式各樣的去疆域化。一個具體案例是杜維明提出的「文化中國」概念。「文化中國」實質上指人們同意可以客觀定為「中國人」的一套價值觀、行為模式、想法、傳統；更主觀來説，「文化中國」是自我認同為「中國人」的人感覺上的自我歸屬。策略上講，文化中國的概念使離散華人即使沒有生活在中國地理或政治空間，也可以談論、塑造，甚至界定中國、中國性的含義。見 Wei-ming Tu, "Cultural China: The Periphery as the Center," *Daedalus: Journal of the American Academy of Arts and Sciences* 120.2 (Spring 1991): 1–32；及拙文 "Cultural China: Some Definitional Issues," *Philosophy East and West* 43.3 (July 1993): 557–63。

36 雖然有人反對稱新疆的維吾爾族和青海的藏族政治上屬於中國，但其政治歸屬也眾所週知，然而這些族群很可能會反對被稱作文化上的中國人。相反的情況也存在，加州的中國新移民雖然不再居住在被稱為中國的政治空間，但更有可能繼續在文化上自視為中國的一部分。

37 比如可見拙文 "The Tenacity of Culture: Old Stories in the New China," in *The People's Republic of China at 60: An International Assessment*, ed. William C. Kirby (Cambridge, MA: Harvard University Asia Center, 2011), 388–400。

38 森並沒有直接使用「文化本質主義」這個詞，他在以下文章中駁斥了文化邊界、文化失調 (cultural disharmony)、文化特有等學説："East and West: The Reach of Reason," *New York Review of Books* 47 (July 20, 2000): 33–38 (引文出自頁 36)。

39 費正清此書開篇講述中國與蠻夷打交道的經歷及對待蠻夷的態度，視之為中國回應西方的語境，見 John K. Fairbank, *Trade and Diplomacy on the China Coast: The Opening of the Treaty Ports, 1842–1854* (Cambridge, MA: Harvard University Press, 1953)，第一章。我在《中國與基督教》中明確斷言，傳教士給中國官員帶來的政治問題「本質上是次生問題。根本問題是更大的中西文化衝突。」Paul A. Cohen, *China and Christianity: The Missionary Movement and the Growth of Chinese Antiforeignism, 1860–1870* (Cambridge, MA: Harvard University Press, 1963), 264.

40 Albert Feuerwerker, *China's Early Industrialization: Sheng Hsuan-huai (1844–1916) and Mandarin Enterprise* (Cambridge, MA: Harvard University Press, 1958); John K. Fairbank, Edwin O. Reischauer, and Albert Craig, *East Asia: The Modern Transformation* (Boston: Houghton Mifflin, 1965); Mary C. Wright, *The Last Stand of Chinese Conservatism: The T'ung-chih Restoration, 1862–1874*, rev. ed. (New York: Atheneum, 1965); Joseph R. Levenson, *Confucian China and Its Modern Fate: The Problem of Intellectual Continuity* (Berkeley: University of California Press, 1958), 3.

41 Cohen, *Discovering History in China*, 189–90.

 42 深入探討史華慈思想的主要方面，見Paul A. Cohen and Merle Goldman, "Introduction," in *Ideas Across Cultures: Essays on Chinese Thought in Honor of Benjamin I. Schwartz*, ed. Paul A. Cohen and Merle Goldman (Cambridge, MA: Council on East Asian Studies, Harvard University, 1990), 1–13。

43 這裡必須指出，並不是所有歷史學家都接受人類共有處境的觀點。謝和耐（Jacques Gernet）關於明末清初中西文化衝突的優秀著作中，一大缺陷是他論道在中國的西方傳教士「發現自己身處另一種人類之間」。見其 *China and the Christian Impact: A Conflict of Cultures*, trans. Janet Lloyd (Cambridge: Cambridge University Press, 1985), 247。綜觀全書，謝和耐暗示，以及正文最後幾頁明示，語言決定論力量強大，任何跨文化研究和理解都沒有意義。見我對此書的書評，發表於 *Harvard Journal of Asiatic Studies* 47.2 (December 1987): 674–83。

第六章　多重過去：《歷史三調》

1 本章部分內容改編自拙著 *History in Three Keys: The Boxers as Event, Experience, and Myth* (New York: Columbia University Press, 1997) 序言、結論。本章曾為作者在查爾斯頓大學（University of Charleston）和哥倫比亞大學講座內容，此處有重大修改，亦稍作改動，載於拙著 *China Unbound: Evolving Perspectives on the Chinese*

Past (London: Routledge Curzon, 2003), 200–220。

2　Paul A. Cohen, *China and Christianity: The Missionary Movement and the Growth of Chinese Antiforeignism, 1860–1870* (Cambridge, MA: Harvard University Press, 1963), 263.

3　我對該方法的描述，最早出現在1985年申請約翰·西蒙·古根海姆紀念基金會 (John Simon Guggenheim Memorial Foundation) 和國家人文基金會 (National Endowment for the Humanities) 文件。兩個申請都成功了，我得以在80年代後五年有整整兩年的奢侈時光，不用教學、擔任委員會工作。1985年8月27日，我給同樣對義和團心醉神迷的華志堅 (Jeffrey Wasserstrom) 寫信，總結了基金項目大致內容，當時題目是〈探究歷史認識論：作為經歷、事件、象徵的義和團〉：

> 我的基本想法是用義和團做案例，探究歷史認識論。還不確定最後成品怎樣組織。對照現在的目標，可能可以構建一系列歷史「橫截面」，如同電影一樣交互歷史意識的不同層面。一層是義和團經歷中不同階段親歷者的想法、感受、行為，如赤貧的農民青年為生存所迫，加入經過村子的拳壇；1900年數月酷暑，使館區被圍攻的洋人至少一開始不知道生死幾何。簡而言之，這些個體腦海中沒有存碼整個「事件」，當時支配他們想法行為的只是有限的情況認知座標。第二層引入整個事件本身的宏大主題，由歷史學家等人敘述，這些人**確實**腦海中有整個圖景，至少有一個版本的圖景，期求**闡明**義和團現象本身，以及與前後歷史進程的關聯。第三層 (你的研究一直關注) 是義和團的象徵表徵，存在於當代新聞媒體以及後來虛構、非虛構作品中提到的義和團和「義和團式」現象。這些象徵不是為了釐清義和團歷史，而是在後義和團的當代博得政治宣傳分。我交疊這些不同層面的意識，是為了表現歷史研究中的一些模糊，闡明人創造的永恆固定歷史，與人書寫、使用的……永恆變化的歷史之間的矛盾。

272

4　Mary C. Wright, "Introduction: The Rising Tide of Change," in *China in Revolution: The First Phase, 1900–1913*, ed. Mary C. Wright (New

Haven, CT: Yale University Press, 1968), 1.

5　Jeffrey Wasserstrom, "The Boxers as Symbol: The Use and Abuse of the Yi He Tuan,"未刊論文（1984），頁10–11。

6　在美國，義和團受到紐約、舊金山激進美籍華人的熱烈讚揚。舊金山成立紅衛兵黨派，紐約出現義和拳組織，英文名是廣東話的"I Wor Kuen"，1970年2月開始出版雙語雜誌《團結報》（Getting Together），雜誌雙月刊，有時是月刊。第二期題為《義和拳》的社論明確表述了該組織立場：

> 義和拳戰士沒有被洋人武器嚇倒，因為他們相信決定戰爭勝負更重要的因素不是武器，是人們團結齊心……成千上萬婦女得到解放，加入紅燈照等組織，與男子並肩作戰，抗擊洋人……太平天國和義和拳愛國志士點燃星星之火，引發中國人民、世界人民偉大解放運動的燎原之勢。
> （Getting Together 1.2 [April 1970]: 2；英文版）

7　《生活》（Life）雜誌出版了三期圖片故事，講述「共產主義紅衛兵青年狂熱分子」的歷史背景，第一期用大量篇幅講了「嗜殺成性的義和團起義」。見"Behind Mao's Red Rule: The 100 Violent Years," Life, September 23, September 30, and October 7, 1966。

8　見拙文"Imagining the Red Lanterns," Berliner China-Hefte 12 (May 1997): 88–95。

273　9　Paul Veyne, Writing History: Essay on Epistemology, trans. Mina Moore-Rinvolucri (Middletown, CT: Wesleyan University Press, 1984), 40.

10　電影《羅生門》部分情節來自20世紀初日本作家芥川龍之介的同名短篇小說。

11　哲學家保羅‧利科（Paul Ricœur）的有力論辯表明，即使是法國史學家費爾南‧布勞岱爾（Fernand Braudel）等年鑑學派（Annales school）的作品，他們聲稱本質上不是敘事，但依然內藏敘事結構。尤見Paul Ricœur, Time and Narrative, trans. Kathleen McLaughlin and David Pellauer (Chicago: University of Chicago Press, 1984)，卷一，第六章，講"Historical Intentionality"。同見David Carr, Time, Narrative, and History (Bloomington: Indiana University Press, 1986), 8–9, 175–77。

12 所有史學研究都有這樣的問題。在直言自身職業之外社會、政治準則的學者間這一問題最為明顯。比如優秀的社會歷史學家賀蕭（Gail Hershatter）在以下文章中隱約表達了這個問題，但並沒有真正解決，見Gail Hershatter, "The Subaltern Talks Back: Reflections on Subaltern Theory and Chinese History," *positions: east asia cultures critique* 1.1 (Spring 1993): 103–30。

13 J. H. Hexter, 引自David Lowenthal, *The Past Is a Foreign Country* (Cambridge: Cambridge University Press, 1985), 218。

14 闕名著：《天津一月記》，載翦伯贊等輯：《義和團》四冊（上海：神州國光社，1951），第二冊，頁153–154。

15 拙著*History in Three Keys*，頁65–67闡明了傳記或自傳意識與歷史意識的區別。用的例子是1989年春天北京的學生領袖之一沈彤，他講述自己參與抗議的故事，對他來說有「兩個天安門」，一個是自己親身經歷的，充滿混亂、興奮，仍是他意識正在進行的一部分；一個是西方媒體製造的，6月4日鎮壓後，這個意識迅速消失在視野之外。沈彤把自己的經歷比做「旅程」、「航行」，雖然天安門作為事件「結束」了，他對最終導致學運的活動的參與感1989年前就已開始，之後依然延續。在哈佛大學的演講，1990年10月24日。

16 這些口述歷史資料全面講述了拳民口中自己的經歷，但對於探索每位拳民的意識來說完全不夠。因為這些資料不是現在收集的，而且實質上不是由受訪者，而是由訪談人的意識塑造的。無論如何，這些資料豐富程度遠不及義和團運動外國參與者的資料。外國參與者的資料仔細追溯了義和團運動前或後這些人的生活經歷，或是前後兼有，見Richard A. Steel, *Through Peking's Sewer Gate: Relief of the Boxer Siege, 1900–1901*, ed. George W. Carrington (New York: Vantage, 1985)；Eva Jane Price, *China Journal, 1889–1900: An American Missionary Family during the Boxer Rebellion* (New York: Scribner's, 1989) 等眾多公開、未刊資料描述。

17 兩個事例見Paul A. Cohen, "New Perspectives on the Boxers: The View from Anthropology," in Cohen, *China Unbound*, 84–104（原以中文出版：柯文著，林立偉譯：〈以人類學觀點看義和團〉，《二十一世

紀》，第45期[1998年2月]，頁93–102）；Paul A. Cohen, "Boxers, Christians, and the Gods: The Boxer Conflict of 1900 as a Religious War," in *Cohen, China Unbound*, 105–30（原為講座，後以中文發表：李莉、陶飛亞、冼玉儀譯：〈義和團、基督徒和神：從宗教戰爭看1900年的義和團鬥爭〉，《歷史研究》，第1期[2001年2月]，頁17–28）。

18 John Noble Wilford, *The Mysterious History of Columbus: An Exploration of the Man, the Myth, the Legacy* (New York: Knopf, 1991), 249–62. 以下事例可以說明哥倫布被塑造為截然相反的神話，結果激發不同的情感。1991年夏天，為紀念哥倫布登陸北美洲500週年，費城市政廳投票，決定把6公里多長的德拉華道（Delaware Avenue）改名為哥倫布大道（Christopher Columbus Boulevard）。改名是意大利裔美國人推動的。但是一位活躍在「拒絕更名」聯盟的阿帕奇族印地安人說，他們不願意紀念「奴役有色人種」的代表人物。《紐約時報》，1991年8月25日，頁27L。一年後，哥倫布日大遊行前，一群美國原住民在波士頓示威，遊行大禮官作出如下回應：「他們搞得我們意大利裔的英雄全都沒有了……只剩下哥倫布這一位……他發現了美洲，怎麼就不能放過他呢？」《紐約時報》，1992年10月11日，頁18。

19 Don C. Price, "Popular and Elite Heterodoxy toward the End of the Qing," in *Heterodoxy in Late Imperial China*, ed. Kwang-Ching Liu and Richard Shek (Honolulu: University of Hawai'i Press, 2004), 431–62.

20 芮瑪麗探討過20年代國民黨蔣介石領導期間，逐漸不再認同太平天國和革命，而越來越重視穩定、秩序。見其文 "From Revolution to Restoration: The Transformation of Kuomintang Ideology," *Far Eastern Quarterly* 14.4 (August 1955): 515–32。

21 Stephen Uhalley Jr., "The Controversy over Li Hsiu-ch'eng: An Ill-Timed Centenary," *Journal of Asian Studies* 25.2 (February 1966): 305–17; James P. Harrison, *The Communists and Chinese Peasant Rebellions: A Study in the Rewriting of Chinese History* (New York: Atheneum, 1971), 128.

22 Lawrence R. Sullivan, "The Controversy over 'Feudal Despotism': Politics

and Historiography in China, 1978–82," *Australian Journal of Chinese Affairs* 23 (January 1990): 2–3, 14.

23 Harold Z. Schiffrin, *Sun Yat-sen and the Origins of the Chinese Revolution* (Berkeley: University of California Press, 1970), 23; 同見 Marie-Claire Bergère, *Sun Yat-sen*, trans. Janet Lloyd (Stanford, CA: Stanford University Press, 1998), 33–34。

24 Harrison, *The Communists and Chinese Peasant Rebellions*, 260.

25 Nicole Constable, "Christianity and Hakka Identity," in *Christianity in China: The Eighteenth Century to the Present*, ed. Daniel H. Bays (Stanford, CA: Stanford University Press, 1996).

26 一個更複雜、痛苦的例子是海軍海豹突擊隊隊員鮑伯·克里 (Bob Kerrey) 越戰期間的經歷。1969 年 2 月 25 日，克里所在的隊伍襲擊了孤立的小村莊坦防 (Thanh Phong)，據說越共士兵藏身於此。夜襲結束後發現殺死的不僅有越共士兵，還有婦孺兒童。事實細節存在爭議。克里的敘述見他的回憶錄 *When I Was a Young Man: A Memoir* (New York: Harcourt, 2002)。

27 Robertson Davies, *World of Wonders* (New York: Penguin: 1981), 58.

28 芭芭拉·麥爾霍夫 (Barbara Myerhoff) 為加州威尼斯 (Venice) 區域一個猶太人老年社區寫了動人的民族誌，其中她說受訪者為了追求「個人的前後一致」，往往為創造「個人神話」犧牲「真實和完整」。見 *Number Our Days* (New York: Simon and Schuster, 1978), 37, 222。更普遍意義上說，心理學家謝利·E·泰勒 (Shelley E. Taylor) 說，對於大腦的健康運作，很大程度上準確並不重要，更重要的是進行「創造性自我欺騙」的能力。見 *Positive Illusions: Creative Self-Deception and the Healthy Mind* (New York: Basic Books, 1989)。大衛·卡爾 (David Carr) 同樣承認人們在「撰寫、不斷修改」自傳的過程中，會側重前後連貫，但是跟麥爾霍夫和泰勒相比，他更加堅持人們還是會篤行真實、紀實的準則。見 *Time, Narrative, and History*, 75–78, 98–99, 171–72。

29 林肯 1862 年 8 月 22 日給霍勒斯·格里利 (Horace Greeley) 的信中寫道：「這場戰爭中，我至高無上的目標**是**拯救聯邦，**不是**挽救或摧毀奴隸制。如果不用解放**任何**奴隸就能拯救聯邦，我就

不解放奴隸。」出自 *The People Shall Judge: Readings in the Formation of American Policy*, 2 vols. (Chicago: University of Chicago Press, 1949), 1:768–69。

30 集中營近75%的囚犯是美國公民。相比之下，德裔、意大利裔美國人，以及旅居美國的德國、意大利公民，只有有具體原因相信他們是敵軍間諜時才會有如此遭遇。

31 法國歷史學家羅傑‧夏蒂埃（Roger Chartier）評道，歷史雖然是「眾多敘事形式的一種⋯⋯但依然獨一無二，是因為歷史與真相之間保持特殊關係。更準確地說，構建歷史敘事旨在重構過去的真相。」夏蒂埃的話發表在1995年蒙特利爾國際歷史學大會會議論文，轉引自 Georg G. Iggers, *Historiography in the Twentieth Century: From Scientific Objectivity to the Postmodern Challenge* (Hanover, NH: Wesleyan University Press, published by the University Press of New England, 1997), 12。

32 *New York Times*, June 26, 1989, C13, C17.

33 這一問題的多層次探討，見羅溫索（David Lowenthal）《過往即他鄉》（*The Past Is a Foreign Country*），尤見頁 210–38。

第七章 《歷史三調》：研究、寫作、出版過程

1 Joseph Esherick, *The Origins of the Boxer Uprising* (Berkeley: University of California Press, 1987).

2 Paul A. Cohen, *Report on the Visit of the Young Political Leaders Delegation to the People's Republic of China* (New York: National Committee on United States–China Relations, 1977).

3 題為〈現代中國〉（"Modern China"），載 *Humanistic and Social Science Research in China: Recent History and Future Prospects*, ed. Anne F. Thurston and Jason H. Parker (New York: Social Science Research Council, 1980), 38–60。

4 汪熙給作者的信，1991年1月31日。

5 汪熙給作者的電子郵件，2003年12月4日。

6 作者給汪熙的信，2001年3月1日。

7　這幾頁我的經歷取材自給美國學術團體協會的報告，協會資助了我去中國參會的旅行費用。

8　1981年會議結束超過35年後，今天清朝滿族性的話題依然引發歷史學界爭論。見本書第五章的討論。歐立德（Mark Elliott）尤為排斥傳統的歸化、漢化說，大力區分了滿族、漢族之間的差異，見其書 *The Manchu Way: The Eight Banners and Ethnic Identity in Late Imperial China* (Stanford, CA: Stanford University Press, 2001)。

9　柯文：〈美國研究清末民初中國歷史的新動向〉，《復旦學報》，第6期（1981），頁73–84。會議論文後結集出版，載蔡尚思等編：《論清末民初中國社會》（上海：復旦大學出版社，1983）。

10　資中筠對《歷史三調》一開始的評價援引自她給我的信，1997年7月2日；她的書評文章發表於《讀書》，第1期（1998），頁122–30。

11　比如澳大利亞中國移民越來越多，與中國經濟聯繫日益密切，一連串事件中澳大利亞華裔居民、公民被中國當局扣留。見 Chris Buckley（儲百亮），"China Is Said to Bar Professor from Leaving after Visit," *New York Times*, March 27, 2017, A7.《紐約時報》這篇文章講的是悉尼科技大學副教授馮崇義，他常批評中國打壓政治不同聲音的作法。

12　本節大體為1999年我在巴特勒大學（Butler University）承辦的印第安納州歷史學家學會講座內容，題為「歷史重構的無聲議程：機遇、策略和風險」（"Unspoken Agendas in Historical Reconstruction: Opportunities, Strategies, Risks"）。之後更名為「歷史重構的無聲之處：一位歷史學者的自白」（"Silences in Historical Reconstruction: A China Historian's Confessions"），作為2006年在麻薩諸塞州溫漢姆（Wenham）市戈登學院（Gordon College）、2011年山東大學講座內容。在山大的講座由崔華傑、曲寧寧譯為中文，題為〈歷史書寫的無聲之處：一位歷史學者的自白〉，《文史哲》，第3期（2012），頁5–12。

13　Paul A. Cohen, *History in Three Keys: The Boxers as Event, Experience, and Myth* (New York: Columbia University Press, 1997), 5, 213.

14　Cohen, *History in Three Keys*, 214, 292.

15　*New York Times*, March 10, 1989, C4.

16　1988年1月，紐約謝亞球場 (Shea Stadium) 錄像顯示，球隊休息時電視台工作人員「仔細瞧著大雪覆蓋的座椅，指著威爾森的滾地球穿過巴克納雙腿之間時自己正在什麼位置。那一刻如同珍珠港、巴比‧湯森 (Bobby Thomson) 的全壘打、貓王逝世，寫入歷史。」*New York Times*, January 17, 1988, S3.

17　《申命記》(*Deuteronomy*) 第十一章13–21節。

18　二例均援引自 David Arnold, *Famine: Social Crisis and Historical Change* (Oxford: Basil Blackwell, 1988), 15。

19　R. K. Hitchcock, "The Traditional Response to Drought in Botswana," in *Symposium on Drought in Botswana*, ed. Madalon T. Hinchey (Gabarone: Botswana Society in collaboration with Clark University Press, 1979), 92.

20　Erika Bourguignon, "An Assessment of Some Comparisons and Implications," in *Religion, Altered States of Consciousness, and Social Change*, ed. Erika Bourguignon (Columbus: Ohio State University Press, 1973), 326–27.

21　Arthur H. Smith, *China in Convulsion*, 2 vols. (New York: Fleming H. Revell, 1901), 2:659–60.

22　事例均取自 Richard D. Loewenberg, "Rumors of Mass Poisoning in Times of Crisis," *Journal of Criminal Psychopathology* 5 (July 1943): 131–42。

23　Andrew Gordon, *Labor and Imperial Democracy in Prewar Japan* (Berkeley: University of California Press, 1991), 177.

24　Nwokocha K. U. Nkpa, "Rumors of Mass Poisoning in Biafra," *Public Opinion Quarterly* 41.3 (Fall 1977): 332–46.

25　見 Paul Rabinow, "Representations Are Social Facts: Modernity and Post-Modernity in Anthropology," in *Writing Culture: The Poetics and Politics of Ethnography*, ed. James Clifford and George E. Marcus (Berkeley: University of California Press, 1986), 241。

26　波士頓廣播台WEEI，1988年6月19日至20日。主播查爾斯‧奧

斯古德（Charles Osgood）說，俄亥俄州圍觀的人普遍相信祈雨儀式有效，無人質疑。

27　更多細節見拙文 "Boxers, Christians, and the Gods: The Boxer Conflict of 1900 as a Religious War," in Cohen, *China Unbound: Evolving Perspectives on the Chinese Past* (London: Routledge Curzon, 2003), 105–30。此文本為講座內容，後以中文出版：柯文著，李莉、陶飛亞、冼玉儀譯：〈義和團、基督徒和神——從宗教戰爭角度看1900年的義和團鬥爭〉，《歷史研究》，第1期（2001年2月），頁17–28、189。

28　Jane E. Brody, "Lucking Out: Weird Rituals and Strange Beliefs," *New York Times*, January 27, 1991, S11.

29　Mary Douglas, *Purity and Danger: An Analysis of the Concepts of Pollution and Taboo* (New York: Routledge, 1991), 68, 72.

30　Cohen, *History in Three Keys*, 122. 援引自新教傳教士莎拉·博德曼·古德里奇（Sarah Boardman Goodrich）1900年5月25日的一封信，見 Cohen, *History in Three Keys*, 333, n. 13；同見頁319, n. 66。

31　Cohen, *History in Three Keys*, 119–45.

32　2000年譯本《歷史三調：作為事件、經歷和神話的義和團》由南京的江蘇人民出版社出版。2014年同名修訂版由北京社會科學文獻出版社出版。

33　張金才（時年83歲），原義和團三師兄，天津西郊人氏，其口述見南開大學歷史系1956級師生主編的《天津地區義和團運動調查報告》（未刊稿），頁123。作者徵引的是1987年造訪南開大學期間校方提供的1960年原本油印版，未標註具體日期。

34　李源山（時年79歲），原拳民，天津人氏，見《天津地區義和團運動調查報告》，頁134。

35　查爾斯·A·德努瓦耶（Charles A. Desnoyers）的書評，見 *History* (Fall 1997): 35。

36　Greg Dening, "Enigma Variations on *History in Three Keys*: A Conversational Essay," *History and Theory: Studies in the Philosophy of History* 39.2 (May 2000): 210; 同見彼得·柏克（Peter Burke）的評價: "History of Events and the Revival of Narrative," in *New Perspectives on Historical Writing*, 2nd ed., ed. Peter Burke (University Park: Pennsylvania State University Press, 2001), 295。

37　翻譯問題其實是由於出版社限制，並不是譯者的問題。《歷史三調》前期研究部分是在1989年北京天安門民主抗議期間做的，出版社為符合共產黨政治要求，正文、註釋中所有提到遊行的部分即使無害也被刪掉。而且所有外國人名、書名被譯成中文，沒有加上外語說明，這樣正文本身就有些令人費解，最後篇幅甚長的參考書目雖然翻譯了，但是沒什麼用。

38　雷頤著：〈史學家就是翻譯家〉，載柯文著，杜繼東譯：《歷史三調》（北京：社會科學文獻出版社，2014）前言，頁i–v；同見〈譯後記〉，譯者詳述了初版的問題及2014年版的改進，載《歷史三調》，頁376–79。

39　引自希拉‧萊文1995年11月1日給我的信。

40　下一章講到2003年我出版了另一本書 *China Unbound: Evolving Perspectives on the Chinese Past* (Routledge Curzon)。這是一本已發行的論文集，不完全是新書。

第八章　從義和團到越王勾踐：意料之外

1　會議論文集原計劃出版，但據我所知最終並沒有。三場會議的最後一場論文得以結集，題為 *Historical Truth, Historical Criticism, and Ideology*, ed. Helwig Schmidt-Glintzer, Achim Mittag, and Jörn Rüsen (Leiden: Brill, 2005)。

2　Lucian W. Pye, *The Spirit of Chinese Politics: A Psychocultural Study of the Authority Crisis in Political Development* (Cambridge, MA: MIT Press, 1968), 71–72.

3　國民政府軍事委員會委員長南昌行營軍團總部政治訓練部編印：《各種紀念日史略》（1932?），頁103–9。

4　見《重編日用百科全書》（上海：商務印書館，1934），頁5792–93。

5　表格出自梁心著：《國恥史要》（上海：日新輿地學社，1933年第六次印刷；初版1931年），前輔頁。該表格似乎1928年由內

政部首次發行，見徐國楨著：《近百年外交失敗史》（上海：世界書局，1929），頁203–5。

6　梁義群、羊劼、小葉編：《一百個國恥紀念日》（北京：中國青年出版社，1995）。

7　《各種紀念日史略》中提到25個類似國家節日。所有國家紀念日、紀念方式，詳見 Henrietta Harrison, *The Making of the Republican Citizen: Political Ceremonies and Symbols in China, 1911–1929* (Oxford: Oxford University Press, 2000)。

8　如梁心著：《國恥史要》；呂思勉著：《國恥小史》（上海：中華書局，1919；初版1917年）；潘文濤著：《增訂國恥小史》（上海：中國圖書公司和記，1924年第11次印刷；初版1910年）；蔣恭晟著：《國恥史》（上海：中華書局，1928年再版；初版1926年）；佚名著：《國恥痛史》（缺出版日期）；《國恥圖》（上海：商務印書館，缺出版日期，或為1931年或1932年）。還有許多書籍題目並沒有「國恥」二字，內容卻全然為國恥，如徐國楨著：《近百年外交失敗史》；傅幼圃著：《中國痛史》（上海：新華書局，1927）。

9　參見註釋8的重印書籍。

10　如廣東省教育廳廳長為《國恥史要》作序，詳記勿忘自鴉片戰爭以來中國國恥，力勸讀者購買。

11　見《增訂國恥小史》。

12　Chow Tse-tsung, *The May Fourth Movement: Intellectual Revolution in Modern China* (Cambridge, MA: Harvard University Press, 1960), 22.

13　在此感謝華志堅寄給我《市民千字課》第23課〈國恥〉複印件（上海：商務印書館，1929年1月第20版；1927年3月初版），第二冊，頁52–53。

14　《平民千字課》第四冊，第24課（上海：中華基督教青年會協會，1924年第三版修訂版），頁48–49。

15　何瑜、華立著：《國恥備忘錄：中國近代史上的不平等條約》（北京教育出版社，1995）。

16　呂濤著：《國恥的開端》（北京：中國華僑出版社，1992）。

17　《國恥痛史》。

280

18 趙玉森著：《國恥小史續編》（上海：中國圖書公司和記，1924年第五版）；支持社編：《國恥》（台北：文海出版社，1987?）；郭大鈞、張北根著：《勿忘「九‧一八」——柳條湖事件前前後後》（北京：中國華僑出版社，1992）。

19 梁心著：〈自序〉，載《國恥史要》，1931年6月30日。其他關注中國國民性缺點的論述有〈論血國仇宜先立國恥〉，《東方雜誌》，第一卷，第四期（1904年6月8日），頁65–67；呂思勉著：《國恥小史上》，頁1–3；《平民千字課》（1924年版），第4冊，頁48–49；傅幼圃著：《中國痛史》，頁2–3。

20 勾踐的故事幾經改編，是中國兒童故事一部分。如《臥薪嘗膽》（上海：中華書局，1921）；趙隆治編：《勾踐》（台北：華國出版社，1953）；楊慕之、黃科（音譯）編：《中國歷史故事（春秋）》（北京：中國青年出版社，1986；初版1979年），頁115–24。截至1986年，《中國歷史故事（春秋）》印刷348,000本，大約可以說明勾踐故事銷量甚廣。

21 《市民千字課》，頁52。

22 《國恥痛史》外封。

23 許多書名提及「勿忘」的主題。見郭大鈞、張北根著：《勿忘「九‧一八」——柳條湖事件前前後後》（北京：中國華僑出版社，1992）。澳大利亞漢學家白傑明（Geremie Barmé）說，北京頤和園最近成為「民族主義悲痛、愛國主義憤怒的象徵」，再次出名。90年代園中豎起一面牆列舉所有不平等條約，標題大字是「勿忘國恥」。Geremie Barmé, "The Garden of Perfect Brightness, A Life in Ruins," East Asian History 11 (June 1996): 113. 感謝白傑明提供他拍攝的這面牆照片。20世紀初「勿忘國恥」標語也很常見。1915年簽署「二十一條」時這條標語隨處可見，見周策縱（Chow Tse-tsung）著：《五四運動史》（May Fourth Movement），頁22。20世紀初利用這條標語是為了驚醒中國人有朝一日不忘復仇，20世紀末是為了確保過去的恥辱絕不重現。

24 〈前言〉，載《一百個國恥紀念日》，頁11。類似宏大敘事亦見車吉心編：《國恥——中國人民不該忘記》（濟南：山東友誼書社，1992），安作璋〈序〉，頁1–2。邵榮昌、吳家林主編：《勿

281

忘百年國恥》上下冊（北京：中國人民大學出版社，1992），張大中〈序〉，上冊，頁 i–iii；及此書結論，下冊，頁 354–60。

25　這方面最佳案例是煽動情緒的暢銷書《中國可以說不》。見宋強等著：《中國可以說不——冷戰後時代的政治與情感抉擇》（北京：中華工商聯合出版社，1996）。對《中國可以說不》及背後受害者中心民族主義上佳分析，見 Toming Jun Liu, "Uses and Abuses of Sentimental Nationalism: Mnemonic Disquiet in *Heshang* and *Shuobu*," paper presented at the annual meeting of the Association for Asian Studies, Boston, March 1999。

26　題為 "Remembering and Forgetting National Humiliation in Twentieth-Century China"，發表於期刊 *Twentieth-Century China*, 27.2 (April 2002): 1–39。重印版見拙著 *China Unbound: Evolving Perspectives on the Chinese Past* (London: Routledge Curzon, 2003), 148–84。本章下一節內容主要取自此文前言、結論。

27　Prasenjit Duara, "Response to Philip Huang's 'Biculturality in Modern China and in Chinese Studies,'" *Modern China* 26.1 (January 2000): 32–37（引文出自頁 35）。

28　最先提出這點的是芮瑪麗，見 *China in Revolution: The First Phase, 1900–1913* (New Haven, CT: Yale University Press, 1968)序言；及石約翰著作 *Imperialism and Chinese Nationalism: Germany in Shandong* (Cambridge, MA: Harvard University Press, 1971)。亦有學者持不同觀點，認為清末反帝民族主義多見於仕紳及中央政府的反對勢力，見 Min Tu-ki, *National Polity and Local Power: The Transformation of Late Imperial China*, ed. Philip A. Kuhn and Timothy Brook (Cambridge, MA: Council on East Asian Studies, Harvard University, 1989)，尤其是頁 207–11。

29　冉枚煉剖析此點尤為精到，見 Mary Rankin, "Nationalistic Contestation and Mobilization Politics: Practice and Rhetoric of Railway-Rights Recovery at the End of the Qing," *Modern China* 28.3 (July 2002): 315–61。

30　魯迅講阿Q被剛罵過的人打頭，他的反應是：「在阿Q的記憶上，這大約要算是生平第二件的屈辱。幸而拍拍的響了之後，

於他倒似乎完結了一件事，反而覺得輕鬆些，而且『忘卻』這一件祖傳的寶貝也發生了效力，他慢慢的走，將到酒店門口，早已有些高興了。」作者徵引的英文版出自 *The True Story of Ah Q,* in Lu Hsun [Xun], *Selected Works of Lu Hsun,* 4 vols. (Peking: Foreign Languages Press, 1956), 1:92。

31　Benedict Anderson, *Imagined Communities: Reflections on the Origin and Spread of Nationalism,* rev. ed. (London: Verso, 1991 [1983]), 159.

32　清末及袁世凱擔任中華民國大總統期間（1912–1916年），這種矛盾亦存在。袁世凱當政期間，英文報紙《字林西報》（*North China Herald*）印發過袁世凱政府給各省發出的電報翻譯件，要求遏止中國接受「二十一條」導致的反日行動。「雖無因制止宣告愛國情感之行為，」電報部分內容如此寫道，「但恐叛徒乘此機會，仍須嚴行管控此等行為莫越界。」《字林西報》，1915年5月22日，頁546。同見 Karl G. Gerth, "Consumption as Resistance: The National Products Movement and Anti-Japanese Boycotts in Modern China," in *The Japanese Empire in East Asia and Its Postwar Legacy,* ed. Harald Fuess (München: Ludicium, 1998), 135。

33　鄭永年此書以下章節探討了大眾民族主義和官方民族主義之間棘手的關係，見 Yongnian Zheng, *Discovering Chinese Nationalism in China: Modernization and International Relations* (Cambridge: Cambridge University Press, 1999), 87–110, 123, 133–34。

34　2001年4月1日，一架美軍偵察機與一架中國戰鬥機在海南島和西沙群島之間上空相撞，之後的餘波能說明這方面中國政府的困境。《紐約時報》以一定誇張筆法，描述中國政府監控的網上聊天室和討論區 BBS，「中國頂尖學府裡年輕人輿論的風向標」裡面充斥著「對美帝國主義憤怒譴責的聲音」，號召「嚴懲」，但《紐約時報》也注意到，「最具煽動性的評論無法發佈，或被刪除」。更能說明情況的是據報道，中國領導層向全國大學發出嚴厲指示，禁止學生遊行。報導見 Craig S. Smith, "American Embassy Officials Wait to See Plane's Crew," *New York Times,* April 3, 2001, 6；Erik Eckholm, "U.S. Envoy to Meet Chinese Foreign Minister as Negotiations on Plane Crew Continue," *New York Times,* April 6,

2001, A10。1991年夏發生了截然相反的情況。一群人私下在南京聚集紀念1937年南京大屠殺。本來是在南京大學舉辦的大型會議,媒體多有報導,出席人數眾多。但政府新近申請了日本優惠貸款,日本首相出人意料造訪中國說服政府不宜此時就日本戰爭罪行舉辦大型會議,媒體不宜報導。見Ian Baruma, *The Wages of Guilt: Memories of War in Germany and Japan* (New York: Farrar, Straus, Giroux, 1994), 123。

35 許多學者探究了這種區別的方方面面。如法國社會學家莫里斯·哈布瓦赫(Maurice Halbwachs)區分了自傳記憶和歷史記憶。前者指親歷過的事件,後者指間接透過書籍、紀念儀式等經歷的事件。見劉易斯·科塞(Lewis A. Coser)為哈布瓦赫《論集體記憶》所作的序言:Maurice Halbwachs, *On Collective Memory*, ed. and trans. Lewis A. Coser (Chicago: University of Chicago Press, 1992), 23–24, 29–30。

36 「出於自身需要,語境一定會不斷變化,」伊斯萊爾·羅森菲爾德(Israel Rosenfield)寫道,「因此記憶從來不是固定絕對的。沒有現在的記憶不存在。」出自 *The Invention of Memory: A New View of the Brain* (New York: Basic Books, 1988), 80。很能說明這點的是東西兩德戰後的經歷,截然不同的現在導致對納粹歷史截然不同的記憶、遺忘模式。見Claudia Koonz, "Between Memory and Oblivion: Concentration Camps in German Memory," in *Commemorations: The Politics of National Identity*, ed. John R. Gillis (Princeton, NJ: Princeton University Press, 1994), 258–80。

37 2001年11月1日,勞特里奇出版社高級編輯克雷格·弗里(Craig Fowlie)、新系列編輯馬克·塞爾登的信。

38 後續邀請的學者一樣著作等身,有瓦茨拉夫·斯米爾(Vaclav Smil)、卜正民(Timothy Brook)、杜贊奇。

39 Benjamin I. Schwartz, "Introduction," in *China and Other Matters* (Cambridge, MA: Harvard University Press, 1996), 1.

40 給華志堅的電子郵件,1998年8月21日。

41 給華志堅的電子郵件,2003年6月20日;及華志堅給作者的電子郵件,2003年6月23日。

42 2007年6月25日，我郵件告知約翰・齊默決定簽約加州大學出版社，他一向慷慨大度，說：「多謝告知。敗給加大我不介意，他們為此書一定盡心盡力。」

第九章　局內人與局外人問題：《與歷史對話》

1 本為倫敦大學亞非學院舉辦的「1900年：義和團、中國與世界」會議口頭報告內容，2001年6月22-24日，倫敦。報告內容後收入同名著作 Robert Bickers and R. G. Tiedemann, eds., *The Boxers, China, and the World* (Lanham, MD: Rowman and Littlefield, 2007), 179–97。

2 Paul A. Cohen, *Discovering History in China: American Historical Writing on the Recent Chinese Past* (New York: Columbia University Press, 2010 reissue), xxii.

3 Arthur Miller, *Timebends: A Life* (New York: Grove Press, 1987), 348.

4 中國早期故事逐漸豐富的歷程，宇文所安（Stephen Owen）有詳述，見 Stephen Owen, ed. and trans., *An Anthology of Chinese Literature: Beginnings to 1911* (New York: Norton, 1996), 88。書中宇文所安特地以伍子胥為例，伍子胥正是勾踐故事中心人物。

5 聖女貞德故事也一樣沒有固定文本，所以瑪麗・戈登（Mary Gordon）說講聖女貞德故事的人有多少，小說、電影、戲劇、電視中這個故事就有多少版本。Gordon, *Joan of Arc* (New York: Lipper/Viking, 2000), 148–65.

6 就林則徐，見文舟：〈論林則徐流放詩的用典藝術〉，《新疆大學學報（哲學社會科學版）》，第24卷，第3期（1996），頁89。就曾國藩，見薛麒麟：〈曾國藩文化人格論〉，《婁底師專學報》，第1期（1995），頁55。就蔣介石，見拙著《與歷史對話》（*Speaking to History: The Story of King Goujian in Twentieth-Century China* [Berkeley: University of California Press, 2009]），第二章。天使島移民留下詩歌用的勾踐典故，見麥禮謙（Him Mark Lai）等著：*Island: Poetry and History of Chinese Immigrants on Angel Island,*

284

1910–1940 (San Francisco: Hoc Doi, 1980), 56, 124–25, 139, 143, 158, 160。菲律賓中國移民對勾踐故事的認同，見〈看華視歷史劇《越王勾踐》〉，http://www.siongpo.com/20070323/forumI.htm（2007年5月5日檢索）。

7　「愚公移山」出自道家典籍《列子》。見國立編譯館編：〈愚公移山〉，載《國民小學國語》13卷（台北，1974），卷4（第23課），頁65–66。及見國立編譯館編：〈曾文溪水庫〉，載《國民小學國語》，卷12（第6課），頁17–19；國立編譯館編：〈愚公移山〉，載《國民中學國文課教科書》6卷（台北，1974），卷3（第15課），頁67–70。

8　毛澤東早期在1945年6月11日中國共產黨第七次全國代表大會閉幕詞中，對這個故事進行了當代應用。見毛澤東著：〈愚公移山〉，載《毛澤東選集》（*Selected Works of Mao Tse-tung*）（北京：外文出版社，1965），第三卷，頁321–324。後人的引用見〈徹底搞好文化革命 徹底改革教育制度〉，英文版載《北京週報》（*Peking Review*），1966年6月24日，頁15–17；及 Liang Heng and Judith Shapiro, *Son of the Revolution* (New York: Vintage Books, 1984), 78, 175。

9　中華文化圈此處定義為東亞中國、越南、日本、韓國，四國學者受中國傳統經典教育，如同歐洲精英自小學習希臘、羅馬經典一般。見拙著《與歷史對話》（英文版，下同），頁229。

10　60年代初，一位歷史故事戲評論家觀察道：「今天，當黨號召我們艱苦奮鬥、發奮圖強的時候，越王勾踐的臥薪嘗膽就吸引了更多的觀眾。」見王季思：〈多寫寫這樣的故事戲〉，《劇本》，第2–3期（1961年2–3月），頁121–22。

11　Jerome Bruner, *Making Stories: Law, Literature, Life* (Cambridge, MA: Harvard University Press, 2002), 7, 34–35, 60.

12　古代勾踐故事的完整敘述，見柯文著：《與歷史對話》，第一章。

13　文獻具體信息見柯文著：《與歷史對話》，頁242，註釋3。

14　詳情參見柯文著：《與歷史對話》，頁242–243，註釋4。

15　David Johnson, "Epic and History in Early China: The Matter of Wu Tzu-hsü," *Journal of Asian Studies* 40.2 (February 1981): 255–71.

16　見柯文著：《與歷史對話》，頁243，註釋6。

17　文種與公元前3世紀屈原、20世紀60年代鄧拓的自殺儀式「契合儒家 …… 忠臣遭昏君冷遇的悲劇主題」。Timothy Cheek, *Propaganda and Culture in Mao's China: Deng Tuo and the Intelligentsia* (Oxford: Clarendon Press, 1997), vi.

18　柯文著：《與歷史對話》，頁59。

285

19　柯文著：《與歷史對話》，頁69–71。中國古代除下上衣表示臣服，用以請罪道歉、懇求原諒。此圖中勾踐形象赤裸上體，不是表示承認錯誤，而是象徵壓迫受害。勾踐被囚吳國期間被迫做夫差馬夫，與耶穌受辱一樣，受盡吳國百姓嘲笑。

20　蔣介石日記（1934年2月15–16日），載楊天石：〈盧溝橋事變前蔣介石的對日謀略——以蔣氏日記為中心所做的考察〉，《近代史研究》，第2期（2001），頁9。

21　蔣介石講話摘自曾迭：〈越王勾踐坐飛機〉，《人言》，第1卷，第1期（1934年2月17日），頁19。

22　楊天石：〈盧溝橋事變前蔣介石的對日謀略——以蔣氏日記為中心所做的考察〉，《近代史研究》，頁10。

23　漫畫由藍虹編畫，題為《臥薪嘗膽》，細節、插畫見柯文著：《與歷史對話》，頁124–126。

24　王季思：〈多寫寫這樣的故事戲〉，頁121–122。同見柯文著：《與歷史對話》，頁270，註釋8。

25　茅盾著：《關於歷史和歷史劇——從〈臥薪嘗膽〉的許多不同劇本說起》（北京：作家出版社，1962）。此書原以文章形式刊於《文學評論》，第5期（1961），頁37–65；及第6期（1961），頁1–57。

26　就曹禺及《膽劍篇》，見柯文著：《與歷史對話》，頁155–176。

27　拙著《與歷史對話》第五章分析了蕭軍的《吳越春秋史話》和白樺的《吳王金戈越王劍》。

28　接下來幾段內容細節，大多取材自拙著《與歷史對話》第六章。

29　王智、唐鋒：〈也談臥薪嘗膽〉，《黨建與人才》，第10–11期（2002），頁53。

30　柯文著：《與歷史對話》，頁203–205（包含胡小龍家牆上字的照片）。

31 《中國學術期刊》(北京：清華同方光盤股份有限公司) 在美國由明尼阿波利斯市 East View Publications 發行。

32 柯文著：《與歷史對話》，頁 222、283 (註釋 50–51)。

33 鍾離泉是虛構的越國鑄劍大師，60 年代評劇《鍾離劍》的主角。評劇中鍾離泉將造劍之術傳給孫女，孫女鑄的 8,000 把寶劍在勾踐征吳中發揮大功。見趙聰著：《中國大陸的戲曲改革 (1942–1967)》(香港：香港中文大學，1969)；劉乃崇：〈看評劇《鍾離劍》後漫筆〉，《中國戲劇》，第 14 期 (1961)，頁 22–25。

34 柯文著：《與歷史對話》，頁 219–227。

35 馬薩達和科索沃的例子，拙著《與歷史對話》頁 228–229、236–239 有詮釋；亦見 Lewis A. Coser, "Introduction: Maurice Halbwachs 1877–1945," in Maurice Halbwachs, *On Collective Memory* (Chicago: University of Chicago Press, 1992), 32–34，分析了馬薩達之戰；Avishai Margalit, *The Ethics of Memory* (Cambridge, MA: Harvard University Press, 2002), 96–98，分析了科索沃戰役例子。奧巴馬演講節選自 David Remnick, "The Joshua Generation: Race and the Campaign of Barack Obama," *New Yorker*, November 17, 2008, 69–70。

第十章　故事的力量：《歷史與大眾記憶》

1 Simon Schama, "His Story, Our Story," *Financial Times*, June 9, 2012. 感謝文基賢告知我沙瑪的這篇文章。

2 Jerome Bruner, *Making Stories: Law, Literature, Life* (Cambridge, MA: Harvard University Press, 2002), 27.

3 此論斷有不少例外，本章討論大眾記憶一節涉及相關重要研究。

4 Bruner, *Making Stories*, 27.

5 下文對科索沃之戰、塞族歷史的分析援引自拙著 *History and Popular Memory: The Power of Story in Moments of Crisis* (New York: Columbia University Press, 2014), 1–32。

6 沃爾肯舉的例子，還有 1620 年布拉格附近發生的白山戰役 (Bilá Hora)，捷克人雖然戰役中慘敗哈布斯堡帝國 (Habsburg

Empire），但如今仍在紀念這一事件；1890年，在美國南達科他州傷膝河（Wounded Knee），拉科塔族印地安人（Lakota Indians）遭美國第七騎兵團屠殺。被殺原住民的後代今天仍在紀念這一事件。

7　Vamik Volkan, "Chosen Trauma, the Political Ideology of Entitlement and Violence," 2004年6月10日德國柏林會議論文；同見其文 "Large-Group Identity and Chosen Trauma," *Psychoanalysis Downunder* 6 (December 2005)。

8　下文對二戰中聖女貞德故事的分析援引自拙著 *History and Popular Memory: The Power of Story in Moments of Crisis* (New York: Columbia University Press, 2014), 109–148。

9　「不認為嬰孩可愛的基因譜系已經消失了，因為嬰孩沒有得到好好照顧。」David Eagleman, *Incognito: The Secret Lives of the Brain* (New York: Pantheon Books, 2011), 99.

10　講故事在現代智人（即我們現代人，*Homo sapiens sapiens*）早期進化的作用，米歇爾·斯卡利塞·椙山（Michelle Scalise Sugiyama）乃論述最有力、例證最豐富的學者之一，見其文 "Narrative Theory and Function: Why Evolution Matters," *Philosophy and Literature* 25.2 (2001): 233–50。椙山寫道：「敘事無處不在，說明擅長或更擅長講故事、理解故事的人，比不擅長、不會講故事的有繁衍優勢，因此將這種能力遺傳給了後代」（頁235）。Jonathan Gottshall and David Sloan Wilson, eds., *The Literary Animal: Evolution and the Nature of Narrative* (Evanston, IL: Northwestern University Press, 2005)此書一些文章也頗有意趣。

11　Scalise Sugiyama, "Narrative Theory and Function," 234. 大衛·鮑德威爾（David Bordwell）和克莉絲汀·湯普遜（Kristin Thompson）說敘事是「時間、空間中一連串有因果關係的事件」，見其書 *Film Art: An Introduction*, 4th ed. (New York: McGraw-Hill, 1993), 65。

12　馬薩達的猶太領袖是埃拉扎爾·本·亞伊爾（Elazar ben Yair）。有一本講馬薩達之戰的絕佳歷史小說是 Alice Hoffman, *The Dovekeepers: A Novel* (New York: Scribner, 2011)。

13　Avishai Margalit, *The Ethics of Memory* (Cambridge, MA: Harvard

University Press, 2002), 95. 同見 Jan Assmann, "Collective Memory and Cultural Identity," trans. John Czaplicka, *New German Critique* 65 (Spring–Summer 1995): 125–33。

14 Ernest Renan, *What Is a Nation? Qu'est-ce qu'une nation?*, trans. Wanda Romer Taylor (Toronto: Tapir Press, 1996), 47. 奎邁・安東尼・阿皮亞（Kwame Anthony Appiah）在為瑪格麗特著作《記憶的倫理》（*The Ethics of Memory*）寫的書評中分析了勒南的觀點，見 *New York Review of Books*, March 13, 2003, 35–37。亦見 Joep Leerssen, *National Thought in Europe: A Cultural History* (Amsterdam: Amsterdam University Press, 2006), 227–31。

287

15 Bruner, *Making Stories*, 25.

16 Jonathan Gottschall, *The Storytelling Animal: How Stories Make Us Human* (Boston: Houghton Mifflin Harcourt, 2012), 177; 亦見頁 28、197。

17 Mark Elvin, *Changing Stories in the Chinese World* (Stanford, CA: Stanford University Press, 1997), 5.

18 Benedict Anderson, *Imagined Communities: Reflections on the Origin and Spread of Nationalism*, rev. ed. (London: Verso, 1991), 5–7.

19 Margalit, *Ethics of Memory*, 99.

20 見《歷史與大眾記憶》，頁 208–12。

21 夏蒂埃的話發表在 1995 年蒙特利爾國際歷史學大會會議論文裡，轉引自 Georg G. Iggers, *Historiography in the Twentieth Century: From Scientific Objectivity to the Postmodern Challenge* (Hanover, NH: Wesleyan University Press, published by the University Press of New England, 1997), 12.

22 Iggers, *Historiography in the Twentieth Century*, 119; 亦見頁 12–13、145。我自己對歷史重構、實際、真相的認識，參見拙著《歷史三調》（*History in Three Keys: The Boxers as Event, Experience, and Myth* [New York: Columbia University Press, 1997]），尤其是頁 3–13。

23 David Lowenthal, *Possessed by the Past: The Heritage Crusade and the Spoils of History* (New York: Free Press, 1996), 162–63.

24 本段對歷史與記憶區別的分析，以及下一段對普勒姆、諾哈、

羅溫索、貝林等人的分析，援引自戈登‧S‧伍德（Gordon S. Wood）對吉爾‧拉波雷（Jill Lepore）著作 *The Whites of Their Eyes: The Tea Party's Revolution and the Battle over American History* 的書評，題為 "No Thanks for the Memories," *New York Review of Books*, January 13, 2011, 41–42. 對歷史、記憶區別問題清晰、有益的分析亦見 Pierre Nora, "Between Memory and History: *Les Lieux de Mémoire*," *Representations* 26 (Spring 1989): 7–24。

25　Jonathan Safran Foer, "Why a Haggadah?," *New York Times*, April 1, 2012.

26　Beverley Southgate, *History Meets Fiction* (Harlow, UK: Pearson/ Longman, 2009) 一書對虛構—非虛構問題分析入木三分。

27　施瓦茲一定程度上繼承了哈布瓦赫的學說，但超越了哈布瓦赫的極端現在論。施瓦茲認為雖然林肯形象歷經轉變，但一些美國基本特質、價值觀屹立不搖。見劉易斯‧科塞為哈布瓦赫《論集體記憶》所作序言 "Introduction: Maurice Halbwachs 1877–1945," in Maurice Halbwachs, *On Collective Memory*, ed. and trans. Lewis A. Coser (Chicago: University of Chicago Press, 1992)，頁 30 對施瓦茲觀點的探討。

28　Ken Burns, "A Conflict's Acoustic Shadows," *New York Times*, April 12, 2011, A21. 就美國對內戰認知的轉變，亦見哈佛大學前校長德魯‧吉爾平‧福斯特（Drew Gilpin Faust）題為 "Telling War Stories: Reflections of a Civil War Historian" 的講座，發表於麻省坎布里奇市公共圖書館，2012 年 1 月 10 日，報導見於 Katie Koch, "The Civil War's Allures and Horrors," *Harvard Gazette*, January 12, 2012；及安德魯‧德爾班科（Andrew Delbanco）對大衛‧布萊特（David W. Blight）著作 *American Oracle: The Civil War in the Civil Rights Era* (Cambridge, MA: Harvard University Press, 2011) 的書評，題為 "'The Central Event of Our Past': Still Murky," *New York Review of Books*, February 9, 2012, 19–21。

29　援引自戈登‧伍德 "No Thanks for the Memories" 一文，頁 42。

30　J. H. Plumb, *The Death of the Past* (1969; reprint, New York: Palgrave Macmillan, 2004), 106–7. 普勒姆對英國歷史學家愛德華‧吉本

288

（Edward Gibbon）也作類似點評，直言吉本在18世紀後半葉「將歷史寫作提到新高度」，他「追尋冷靜、真實的歷史，不受先入為主觀念、目的論影響。但他的冷靜中，充盈著對人類無盡愚蠢與不公的溫暖、寬容態度」（頁129–130）。

第十一章　當時與現在：兩重歷史

1　作者給傅高義的郵件，2000年4月18日。我對傅高義一語中的，退休後他不僅著述不減，還出版了權威巨著《鄧小平時代》（*Deng Xiaoping and the Transformation of China* [Cambridge, MA: Harvard University Press, 2011]；中譯本：馮克利譯，香港中文大學出版社編輯部譯校 [香港：香港中文大學出版社，2012]）。

2　此處映入腦海的是華志堅邀請我寫了一篇關於記者、作家何偉（Peter Hessler）的文章，其中反思了在加深美國人理解當代中國生活複雜性方面何偉做的貢獻。見拙文 "Peter Hessler: Teacher, Archaeologist, Anthropologist, Travel Writer, Master Storyteller," *Journal of Asian Studies* 72.2 (May 2013): 251–72。

3　Paul A. Cohen and John E. Schrecker, eds., *Reform in Nineteenth-Century China* (Cambridge, MA: East Asian Research Center, Harvard University, 1976), x.

4　見 Philip Kuhn, "The Taiping Rebellion," in *The Cambridge History of China*, vol. 10, *Late Ch'ing, 1800–1911*, Part 1, ed. John K. Fairbank (Cambridge: Cambridge University Press, 1978), 264；William Rowe, *China's Last Empire: The Great Qing* (Cambridge, MA: Harvard University Press, 2009), 198–200。

5　Paul A. Cohen, "Nineteenth-Century China: The Evolution of American Historical Approaches," in *A Companion to Chinese History*, ed. Michael Szonyi (Hoboken, NJ: Wiley, 2017), 154–67.

6　Rowe, *China's Last Empire*, 149–85.

7　見林同奇著：〈「中國中心觀」：特點、思潮與內在張力（譯者代序）〉，載柯文著，林同奇譯：《在中國發現歷史：中國中心觀在美國的興起》（北京：中華書局，1989），頁1–34。

8 Paul A. Cohen, *Speaking to History: The Story of King Goujian in Twentieth-Century China* (Berkeley: University of California Press, 2009), 232–33.

9 Cohen, *Speaking to History*, 233; Marina Warner, *Joan of Arc: The Image of Female Heroism* (New York: Knopf, 1981), 131–32.

10 Cohen, *Speaking to History*, 233–34.《媒體時間》是紐約市公共電台WNYC製作的節目，網站（http://www.wnycstudios.org/shows/otm）上有查爾斯‧路易斯訪談逐字記錄，題為 "The Digging Life"。

11 Paul A. Cohen, "Wang T'ao's Perspective on a Changing World," in *Approaches to Modern Chinese History*, ed. Albert Feuerwerker, Rhoads Murphey, and Mary C. Wright (Berkeley: University of California Press, 1967), 134.

12 Paul A. Cohen, *Between Tradition and Modernity: Wang T'ao and Reform in Late Ch'ing China* (Cambridge, MA: Harvard University Press, 1974), 69, 181, 亦見頁 138–39、152–53、235。

13 具體分析，見拙文 "Boxers, Christians, and the Gods: The Boxer Conflict of 1900 as a Religious War"，即《了解中國歷史的挑戰：演變視角》（*China Unbound: Evolving Perspectives on the Chinese Past* [London: Routledge Curzon, 2003]），第四章。

14 Cohen, *China Unbound*, 106; 126, n. 5.

15 Cohen, *China Unbound*, 108; 126, n. 8.

16 流傳最廣的揭貼之一，部分內容如下：
  勸奉教，自信天，不信神，忘祖先。
  男無倫，女行奸，鬼孩俱是子母產。……
  天無雨，地焦旱，全是教堂止住天。
  神發怒，仙發怨，一同下山把道傳。
  本文徵引英文原文由周錫瑞翻譯，出自 Joseph Esherick, *The Origins of the Boxer Uprising* (Berkeley: University of California Press, 1987), 299。重印自拙著 *China Unbound*, 108–9。

17 Cohen, *China Unbound*, 109.

18 Cohen, *China Unbound*, 112–18.

19 David Carr, *Time, Narrative, and History* (Bloomington: Indiana

University Press, 1986), 9, 16, 亦見頁 65、73、168–69、177。懷特觀點見其文 "The Question of Narrative in Contemporary Historical Theory," *History and Theory* 23.1 (February 1984): 1–33。懷特和卡爾觀點的深入對比，見 Jeremy D. Popkin, *History, Historians, and Autobiography* (Chicago: University of Chicago Press, 2005)，第二章。就卡爾，波普金寫道「卡爾理論的重要性在於，其洞中肯綮指出所有文學敘事形式都生長於可以稱為更基本、文學誕生前的講故事經歷，無論我們認為這種更基本的經歷是基於現實本身，還是人類文化的根本層面」（頁55）。

20 卡爾在此書最後一部分明言歷史敘事的一些特性應與親歷者敘事有別。然而區別不在於實質，而在於形式，於作者而言形式更重要。因此實際上歷史學家有後見之明，筆下的親歷者則沒有。但形式上現在的人們也有類似後見之明，卡爾稱之為「部分後見之明」（quasi-hindsight），因為人們可以預測未來成果，按照未來預測成功的情景採取行動。見 Carr, *Time, Narrative, and History*, 168–77，亦見頁 60–62。

21 Paul A. Cohen, *History in Three Keys: The Boxers as Event, Experience, and Myth* (New York: Columbia University Press, 1997), 4.

22 Daniel L. Schacter, *Searching for Memory: The Brain, the Mind, and the Past* (New York: Basic Books, 1996), 308.

23 Cohen, *History in Three Keys*, 4–5; 亦見 Julian Barnes, *Flaubert's Parrot* (New York: Vintage, 1990), 168。

24 讀者您可能想到，幾十年前，費正清先生對我博士論文的主要批評正是我沒有渲染 19 世紀 60 年代不斷累積的緊張氣氛，最終導致的那場「攝人心弦、震驚中外的天津屠殺，正可以把所有分析角度收尾到最強音。若是你能用傑出的編輯技巧搞定這點，寫成暢銷書幾乎不在話下。因為這個故事正是不斷積累，直到高潮。」費先生給作者的信，1960 年 11 月 15 日。

25 Cohen, *Speaking to History*, 229.

26 Cohen, *Speaking to History*, 229.

索引

詞條後頁碼、註釋編號為原英文版頁碼
（參本書各章邊碼）、註釋編號。